KB039384

한 국가가 있다.

평등한 세상에 이르기 위해 어느 나라도 시도하지 못했던 초국가적인 꿈을 꾸고 거침없이 도전했던 역사가 있다.
그 도전과 뒤이은 실패의 순간마다 세계의 질서도 함께 흔들렸다.

비록 그 여정은 순탄치 못했고 그 결과도 의도에서 크게 벗어났지만 굴하지 않는 자존감으로 다시 일어서고 있다.

이 책은 그 도전의 뼈아픈 실패와 붕괴를 딛고 주홍글씨의 낙인과 더불어 다시 도전의 여정에 나선 한 국가에 대한 기록이다.

러시아가 재편하는 질서

상전이 相轉移

정연한
지음

박영사

프롤로그

"독립국가연합의 출범이라는 시대조류에 순응하여 저는 소비에트 연방 대통령직을 사임합니다. 이 결정은 여러 원칙적 판단 하에 내려진 것입니다. 저는 소비에트 연방 내 모든 민족들의 자주성과 공화국들의 주권을 지지해오면서, 한편으로는 연방의 결속을 지키기 위해 노력해 왔습니다. 하지만 상황은 제가 원치 않았던 방향으로 전개되었습니다. 인정하고 싶지 않지만, 연방은 와해되었고 공화국들은 흩어졌습니다…"

밀레니엄의 카운트다운이 시작된 1991년, 전 세계가 성탄을 축하하고 있던 12월 25일 저녁 7시, 소비에트 연방 대통령 미하일 고르바초프는 자신의 사임과 소비에트 연방 내각 해체를 전격 발표한다.

냉전의 종식과 함께 지정학적 판도를 바꾸게 될 이 역사적 발표 두 시간 전, 고르바초프는 미국 대통령 조지 부시에게 전화를 걸어 자신의 사임과 소련 해체 발표에 대해 미리 언질을 주었다. 그리고 러시아를 포함한 신생 독립국가연합 공화국들에 대한 미국의 지지를 당부하면서 소련의 핵무기 통제 모듈 '체게트'를 신생 러시아 연방 대통령인 보리스 옐친에게 안전하게 전달할 것이라는 사실도 언급했다.

그날, 소비에트 연방의 마지막 대통령은 냉전 상대였던 미국 대통령과의 마지막 통화를 이 말로 덤덤하게 마무리했다.

"그러니까, 안심하고 성탄절을 축하하세요.
그리고 오늘밤, 걱정 말고 편안히 주무세요."

소비에트 연방 소속 공화국 중 하나였던 '러시아 소비에트 연방 사회주의 공화국'은 이날 **'러시아 연방'**으로 개명되었고, 당시 러시아 대통령이었던 보리스 옐친이 소련 해체에 대한 전권과 소련의 핵무기 통제 모듈을 공식 이양받았다. 그날 밤, 소비에트 공산당의 마지막 서기장이자 소비에트 연방 초대 대통령이었던 고르바초프는 조용히 크렘린을 떠났고 70여 년간 크렘린에 게양되었던 소비에트 연방 국기는 19시 38분을 기해 영원히 내려졌다. 그리고, 그 뒤를 이어 공산혁명 이전의 러시아 제국기가 곧 바로 게양되면서 이 숨가쁜 하루가 마무리되었다. 이 사건은 러시아 중앙방송을 통해 생방송으로 러시아 전역에 송출됐고, 러시아인들은 한 치 앞을 알 수 없는 미래에 대한 두려움과 흥분에 뜬 눈으로 그날 밤을 보냈다.[1]

이튿날, 소비에트 인민의회 142-H 선언으로 소비에트 연방 해체가 공식화되었고, 소비에트 연방 공화국들의 독립과 독립국가연합(CIS) 수립이 선포되었다. **UN 안보리 상임이사국 지위를 포함한**

1 '오늘부터 우리는 러시아 국민이다- 그날의 시간별 사건 정리'; The Russian Journal, 1991.12.26 일자 보도.

구 소련의 모든 의무와 권한은 신생 러시아 연방이 계승하는 것으로 결정되었다. 그렇게 70여 년간의 유일무이했던 실험적 공산 통치는 막을 내렸고, 새로운 변혁의 폭풍 전야가 조용히 저물어 갔다.

이날 뉴욕 타임즈는 **'꿈으로 탄생한 소비에트 연방, 사라지다'** 라는 헤드라인으로 소련의 해체를 보도했다.[2]

---

2 'The Soviet State, Born of a Dream, Dies'; New York Times, 1991.12.26 일자 보도.

서문

새로운 전이점의 도래

20세기, 단 한 세기 동안 러시아는 이상적인 국가로의 도약을 두 번이나 시도했다. 20세기의 시작은 프롤레타리아 사회주의 혁명으로[1], 20세기의 끝은 그 사회주의 기반을 뒤엎은 페레스트로이카(Перестройка: 재건, 구조조정)로.

이 두 번의 혁명은 러시아뿐만 아니라 지정학적 질서에도 큰 변화를 일으켰다.

프롤레타리아 혁명으로 3백 년을 이어온 로마노프 왕조는 붕괴되고 평등한 세상을 지향한 사상 유일의 사회주의 소비에트 연방이 출범했다. 그 부작용으로 세계는 공산주의와 민주주의 진영으로 양분되었고, 반세기 동안 냉전의 긴장에 움츠러들게 된다. 그 후 사회주의 소련의 폐단이 임계에 달했을 때, 그 한계를 극복하기 위해 다시 한 번 위로부터의 혁명이었던 페레스트로이카가 시도되었다.

---

1 마르크스의 사상에서 시작된 프롤레타리아 혁명은 러시아에서 현실화된다. 여기서 언급한 프롤레타리아 사회주의 혁명은 1차 러시아 혁명-부르주아 혁명-볼셰비키 혁명에 이르는 소비에트 연방을 출범시킨 일련의 사회주의 혁명들을 통칭하는 의미로 사용되었다.

이 시도는 냉전을 종식시키고 신 데탕트 시대를 열어 미국을 중심으로 한 신세계 질서의 출범과 세계화를 본격화했다. 이 두 번의 혁명 모두 의도와는 전혀 다른 결과를 가져왔고 그 여파는 지금까지도 러시아와 세계의 근간에 흐르며 영향을 미치고 있다.

소련의 붕괴와 신생 러시아의 출발점이 된 페레스트로이카는 사회주의가 가진 폐쇄성을 극복하는 동시에 자본주의가 가진 불평등과 부의 편중을 해결하기 위한 보다 이상적 사회주의 국가로의 도전이었다. 하지만 이 도전은 의도와는 전혀 다른 자본주의의 도래로 그 막을 내렸다. 마르크스가 주창했던 이상적 공산주의는 이론적으로 독점적 자본주의가 붕괴하면서 등장하게 되는데, 현실은 정 반대의 모습으로 전개된 것이다.

현재의 러시아 상황과 이를 둘러싼 지정학적 움직임들에 대한 근본적 통찰을 얻기 위해서는 그 시작점이라 볼 수 있는 공산혁명과 페레스트로이카에 대한 이해가 선행되어야 한다. 우리에게 익숙하게 다가오지 않는 러시아의 경제·사회 현상에서부터 우크라이나 전쟁 촉발의 배경에 이르기까지 이 사건들은 포괄적으로 영향을 미치고 있기 때문이다.

페레스트로이카로 인한 소련의 붕괴 이후 30여 년이 지난 지금 러시아는 또다시 새로운 **전이점**을 지나가고 있다.

한때 단일연방국가에 속했던 러시아와 우크라이나가 전쟁에 돌입했다. 서방세계는 구 소련 냉전 시절보다 더 노골적으로 러시아에 대한 적대와 반감을 발산하면서 적극적으로 러시아와의 대리전

(Proxy war)에 뛰어 들고 있다. 이로 인해 글로벌 공급망을 포함한 경제 인프라와 안보 체인도 와해되고 블록화 되면서 세계는 지금 심각한 경제위기와 각자도생의 길에 직면해 있다.

냉전 종식 후 본격화된 세계화로 지난 30여 년간 세계는 유례없는 경제성장과 평화의 시대를 누려왔다. 그동안 국경에 갇혀 제한적으로 활용되었던 자본, 자원, 노동력이 비교우위에 따라 국가 간 활발히 흘러가기 시작했고, 세계는 효율적 경제요소의 배분으로 유래 없는 장기간의 경제 성장을 누릴 수 있었다.

하지만, 이제 세계는 다시 냉전의 시대로 회귀하고 있다. 구 소련 시절에 서방 민주주의 진영을 위협했던 냉전의 트라우마는 최근 '러시아가 또 다시 세계 평화를 위협하고 있다'는 공포로 부활하면서 세계를 흔들고 블록화를 고착시키고 있다.

서방의 경고와 같이 정말 러시아가 악의 축이며, 세계 평화를 위협하고 있는 것일까? 러시아는 왜 고통스러운 고립을 감수해가면서까지 우크라이나에서 군사작전을 개시할 수밖에 없었을까? 우크라이나와 서방은 선의의 피해자일 뿐인가? 이런 의문에 대해 우리가 판단의 근거로 삼을 수 있는 정보는 현재 서방의 것이 대부분이다. 서방의 프레임에 따라 무작정 러시아를 적대하고 블록화를 심화시키는 길을 선택하기 전에 러시아의 입장을 한번 이해해 보려는 노력이 필요할 때가 아닐까? 블록화가 아닌 상생으로 가는 방법이 있지는 않을까?

상생으로 가기 위해서는 서로에 대한 이해가 필요하고, 지금이 바로 그 이해가 절실한 때인 것 같다. IMF는 세계가 다시 경제 블록화로 회귀할 경우 이로 인한 경제 피해 예상규모는 글로벌 GDP

의 7% 내외가 될 것으로 경고했다. 블록화가 심화되어 기술발전에까지 영향을 미칠 경우 그 비용은 더 늘어날 것이며 일부 국가들의 경우 GDP의 12% 이상 피해를 입게 될 것으로 분석하고 있다. 특히 자본과 인력의 정체로 신흥국들의 피해가 커질 것으로 예상했다.[2]

우크라이나 전쟁을 촉매로 본격적인 지정학적 패러다임의 전환이 전세계적으로 광범위하게 감지되고 있고 이는 **글로벌 권력구도의 상**(Phase)**을 변화시키는 상전이**(Phase transition)를 이끌어 낼 것으로 보인다.

상전이(相轉移)는 물질에 가해지는 자극이 일정 임계점에 이르러 특정 조건을 충족시켰을 때 그 상태가 급격하게 변하는 현상이다. 상온에서 액체인 물이 0℃에서 고체가 되고 100℃에서 기체가 되듯 상전이는 특정한 임계한도, 즉 전이점에서 일어나며, 상(Phase)의 급격한 변화를 일으킨다. 지금 러시아는 이 전이점을 지나고 있다.

100여 년 전 러시아는 전제군주제의 제국에서 사회주의 연방으로, 30여 년 전에는 사회주의에서 자본주의로 정체성이 급격히 전환되는 상전이를 거쳐왔다. 이제 러시아는 또 다른 상전이를 목전에 두고 있다.

현재는 과거 사건들의 결과이자 미래 사건들의 원인이 된다. 이 인과관계를 따라 현재를 이해하기 위해 과거를 돌아볼 수밖에 없

---

2 Geoeconomic Fragmentation and the Future of Multilateralism, IMF. 2023.1.15.

고, 이렇게 해석된 현재라는 기반 위에서 미래는 좀 더 합리적으로 투영될 수 있다.

이 책에서는 소련의 생성과 이를 붕괴시킨 페레스트로이카 당시의 사건들을 살펴보고, 이후 도래하고 있는 새로운 전이점과 러시아가 준비하는 상전이의 미래까지 살펴보게 된다.

이 책 한 권으로 러시아의 근현대사에서부터 현재 진행 중인 변화와 미래전망까지 한눈에 조망해 볼 수 있도록 전이 단계별 총 3부로 구성해 전체적인 그림을 담았다.

Phase-I에서는 제국을 무너뜨리고 일어선 소련의 생성과 붕괴에 이르기까지의 사건들에 대해,

Phase-II에서는 소련을 붕괴시킨 페레스트로이카 과정에서 일어난 사건들과 그 영향에 대해,

Phase-III에서는 지정학적 변화의 촉매가 되고 있는 우크라이나 전쟁의 인과관계와 이후의 전이 양상들을 살펴보게 된다.

러시아가 거쳐온 혁명의 역사와 앞으로 도래할 변화를 한눈에 조망해보면서 러시아라는 큰 그림을 좀 더 잘 이해할 수 있는 기회가 되기를 바란다.

◐ 저자의 변 - 제3부(Phase-III)**에 대해.**

프레임에 대한 예시를 잘 보여주는 사진이 있다. 군인이 포로의 머리에 총을 겨누고 물을 먹이는 사진이다. 이 사진에서 프레임을

총에 맞추면 인간성 상실을, 수통에 맞추면 인류애를 느낄 수 있는 그림이 나온다. (사진 출처: AP 통신)

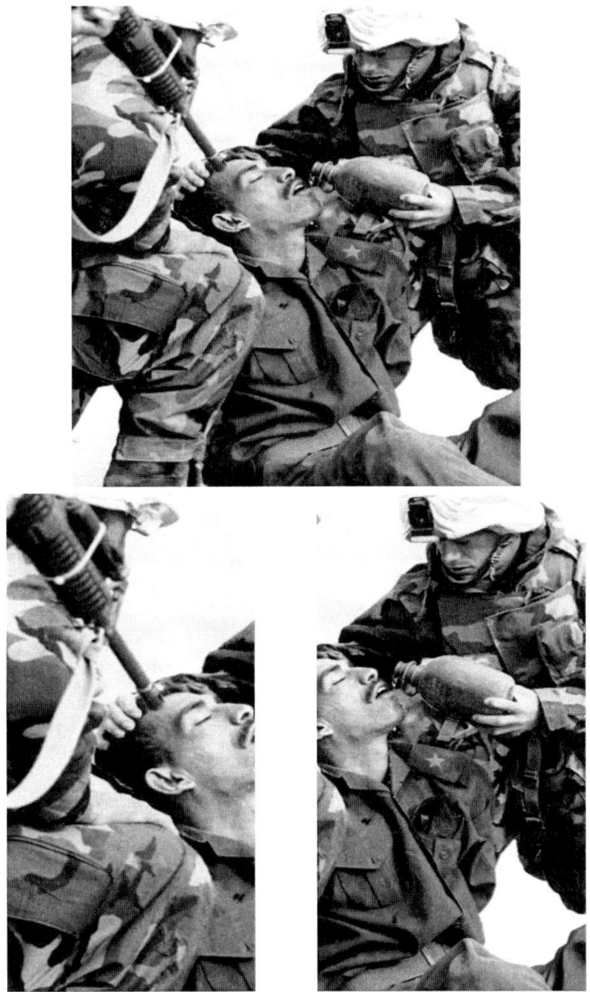

이 책의 제3부를 집필하면서 가장 신경을 썼던 부분은 중립성이었다. 제1, 2부는 역사적 사건과 그 영향들을 정리한 내용이라

중립 이슈에서 비교적 자유로울 수 있었지만, 제3부는 대부분 현재 진행되고 있는 우크라이나 전쟁과 지정학적 재편을 배경으로 정리한 내용이라, 전쟁에 필연적으로 수반되는 양측의 입장차이를 신경 쓰지 않을 수 없었다.

제3부의 집필 의도가 서방의 프레임에서 벗어나 좀 더 객관적인 시각으로 사실을 분석해 보려는 것이었던 만큼 중립성은 필수적인 요소였다. 하지만, 오랜 기간 러시아에서 살면서 러시아 입장에서의 편향을 자연스럽게 수용해온 저자의 입장에서 객관적 프레임을 주장하는 것은 또 하나의 편향된 프레임을 주장하는 과오를 범하는 일일 수도 있어 조심스럽기도 했다.

그럼에도 불구하고, 최대한 중립성을 유지하려는 노력으로 서방과 러시아의 문헌들을 연구해 나가는 과정에서 입장의 충돌로 수차례 프레임을 조정하기도 했다. 연구가 진행될수록 저자의 제한된 지식과 사고능력으로는 완전한 중립성의 추구가 과욕임을 인정하고, 조금은 더 러시아의 입장을 대변하는 편향을 스스로 허용하게 된 것 같다.

서방 중심의 프레임이 여론을 움직이는 우리나라에서 러시아에 약간 더 치우친듯한 프레임 하나 정도는 허용해도 무방하지 않을까 하는 그런 안일한 마음도 감히 이 책을 출판하는 용기를 준 것 같다.

부디 현명한 독자분들께서는 이런 저자의 부족함을 헤아려, 이 책을 참고해 보다 객관적인 세계관을 만들어 가시길 바란다.

2023년 10월.

차례

PHASE - II 페레스트로이카

PHASE - III 새로운 전이점의 도래

PHASE - I

소련의 생성과 붕괴

• **01** 만국의 노동자여 단결하라! - 태동하는 공산혁명

• **02** 소비에트 연방의 탄생 - 꿈에서 나와 현실로

• **03** NEP(신경제정책) - 한계 극복의 노력

• **04** 통화 이원화 정책 - 소련 경제성장의 비밀

• **05** 암흑과 해빙 - 폐허 위에서의 반성

• **06** 소비에트 연방의 붕괴 - 잔치는 끝났다

• **07** 러시아 독립 기념일 - 누구로부터의 독립인가?

PHASE - I
소련의 생성과 붕괴

'혁명의 각 단계를 모두 하나의 발전과정으로 간주하고 그것에 나름의 상대적 정당성을 부여하는 것으로 만족하고 마는, 판단하지 않으려는 태도는 얄팍하고 불충분한 것이다. 왜냐하면 첫째, 모든 것이 항상 필연적인 것은 아니며, 오히려 많은 것이 우연적이거나 개인의 잘못에서 비롯된 데다가, 둘째, 기정 사실이나 성공을 인정하는 것과 같은 가장 나쁜 판단도 이른바 판단을 하지 않으려는 태도에 속하기 때문이다. 무엇보다도 혁명은, 이미 우리 자신을 완전히 규정하고 우리가 더이상 우리 자신에게서 떼어낼 수 없는 옳고 그름에 대한 우리의 감각과 양심의 많은 통합적 구성 요소들을 결정하는 결과들을 가져왔다.'

– 야콥 부르크하르트, 혁명 시대의 역사.

콜럼버스는 인도를 목표로 항해했고, 결국 인도 항로를 개척했다고 확신했다. 하지만, 실제로 그가 도착한 곳은 신대륙 아메리카였다.

항상 의도가 결과와 같기를 기대하기는 어렵다. 러시아 근현대사에서 일어난 두 번의 혁명은 의도를 완전하게 벗어나 정반대의 결과값을 보여 주었다. 평등을 꿈꾸었던 프롤레타리아 혁명은 철저한 관료주의와 전체주의적 사회를 만들어 냈고, 이를 더 평등한 사회주의로 발전시키려 했던 페레스트로이카는 자본주의의 탄생으로 막을 내린 것이다.

근현대 러시아의 첫 번째 전이점은 프롤레타리아 공산혁명이었다. 마르크스와 엥겔스의 공산당 선언(1848년)에 영감을 받아 시도된 러시아의 프롤레타리아 혁명은 러시아 제국 시절 후반부터 밑그림이 그려지고 있었다. 크게 세 번의 혁명을 통해 러시아 제국은 무너지고 소비에트 연방이 출범한다.

제국이 무너지고 사회주의 체제로 상전이 되는 최초 계기는 러시아 제국의 퇴락 이전에 황제의 불통이었다. 1905년 제정 러시아의 퇴락과 부패가 심화되고 러·일전쟁까지 겹친 상황에서 굶주린 민중이 황제에게 호소했을 때 황제가 이를 무력으로 제압한 '피의 일요일' 사건이 혁명의 시발점이 된다. 이 사건은 황제에 대한 민중의 불신을 불러와 러시아 제국의 권위를 흔들었고 후에 일어날 일련의 민중운동의 불씨가 되어 여러 조직들의 본격적인 저항운동으로 연결되었다. 그 후 1917년에 일어난 부르주아 혁명과 볼셰비키 혁명이 러시아를 전제군주제 제국에서 사회주의 연방 공화국으로 탈바꿈시켰다.

혁명은 폭력, 살인, 강탈과 같은 모든 불합리가 대의에 가려져 정당한 희생으로 합리화되는 시간이다. 폭정에 맞서 일어난 약자들의 프롤레타리아 혁명은 그동안 탄압의 주체로 여겨졌던 귀족과 부르주아 기득권 세력들을 숙청하고 그 희생을 바탕으로 자신들이 꿈꾸어 왔던 평등한 세상을 열어가려는 시도였다. 하지만 이 수많은 희생을 재물로 도래한 세상은 의도만큼 평등하지도 자유롭지도 않은, 귀족과 부르주아에서 공산당으로 군림의 주체만 달라진 또 다른 계급 사회였다.

볼셰비키 혁명의 성공으로 국가의 정치체제는 사회주의로 전환되었지만 공산주의 혁명의 과정이 종료된 것은 아니었다. 혁명 초기 볼셰비키가 목표로 했던 것은 이상적 공산주의 사회였다. **이를 위한 과정으로 소비에트 연방이 출범되었고** 사회주의 국가의 중심에서 다른 사회주의 국가들과 초국가적 연대를 형성해 진정한 공산주의로 이행해 가는 것이 혁명의 목표였다. 따라서 **소련 시절 내내 혁명은 진행형이었고**, 공산당이 행하는 모든 정책에는 **혁명의 대의**가 주어졌다. 이에 따라 공산당의 정책에 반대하는 세력에 대해서는 반혁명 세력, 즉 '인민의 적'으로 간주해 혁명에 수반되는 정당한 폭력을 행사할 수 있었다.

이 **'혁명의 과정'**은 소비에트 연방이 존재하는 동안 공산당에게 무소불위의 권력을 부여했다. 공산당은 **혁명의 대의 하에** 원하는 모든 것을 요구하고 강제할 수 있는 권한을 갖게 되었다. 이 권한은 민중의 희생을 기반으로 행사되었고, 이로 인해 민중의 삶은 여전히 혁명 전과 다를 바 없는 압제의 상황에 놓이게 된다. 혁명이 완수될 그날까지.

01

만국의 노동자여 단결하라!

태동하는 공산혁명

'하나의 유령이 유럽을 배회하고 있다. 공산주의라는 유령이. 구유럽의 모든 세력들, 즉 교황과 차르, 프랑스의 급진파와 독일의 비밀경찰이 이 유령을 사냥하려고 신성 동맹을 맺었다. 지배계급들로 하여금 공산주의 혁명 앞에서 벌벌 떨게 하라! 프롤레타리아가 혁명에서 잃을 것이라고는 쇠사슬뿐이요 얻을 것은 세계 전체다. 만국의 노동자여 단결하라!'

– 칼 마르크스, '공산당 선언' 중, 1848년.

자본주의 사회의 불평등을 맞닥뜨리게 될 때 누구나 한번쯤은 평등한 세상을 꿈꾼 적이 있을 것이다. 그 어려운 일을 구상하고 시도한 사람들이 있다.

그리고, 더 나아가 실제로 혁명을 일으켜 국가의 체제를 바꾼 사람들도 있다.

공산당 선언

산업혁명 이후 자본가와 임금 노동자 간의 격차가 빠르게 벌어지면서 유럽 사회에서는 심각한 불평등이 형성되고 있었다. 혹독한 노동에도 빈곤을 벗어나지 못하고 대안 없는 삶을 이어가던 노동자들에게 칼 마르크스는 '공산당 선언'으로 평등한 세상에 대한 비전을 보여주고, 이를 위한 노동자들의 체계적 행동 전략도 제시한다.

공산당 선언(1848년)으로 노동자 계급인 프롤레타리아가 중심이 된 사회주의 혁명을 주창한 마르크스는 독점 자본주의의 끝에서 비로소 공산주의가 탄생한다고 주장했다. 자본주의가 자체적 모순으로 무너질 때 이를 공산주의 사회로 이행시키는 것은 바로 프롤레타리아 혁명으로, 노동자들이 능동적으로 역사에 개입하지 않으면 공산주의를 실현시킬 수 없다고 **능동적 행동**을 강권했다.

그리고 이 공산사회 실현의 핵심요소는 바로 국가 간의 연대적인 사회주의 혁명이었다. 초국가적 연대 없이 단일국가에서 건설되는 사회주의는 자본주의의 개입으로 유지가 불가능하다는 이론으로 **사회주의 국가들의 연대를 강조**했다.

이 배경에서 마르크스는 1864년에 유럽의 사회주의자 세력을 규합해 국제 노동자협회인 **'인터내셔널'** 결성을 주도하고 실제 투쟁 계획에 들어가 계급투쟁의 기본적인 운영 방안도 정립했다.

마르크스는 계급투쟁 구도를 좀 더 구체적으로 분석한 자본론(1867년)에서 노동자 운동의 기반이 되는 이론을 정립하기도 했다. 이 책에서는 경제주체를 자본가와 노동자로 나누고 생산 수단을 독점한 자본가가 잉여가치 생성을 위해 노동을 착취하는 대결구도로 자본주의를 설명해간다. 가치의 실체를 자본이 아닌 노동에서 찾으며, 노동자가 주도하는 세상이 진정한 평등 사회임을 이론적으로 정립한다.

인터내셔널 운동은 의견 차이와 분파 갈등으로 인해 해산했다가 다시 결성하는 형태로 1, 2차로 조직되면서 사회주의 운동을 확장해 갔다. 이 사회주의 도입 시도가 처음으로 현실화된 파리코뮌(Paris commune; 1871년)은 프랑스에서 실제로 잠시동안 사회주의 자치정권을 출범시키면서 자본주의 세력을 크게 긴장시켜 사회주의 운동을 본격적으로 견제하게 만든다. 이후 제1차 세계대전이 발발했고, 당시 노동자 운동을 이끌고 있던 독일과 프랑스의 사회주의자들이 이념보다 조국을 선택해 이탈하면서 인터내셔널은 해체 수순에 들어간다.

하지만 국제사회주의 운동은 여기서 끝나지 않는다. 이론으로만 상상해왔던 사회주의 정권이 파리코뮌으로 잠시나마 실현된 것에 영감을 받은 블라디미르 레닌은 더 급진적이고 대담한 사회주의 혁명을 계획한다. 결국 레닌은 1917년 볼셰비키 혁명을 성공시켰고, 이를 토대로 사회주의자들이 다시 결집하는 '코민테른(국제공산당협회; Communist International)'을 결성해 제 3차 인터내셔널을 보다 조직화된 형태로 부활시킨다. 이로서 소비에트 연방은 전세계 공산주의 활동의 구심점으로 자리잡게 된다.

러시아 혁명의 시작

러시아 제국은 크게 세 번의 혁명을 거쳐 사회주의 공화국인 소비에트 연방으로 탈바꿈한다. 1차와 3차 혁명 사이에는 12년이 넘는 시간의 간극이 있었지만 300년을 이어온 로마노프 왕조를 흔드는 기간으로는 길지 않은 시간이었다.

◐ 1차 러시아 혁명(피의 일요일)

19세기 후반까지도 러시아 제국의 주요산업 기반은 농업이었고 농민의 비중은 전체 인구의 77%에 달했다. 1860년대 농노들의 해방을 시작으로 농민들의 숫자는 빠르게 증가해 19세기 말에 이르러서는 일인당 경작 가능한 토지가 중반대비 두 배 가까이 감소되었다. 이와 동시에 수확물에 대한 불공정한 배부 정책은 농민들의 노동 의욕을 감소시켜 단위 토지당 농업 생산성은 1.3배 증가에 그쳤다. 이는 농민 일인당 곡물 생산량의 감소를 가져왔고 농가의 경제적 상황은 지속적으로 악화되고 있었다. 이와 더불어, 당시 유럽이 값싼 미국의 곡물을 수입하기 시작하면서 러시아의 경제 기반이 되었던 곡물 수출 가격이 하락했고, 이를 보충하기 위해 러시아 제국은 곡물 수출을 더 늘릴 수밖에 없었다. 인구 증가로 인한 인당 생산성 감소에 수출량은 더 증가하면서 농민들은 고질적 식량 부족에 시달렸다. 20세기로 접어들어 러·일전쟁까지 겹치면서 제국의 경제상황은 기근과 함께 깊은 침체에 빠져들게 된다.

많은 농민들이 굶주림에 지쳐 농촌을 떠나 도시의 공장으로 유입되었는데 혹독한 노동환경으로 공장 노동자의 처지도 별반 다를 게 없었다. 이 암울한 상황에서 국제 노동자협회인 '인터내셔널'의 영향을 받아 러시아에서도 노동조합이 빠르게 형성되었다.

1905년 1월 5일, 당시 제국의 수도였던 페트로그라드(현 상트페테르부르크) 지역의 푸틸로프 공장에서 1만 2천 명 이상의 노동자들이 혹독한 노동환경과 굶주림에 지쳐 파업에 들어갔다. 이 파업은 노조를 통해 빠르게 도시 전체로 확산되었다. 관료들이 이들의 처우개선 요구를 무시하자 정교회 신부 게오르기 가폰을 중심으로 한 15만 명 이상의 노동자들은 황제에게 자신들의 상소문을 들고 겨울궁전으로 향하게 된다. 그때까지만 해도 '황제는 선하다. 악한 것은 그 수하의 관리들이다'라는 순수한 믿음이 민중들에게 있어서 자신들의 열악한 상황을 황제가 알게 되면 상황이 바뀔 것으로 기대했다. 하지만 1월 9일 일요일, 겨울궁전 앞에 모인 노동자들을 기다린 것은 근위대의 발포로 시작된 무력 진압이었다.

시위대는 상소를 통해 파리코뮌에서도 실행된 바 있는 사회주의 기반의 정책들(선거권, 교육권, 일 8시간 노동 등)을 황제에게 요구할 예정이었는데, 이 내용을 미리 전달받은 제국 정부는 그 요구가 제국의 전제적 왕권을 흔들 것으로 판단하고 무력 진압에 들어간 것이다.

정교회 신부 가폰이 선두에서 십자가를 들고 이끈 평화로운 시위는 제국 정부의 무력 진압으로 공식 집계로만 400명 이상의 사상자를 내면서 '피의 일요일'로 역사에 기록된다. 그리고 이 사건으로 제국은 붕괴의 임계한도를 넘어 전이점에 들어선다.

이날 이후로 황제에 대한 민중의 신뢰는 약화되었고, 그해 러일전쟁에서까지 패배하면서 러시아 제국의 권위는 추락했다. 러시아 전역에서 무장봉기가 일어나기 시작했고 일부 제국 군대도 이에 동참했다.

이 혁명은 1907년까지 지속되었고, 러시아 제국을 유사 입헌군주제 형태로 바꾸면서 일단락된다. 이 혁명은 개혁된 헌법에 따른 황제의 권한 축소, 노조의 합법화, 10시간 미만으로 단축된 노동시간, 농민의 자유 확대, 의회 출범으로 부르주아의 정치참여 기회부여, 선거제도 도입 등의 표면적 변화를 가져왔다.

◐ 2월 혁명(부르주아 혁명)[1]

두 번째 러시아 혁명은 첫 번째 혁명 이후 위태롭게 유지되어 왔던 로마노프 왕조를 붕괴시키고 러시아 제국을 부르주아 계급 주도의 임시정부가 이끄는 공화국으로 탈바꿈시키게 된다.

1차 혁명 이후로도 황실은 여전히 정치권력의 핵심으로 남아있었다. 당시 총리였던 표트르 스톨리핀은 구체제의 폐단으로부터 제

---

1 당시 러시아 제국에서는 서방을 중심으로 널리 통용되고 있던 그레고리력을 사용하지 않고, 율리우스력이 적용되어 두 달력 간에 2주 정도의 차이가 존재했다. 따라서, 2월 혁명은 현재 달력 기준으로는 3월에 일어난 사건이다. 이와 동일한 방식으로 이후에 일어난 10월 혁명(볼셰비키 혁명)도 현재 달력 기준으로는 11월에 일어난 사건으로 이해하면 된다.

국의 붕괴를 막기 위한 개혁들을 진행했으나 고착화된 구조적 폐단으로 그의 개혁은 전방위에서 저항에 부딪쳤다. 그는 토지개혁을 통해 그동안 집단체제로 형성되어 있던 토지들을 사유화시켜 결집된 농촌 세력인 농민공동체를 해체하는 동시에 농민을 농지의 소유자로 만들어 생활을 개선시키고 생산성을 높이려 했다. 하지만 이 시도는 변화를 두려워한 대다수의 농민공통체의 저항에 부딪쳤고 새로운 계급의 부상을 염려한 귀족들로부터도 반대에 부딪쳤다. 이와 같이 당시 제국은 내부의 모순으로 더이상 전진하지 못하는 정체 상태에 갇혀 있었다.

이에 더해 심약한 황제 니콜라이 2세의 우유부단함을 틈타 요승 라스푸틴이 비선실세로 전횡을 휘두르며 러시아 제국의 권위는 바닥을 쳤고, 1차 세계대전 참전으로 인한 지나친 군비 지출과 징병으로 제국의 정치·경제상황은 정상적인 통제가 어려운 상태로 악화되고 있었다.

수도 페트로그라드에서는 다시 파업과 시위가 시작되었다. 처음에는 빵을 구하지 못해 나선 시위가 곧 노동자 파업으로 이어졌는데, 이때 황제는 12년 전의 실수를 다시 반복하게 된다. 1917년 2월 26일, 또다시 무리하게 시위대를 무력으로 진압하면서 대규모의 유혈사태가 발생했으나, 이번에는 시위대를 향했던 총구가 곧바로 정부를 향해 돌려졌다. 경찰들과 군인들도 민중이 느끼는 배고픔과 분노를 동일하게 느끼는 상황에서 진압에 나섰던 경찰들도 시위에 동참하기 시작했고 페트로그라드의 군인들도 정부에 반기를 들기 시작한 것이다. 나중에는 황제가 시위진압을 위해 다른 지역해서 파견한 군대까지도 시위대에 합류하면서 빵을 요구하던 시위는 혁명으로 확대되었다.

이 혁명의 물결은 곧바로 모스크바로 이어졌고, 3월 초부터는 러시아 전역에서 혁명이 진행되었다. 시위대의 무리에는 이미 군부대가 앞장서고 있었다. 사회주의 노동자들과 군인들이 혁명정부형태의 자치의결기구인 소비에트[2]를 조직하면서 반정혁명으로 체계화되어가기 시작했다. 의회의 부르주아들은 황제를 택할지 대세를 따를지 저울질하다가 결국 소비에트 혁명세력과 손을 잡고 자신들이 대세를 주도하는 임시정부를 구성하기로 결정하게 된다.

당시 혁명을 주도했던 소비에트 지도자들은 다수가 온건파인 멘셰비키[3]로 정권 장악에는 크게 관심이 없었으므로, 혁명이 무질서로 치닫는 상황을 마무리하고 사회주의 질서로의 점진적 이행을 준비하기 위해 부르주아 임시정부와 손을 잡고 함께 질서를 잡아가기로 했다. 표면적으로는 임시정부가 권력을 장악한 것으로 보였으나 실권은 소비에트가 잡고 있는 과도기적 이중 권력이 볼셰비키 혁명이 일어나게 될 10월까지 유지되었다. 군부마저 돌아선 상황에서 황제 니콜라이 2세도 더이상의 통치가 불가능함을 인정하고 스스로 퇴위를 결정했고 로마노프 왕조의 마지막과 함께 군주정도

---

2 '소비에트'는 원래 제국 시절 농촌에서 농민들이 공동으로 의사결정을 했던 민회를 의미하는 말로 자치적 의사결정 기구를 뜻한다. 볼셰비키 혁명 이후 이 명칭은 각국의 소비에트들이 연합해 하나의 연방을 구성한다는 개념으로 소비에트 사회주의 공화국 연방으로 이어진다.

3 멘셰비키는 소수파라는 뜻으로 1900년대 초 러시아 사회민주노동당의 한 분파, 온건적 사회주의자들인 이들은 레닌을 중심으로 한 강경파인 볼셰비키(다수파 라는 뜻)와 사회주의 구축 과정에 대한 견해차이로 혁명 과정에서 대립했다.

몰락한다. 황제와 그 가족들은 시베리아로 이송되어 그 이듬해까지 그곳에서 지내다가 군주제 부활을 우려한 볼셰비키 정권에 의해 처형된다. 당시 볼셰비키뿐만 아니라 대다수의 민중이 황제의 죽음에 별다른 이의를 제기하지 않았을 정도로 로마노프 왕조 말기의 왕정 체제는 극심한 폐단으로 민심에서 이격된 것으로 보인다.

◐ 10월 혁명(볼셰비키 혁명)

세번째 혁명은 부르주아 임시정부를 다시 뒤엎고 러시아 공화국을 러시아 사회주의 공화국으로 바꾸게 된다. 이후 수년간의 내전을 거친 후 우리가 알고 있는 소련, 즉 소비에트 사회주의 공화국 연방이 출범한다.

부르주아 임시정부 출범 이후 볼셰비키 소비에트 지도자 블라디미르 레닌은 급진적 사회주의 혁명의 구상을 밝힌 '4월 테제'를 선언하게 된다. 이를 시작으로 멘셰비키 소비에트의 어중간한 부르주아 임시정부 지지에 본격적으로 반기를 들고 프롤레타리아 혁명으로 소비에트가 모든 권력을 갖는 새로운 사회주의국가 건설을 주장했다. 이를 위해 노동자로 구성된 당원들을 무장시키면서 임시정부에 대한 또 한번의 혁명을 준비했다. 멘셰비키들도 온건파 정치인인 케렌스키 총리를 중심으로 임시정부와 함께 보다 더 강화된 연합정부를 구성해 이에 맞선다. 밖으로는 1차대전에 참전하면서 안에서는 혁명이 일어나고, 이에 맞선 또 다른 혁명이 준비되는 상황은 전쟁과 내정 모두 엉망으로 만들었다.

하루빨리 전쟁도 혁명도 결판이 나야 하는 상황에서 볼셰비키가 먼저 움직였다. 볼셰비키 진영의 페트로그라드 주둔군에게 임시정부가 전쟁에 참전하도록 명령했는데, 군대는 이를 거부하고 7월 봉기를 일으킨다. 먼저 선수를 치는 진영이 승기를 잡을 수 있는 긴박한 순간에 수만 명의 군인들이 볼셰비키 본부 앞에 집결해 진격 명령을 기다리고 있었다. 하지만 정작 이를 결단하고 이들을 독려해야 할 레닌은 우유부단한 모습으로 몸을 사리며 골든타임을 놓쳐버린다. 이 혼란을 틈타 임시정부군들이 이들의 대오를 깨고 군중들을 흩어버려 봉기는 어이없이 끝나버린다. 많은 볼셰비키 당원들은 체포되고 레닌은 몸을 숨겨 피신한 상태에서 임시정부를 비난하는 비굴한 모습을 보이기도 했다. 레닌 자신이 4월 테제로 무장봉기를 부추겨 놓고 정작 자신은 아무것도 책임지지 않는 자리로 도피한 것이다. 레닌의 강력한 추진력 뒤에 숨어있던 이러한 우유부단함은 볼셰비키 혁명에 더 많은 피를 흘리게 만들었고, 이후 혁명이 잘못된 방향으로 선회하는 빌미까지 제공하게 된다.

전쟁의 장기화와 임시정부 내부혼란[4]으로 정부의 통제력은 약해져 갔다. 이를 기회로 볼셰비키는 소비에트에서 다시 주도권을 잡고 반 정부 세력들을 중심으로 세력을 포섭해가며 본격적인 무장봉기를 준비한다. 전 러시아 소비에트 회의가 진행되고 있던 1917년 10월 25일, 레닌이 이끄는 볼셰비키 무장병력들은 선수를 쳐 임시정부가 있던 겨울궁전을 급습했고, 임시정부를 몰아내고 실권을 잡으면서 소비에트 회의 결과도 무력화시켰다. **그날 그 소비에트 회의에서는 멘셰비키가 제안한 '모든 소비에트 정당이 연합하**

---

4 임시정부의 총사령관 코르닐로프가 노조활동 금지등의 반 소비에트 정책을 펼치면서 임시정부는 소비에트 공동의 적, 반 혁명세력으로 낙인찍히게 된다.

는 사회주의 정부구성'을 막 통과시키고 있었다. 사회주의로 보다 자연스럽게 점진 이행해 갈 수도 있는 기회를 레닌이 볼셰비키 혁명으로 전혀 엉뚱하게 급진적 방향으로 틀어버린 것이다(그 마저도 나중에 레닌이 후계구도도 정하지 않고 죽으면서 스탈린에게 정권이 넘어가버렸고, 혁명은 아예 다른 방향으로 흘러간다).

볼셰비키 무장혁명의 성공으로 러시아는 수년간의 내전에 돌입하게 되고 수없이 많은 희생을 치르게 된다.

볼셰비키와 멘셰비키를 나눈 또 하나의 입장차이는 당시 진행 중이었던 1차대전에 관한 것이었다. 멘셰비키는 현 정권의 안정적 유지를 위해 전쟁을 계속 수행해야 한다고 주장했고, 볼셰비키는 혁명적 대의를 위해 전쟁을 중단하고 내부 단속에 나서야 한다는 입장이었다.

정권 쟁탈에 성공한 볼셰비키는 얼마 후 독일과 브레스트-리토프스크 강화 조약을 맺고 1차대전에서 이탈하는 조건으로 독일 제국에 당시 러시아 제국의 일부였던 폴란드, 우크라이나, 발트 3국 등을 양보하고 배상금까지 지불하는 굴욕적 협상을 하게 된다. 볼셰비키 혁명 이후 제국 곳곳에서 내전과 각 민족들의 독립운동이 일어나기 시작해 러시아는 모든 힘을 내부로 돌려 국가의 와해를 막아야 하는 절박한 상황이었다. 러시아 입장에서는 다행히 이후 독일 제국이 패망하면서 브레스트 조약은 효력을 상실하게 되지만, 한번 러시아가 포기했던 나라들은 이를 계기로 본격적으로 러시아와의 거리 두기에 들어간다.

세 번의 혁명으로 러시아 제국은 무너지고 소비에트 사회주의 연방이 출범하게 된다. 하지만 공산주의 사회를 향한 힘겨운 혁명의 여정은 이제부터 시작이었다.

소비에트 연방의 탄생

꿈에서 나와 현실로

'실질적 경험으로 각 단계를 확인하고, 수없이 반복해서 다시 도전하는 것을 두려워하지 않고, 실수를 수정해가면서 확실하게 배워 그 의미를 체화하고 나서야 다음 단계로 넘어갈 것입니다. 비록 세계의 정치와 경제 상황이 우리가 생각했던 것 이상으로 우리의 혁명을 지연시키고 어렵게 만들고 있지만 우리는 이 모든 과정을 다 통과해 나갈 것입니다. 이 과도기의 시간이 가난과 배고픔, 재난으로 우리를 힘들고 고통스럽게 할지라도 우리는 낙심하지 않고 승리에 도달할 때까지 우리가 해야 할 일을 끝까지 완수해 나갈 것입니다.'

– 블라디미르 레닌, 10월 혁명 4주년 기념사, 1921년 10월.

마침내 최초의 사회주의 국가인 소비에트 사회주의 공화국 연방(CCCP)이 출범하게 된다. '공산당 선언'의 이념에 따른 프롤레타리아 혁명으로 시작된 이 실험적 국가는 전세계 사회주의 국가들과 연대해 연합된 공산주의 사회를 실현하는 것을 목표로 출범했다. 이 목표가 달성되면 점차 국가는 소멸하고 사상이 개조된 인민들로 이루어진 사회주의 자치 세력이 도래하게 될 것이었다. 하지만 소비에트 연방 출범 초기부터 그 꿈은 전혀 다른 방향으로 틀어지고 있었다.

심각한 내부적 저항을 불러온 아마추어 혁명 정부

일반적으로 10월 혁명으로 볼셰비키가 정권을 잡은 후 강력한 공산 정권이 도래한 것으로 알고 있으나, 정권 초기에는 심각한 저항으로 수년 간 내란이 지속되었고, 이로 인해 민중은 큰 희생을 치러야 했다.

1917년 볼셰비키 혁명 직후부터 1920년까지 이어진 적백내전은 사회주의 정권 수립에 긴장한 서방의 자본주의 세력을 배후로 한 기득권층인 백군과 혁명정권인 볼셰비키의 붉은군대가 대립한 전쟁이었다.

3년간에 걸친 내전은 레프 트로츠키가 이끈 붉은군대의 승리로 일단락되었으나, 이때까지 마지못해 붉은군대를 지지해왔던 농민들은 백군의 패배와 동시에 붉은군대에 반기를 들었다. 농민들은 백군으로부터 토지혁명이 위협받는 동안까지는 볼셰비키의 극심한 징발과 수탈을 감수하면서도 붉은군대를 지지했다. 하지만, 백군이 소멸하면서 이때까지 쌓여왔던 볼셰비키 정권의 착취에 대한 울분이 표면화되었고, 백군 소멸 직후 볼셰비키에 대항하는 농민전쟁이 곧 바로 이어지게 된다. 이 영향으로 1921년에 대부분의 농촌지역에서 볼셰비키 세력은 힘을 잃었고, 농민들의 주도로 도시로의 곡물 이동도 감소되었다. 이로 인해 도시에 식량이 부족해지면서 이제는 도시 노동자들도 파업에 돌입했다. 당시 내전으로 인한 경제 파탄으로 산업 생산성은 제국 시절의 1/5 수준까지 바닥을 쳤고 식량과 물자 부족은 민중의 저항을 급진적 형태로 몰아갔다.

정치에 문외한이었던 볼셰비키 정권은 초기부터 혁명을 지지해왔던 민중의 이익에 반하는 정책을 펼쳤고, 무리한 집단화와 관료화로 또 다른 계급사회를 형성해 갔다. 민중은 이름만 바뀐 또 다른 가혹한 지배계급의 부상과 기근을 맞닥뜨리며 혁명전과 같은 공포를 느끼게 되었고 이로 인해 초기 볼셰비키 정권은 각 계층의 심각한 다발적 저항에 부딪치게 된다. 이 저항은 급기야 볼셰비키 10월 혁명의 효시가 되었던 크론시타트 해군기지로까지 번졌다. 1921년 2월 크론시타트 수병들은 볼셰비키 공산 정권 이후 더 혹독해진 처우에 대해 반기를 들고 나섰고, 이에 공산 정권은 크론시타트 해군기지에 폭격으로 응대했다. 볼셰비키 혁명의 신호탄을 쏘아 올려 '러시아 혁명의 긍지'로 추앙되었던 그 해군기지를 향해 혁명 정부가 총부리를 겨눈 모순적인 상황으로까지 사태가 악화된 것이다.

크론시타트 해군기지 폭격 직후 긴급 소집된 공산당 대회에서 레닌은 **'공산당에 맞서거나 당을 와해시키려는 그 어떤 시도도 혁**

명정신을 거스르는 반동책'으로 규정하고 이에 단호히 맞서 싸울 것을 천명했다. 이 결정은 이후로 소비에트 통치강령이 되어 공산 정권이 무너질 때까지 당에 대한 비판자와 변절자를 무자비하게 처단할 수 있는 정권의 행동지침과 합리화 수단이 되었다.

공산당 대회 직후 해군 기지를 향해 수만 명의 볼셰비키 부대가 진격해 반란을 진압했다. 반란을 주도한 3천여 명의 수병들은 재판 없이 즉결 처형되었고, 그 외에도 많은 수병들이 수용소로 보내져 비참한 최후를 맞이했다.

혁명의 영웅들이 혁명정부에 의해 학살당한 이 사건은 볼셰비키 혁명의 사상 기반을 흔들 수도 있었으나, 오히려 이러한 윤리적, 사상적 모순을 돌파하기 위해 공산 정권은 혁명의 이름으로 더욱 더 무자비하게 민중을 탄압하기에 이른다. 1921년까지 자행된 민중봉기 진압에 따른 희생자는 백만 명을 넘어 백군과의 내전으로 발생한 사상자와 비슷한 규모를 기록했고, 이러한 무자비한 탄압 방식이 이후 도래하는 스탈린 정권의 통치 행태로 계승되었다.

소비에트 연방(소련)의 탄생

내전과 민중봉기가 정리되어 전시 공산주의 체제가 끝난 1922년, 러시아 사회주의 공화국을 중심으로 주변 사회주의 공화국들이 결집된 소비에트 사회주의 공화국 연방(SSSR, CCCP; Союз Советских Социалистических Республик)이 출범하게 된다. 연방 수도는 러시아 제국의 수도였던 페트로그라드에서 볼셰비키 혁명정부가 있던 모스크바로 이전되었다. 본격적인 사회주의 정권이 시작되는 시점에서 혁명의 수장이었던 레닌의 건강 상태가 악화되었다. 러시아 혁명사를 초기 의도에서 빠르게 변질시킨 요인 중 하나가 바로 혁명을 주도한 레닌의 집권기간이 너무 짧았다는 것이다. 수많은 희생을 치르고 도래한 사회주의 정권초기에 레닌이 적절한 통치 기반이라도 잡아 놓았더라면 극단적인 정권의 변질과 전체주의화는 막을 수 있었을지도 모른다. 하지만, 레닌은 집권초기 자신이 주장했던 민주적 집단 지도부 체제로 권력을 승계하는 것을 서둘지 않았고, 그 와중에 볼셰비키 정권의 무자비한 숙청에 반발한 사회혁명당원의 암살시도와 과로로 인한 건강악화로 갑작스럽게 사망했다.

이로 인해 소비에트 연방의 권력구도는 1인 독재체제로 굳어졌고, 러시아는 초기 혁명 정신을 시험해 볼 기회도 없이 제국시절보다 더 가혹하고 무자비한 전체주의 관료국가로 순식간에 전락해버린다.

> 잠시 소련의 권력 구조를 살펴보자. 소비에트 연방 출범 당시의 핵심 권력기관은 소비에트 최고 의회였고 의장이 국가의 수반 역할을 하는 의회민주제 형태로 권력 분산을 준비하고 있었다. 하지만 레닌 사후 스탈린의 집권과 함께 공산당이 의회(입법부)와 행정부를 통제하는 전제적 형태로 권력이 집중되었고, 공산당수인 서기장은 권력의 정점에서 전제군주제하의 왕과 같이 견제되지 않은 권한을 행사했다.

> 이후 소련 말기에 페레스트로이카와 함께 의회 구조가 공산당 일당제에서 다당제로 전환되면서 일개당의 당수가 최고권력을 갖는 한계를 해결하기 위해 당시 공산당 서기장이었던 고르바초프가 개헌을 통해 대통령제로 정치체제를 전환했다. 소련의 초대 대통령으로 고르바초프 자신이 선출되었고 이후 소련이 붕괴되면서 고르바초프는 소련의 처음이자 마지막 대통령으로 남게 된다.

소비에트 연방은 15개의 독립 공화국들이 모여 하나의 사회주의 연방체를 형성한 것인데, 레닌은 민족자결주의 원칙에 따라 각 공화국들이 고유의 정체와 문화를 유지해가면서 각각 완전한 하나의 자주국가를 이루고 이 자주국가들의 다양성이 함께 어우러져 단결된 공산사회를 이루는 것을 주장해왔다. 소비에트라는 말의 유래도 원래 제국시절 농촌에서 농민들이 자치적으로 의사결정을 했던 민회에서 나온 말이다. 이런 자치적 의사결정 기구인 소비에트들이 연합해 하나의 국가를 구성한다는 개념으로 소비에트 연방이 수립된 만큼 각 공화국들의 자주성은 국가수립의 기본 이념에 부합했다.

> 이 레닌의 민족자결주의 사상은 한국의 3·1 운동에 영향을 미치기도 했다.[1] 제국주의 질서에 대항하여 민족자결주의를 외친 레닌의

1 3·1운동은 미국 윌슨 대통령의 민족자결주의의 영향을 받은 동시에, 연해주 독립군들의 무장활동과 연계된 레닌의 민족자결주의의 영향도 함께 받은 것으로 보는 것이 합리적이다.

볼셰비키가 제국을 무너뜨린 사건은 당시 연해주에서 무장투쟁을 벌이고 있던 독립운동가들에게 새로운 가능성을 제시했다. 제국주의 일본의 압제에 신음하고 있던 우리 민족들에게 1917년 민중이 제국을 붕괴시킨 이 사건은 새로운 도전이 되어 독립의 열망을 더 강하게 타오르게 만들었고 1919년에 3·1운동을 일으키는 하나의 계기가 된다. 여운형이나 홍범도와 같은 많은 독립운동가들이 레닌의 초기 사회주의에 기울었던 배경에도 레닌의 소비에트 공산당의 지지를 받아 공동의 적인 일본제국을 몰아내고 민족을 해방시키고자 하는 열망이 있었다.

민족자결주의 사상은 이후 100년의 시간을 뛰어넘어 러시아의 글로벌 민주화 사상의 바탕으로도 자리잡게 되어 미국의 헤게모니 유지 노선에 대립각을 세우게 된다.

레닌은 집권 초기 각 공화국들의 다양성을 살린다는 명분으로 토착화(Коренизация) 정책을 시행해 각국이 고유의 언어와 문화를 적극적으로 계승해 나가도록 권장했다. 레닌의 토착화 정책으로 인해, 그동안 러시아의 속국과 같은 의존적 정치 체제를 유지해왔던 우크라이나도 비로소 우크라이나 언어를 공화국 공식 언어로 사용하고 독립적 정치 체제를 갖춰가게 된다.

하지만, 짧은 레닌의 집권기가 지나가고 스탈린 시대로 들어오면서 레닌의 토착화 정책은 러시아화(Русификация)정책으로 전환되었다. 모든 공화국들의 언어가 러시아어로 통일되고 중앙집권적 권력구조가 구축되면서 민족자결주의 원칙은 사실상 폐기된다.

이때 스탈린이 강력하게 추진했던 러시아화의 영향으로 현재까지 러시아 연방 내 99.4%의 대부분 지역들은 사투리도 거의 없는 러시아 표준어를 사용하고 있다. 러시아 최서부인 칼리닌그라드에서 극동 캄차카반도까지 총 10시간의 시차를 가진 광활한 영토임에도 불구하고 러시아 표준어로 통일되어 있고, 구 소련 국가들 대부분에서도 여전히 러시아어가 통용되고 있다. 러시아어는 6개의 UN 공용어 중 하나이기도 하다.

중국이 각 지역의 방언으로 인한 소통의 어려움으로 발전에 방해를 받고 있다는 사실을 감안해 볼 때, 최소한 스탈린의 강력한 언어 통일 정책은 러시아 발전 저해요소들 중 하나를 사전에 제거한 것으로 인정할 수도 있을 것 같다.

주인공이 퇴장하면 광대가 등장한다

레닌의 건강이 악화되면서 자연스럽게 후계 구도가 논의되었는데, 물망에 오른 사람은 아이러니하게도 그 당시 당에서 아웃사이더로 취급받고 있던 트로츠키와 스탈린이었다. 이 둘은 추진력은 강하나 잔인하고 편협한 성품을 가져 정권 출범 당시 당 내에서도 입지가 좁았고, 레닌도 이들을 후계 구도에서 제외시켰지만 이들의 야망을 너무 과소 평가한 것이 화근이었다.

특히, 스탈린은 자신의 야망을 이루기 위해 자신의 조국 조지아를 앞장서서 탄압하고 조지아 출신의 볼셰비키들을 숙청할 정도로 무자비한 성품의 소유자였다. 스탈린이 대세를 주도하기 시작하자 그의 성품을 익히 알고 있던 레닌은 뒤늦게서야 차악으로 붉은군대의 사령관이었던 트로츠키를 대항마로 내세웠지만 이미 대세는 기울어진 후였다. 스탈린은 이미 1922년부터 공산당 제1서기의 인사권을 악용하여 모든 당 기구를 자신의 사람들로 채우기 시작했고 1924년 레닌의 죽음과 함께 당의 절대자로 군림하게 된다. 교활하고 무자비한 스탈린이 정권을 잡아 순식간에 권력을 독재화 시키면서 역사는 우리가 알고 있는 대기근과 피의 숙청으로 흐르게 된다. 공산 혁명에 목숨을 걸었던 그 누구도 이러한 반전을 예상치는 못했을 것이다.

레닌은 죽기 직전 유언장을 통해 스탈린을 공산당 서기장으로 선출하지 말 것을 당부했으나, 이 유언장마저 스탈린이 중간에 가로채어 당대회에서 제때 공개되지 못하도록 했다. 이후 트로츠키가 당내의 지지 기반을 통해 스탈린의 독재 권력에 대항했으나 이미 당 지도부를 포섭한 스탈린에게는 큰 타격을 주지 못했다. 스탈린의 미움을 산 트로츠키는 1927년 당에서 제명 당한 후 1929년 소련에서 추방당했다. 결국 1940년 스탈린이 사주한 것으로 알려진 암살로 붉은군대의 명장은 역사의 뒤안길로 사라진다.

스탈린의 독재 체제하에서 가장 먼저 숙청의 대상이 된 사람들은 아이러니하게도, 혁명의 동지들이었는데, 자주적 사상을 가진 이 혁명 세력이 이후 자신의 독재에 가장 큰 걸림돌이 될 것이라 우려했기 때문이다. 실제로 레닌이 10월 혁명의 주요인사로 언급했던 인물들 중 스탈린 자신을 제외하고는 1940년대 초반까지 살

아남은 이는 아무도 없었다. 스탈린과 함께 공산혁명을 꿈꾸고 이끌어온 이들은 스탈린이 자행한 숙청으로 모두 사라진다. **꿈을 꾼 자와 그 꿈의 열매를 누리는 자가 다를 때 그 열매는 의도와 다르게 변질될 수 있다**는 것을 우리는 역사의 많은 시행착오를 통해 깨닫게 된다.

스탈린은 당 내의 반대 세력을 빠르게 제거해가며 1930년대부터 본격적인 독재권력을 휘둘렀다. 레닌 사후에 그를 신격화한 민중의 여론에 편승해 스탈린은 자신을 레닌의 유일한 계승자로 주장했다. 자신의 정책들을 정당화하기 위해 레닌의 사상을 입맛에 맞게 재단했고 비판세력에게는 반 레닌주의자라는 굴레를 씌워 탄압을 정당화했다. 그를 권력의 자리에 가장 올리기 싫어했던 레닌을 자신의 권력의 정당성에 이용한 스탈린. 러시아 혁명사는 이러한 아이러니들로 점철되어 있다.

레닌에 대한 신격화로 스탈린의 소비에트 공산당은 굳건한 통치기반을 갖게 된다. 1921년 크론시타트 해군기지 진격 직전 열린 당 대회에서 레닌이 강변했던 '공산당에 맞서거나 당을 와해시키려는 그 어떤 시도도 혁명정신을 거스르는 반동책'이라는 주장은 소비에트 정권이 무너지기 직전까지 당의 노선을 강요하고 숙청과 탄압을 정당화하는 불변의 원칙으로 악용되었다. 잘못된 이념을 가진 무자비한 정권이 굳건한 통치기반을 바탕으로 안정적 권력을 갖게 될 경우 어떤 참상을 가져오는지는 이후의 어두운 역사를 통해 잘 알 수 있다.

견제되지 않은 중앙집권

마르크스는 '공산당 선언'에서 진정한 공산주의는 사회주의 국가의 연대로 완성될 수 있는 것으로 주장했고, 레닌도 이 이론에 동조했다. 여러 공화국들로 소비에트 연방이 구성되고 있던 당시, 레닌은 각 공화국들이 자결권을 가지고 주권을 행사하는 이상적인 사회주의국가 수립을 강조했다. 이를 발판으로 다른 국가들도 자주권 상실에 대한 두려움 없이 사회주의로 연대할 수 있게 길을 터 주는 역할을 소련이 하게 될 것으로 생각했다.

하지만 레닌의 민족자결에 의한 공산사회실현 계획은 그의 뒤를 이은 스탈린에 의해 전혀 다른 방향으로 변질된다. 스탈린은 일국사회주의론을 전면에 내세워 타국과의 연대없이 하나의 사회주의 국가만으로도 공산주의를 실현해 낼 수 있다는 주장을 바탕으로 중앙으로 권력을 집중시키기 시작했다.

> 10월 혁명 직후 시작된 내전에서 볼셰비키 정권 체제를 수호하고 볼셰비키에 대항하는 반혁명 세력을 소탕하기 위해 공안기관인 체카(ЧК, 비상위원회: NKVD, KGB의 전신)를 조직했는데, 스탈린이 정권을 잡으면서 이 공안기관을 권력 유지의 도구로 사용하게 된다. 체카는 조직의 설립 이념부터 반혁명 세력의 소탕이었으므로, 반혁명 세력으로 간주된 대상에 대해서는 **즉결심판과 즉결처분 권한**을 가졌다. 볼셰비키 혁명 직후 시작된 치열한 내전에서 체카는 군대조직 수

> 준으로 몸집을 불려 전장을 누비면서 볼셰비키 정권을 수호했다. 이후 사회가 내전으로부터 안정을 찾게 되면서 방첩조직으로 자리잡게 되는데, 이때도 내전기간에 부여되었던 즉결처분 권한이 회수되지 않고 유지되었다. **혁명은 아직 끝나지 않았고, 진정한 공산주의 사회가 도래할 때까지 혁명은 지속되는 과정 가운데 있었으므로,** 반혁명 세력에 대한 즉결처분 권한도 여전히 유지되었던 것이다.

스탈린은 일국사회주의론을 내세워 각 공화국들의 자결권을 회수하고 중앙집권적 정치체제를 구축해 가는 과정에서 체카의 후신인 NKVD를 앞세워 공포정치를 실시한다. 이때부터 각 공화국들은 자신의 주권이 약화되고, 소련 중앙정부의 엄격한 통제 하에 놓이는 것을 보면서 뭔가 잘못되어가고 있다는 것을 느끼게 된다.

이에서 나아가, 1968년 브레즈네프 서기장은 '사회주의 진영 전체의 이익을 위해서는 개별 국가의 주권은 제한될 수 있다.'라는 **'제한주권론'**으로 각 공화국들의 자주권을 사실상 박탈하게 된다. 이 제한주권론은 공산당 중앙당의 노선에 어긋나는 세력이나 공화국에 군사적으로 개입할 수 있는 권한을 부여했고 프라하의 봄을 다시 겨울로 되돌리는 명분이 되기도 했다. 소련 붕괴 후에는 소련 공산당에 대한 정치적 재판에서 공산당이 자행했던 모든 범죄적 행위에 면죄부를 부여하는 역할을 하기도 한다.

만약 레닌이 일찍 죽지 않고 소비에트 정권이 안정될 때까지 얼마간 정권을 유지했다면 그가 주장해왔던 민주적 집단지도부 체제나 민족자결주의 사상들이 제대로 실현될 수 있었을까? 그가 소비에트 정권 수립 전까지 혁명의 대의 하에 행했던 혹독한 탄압과 수탈, 숙청의 과정들을 볼 때 이후의 정권 기조도 혁명의 연장선상에서 반혁명 세력에 대한 탄압과 독재체제에 대한 정당성을 부여하면서 유지되어 갔을지도 모른다.

분명한 사실은, 그의 갑작스러운 죽음으로 스탈린이 정권을 잡으면서 혁명의 동지들과 혁명 초기의 사상들은 사라졌고, 수많은 희생을 통해 평등한 세상을 꿈꾸며 출범한 소비에트 연방은 꿈에서 나와 잔혹한 현실로 접어들게 되었다는 것이다.

03

NEP(신경제정책)

한계 극복의 노력

소련 말기 페레스트로이카가 진행되면서 사회주의 토대에서 시장경제체제를 도입하려는 과감한 시도가 있었다. 하지만 소련 형성 초기 사회주의 혁명의 핏빛이 채 가시지도 않은 상황에서 신경제정책(New Economic Policy; NEP)이라 불리는 시장경제체제 도입 시도가 이미 있었다는 사실을 아는 이들은 많지 않다. 페레스트로이카는 이 NEP 도입 당시의 경제개혁 성공모델을 차용해 붕괴되어가는 소련을 재건하려는 노력이었다. 페레스트로이카를 제2의 NEP라 부르는 이유도 여기 있다.

미씽링크

공산주의 실패의 주요인은 사유재산 제도의 폐지로 인한 동기부여 결여만이 아니었다. 중요한 하나의 링크가 더 빠져 있었다.

소련이 공산혁명을 표방하며 노동자들에게 더 많은 희생과 절약을 강요하던 당시, 자본주의를 대표하던 미국은 수요 증대를 통해 보다 더 많은 부를 창출하기 위해 계급의 한계를 벗어나 노동자를 **능동적 소비자**로 만들었다. 노동자에게 높은 임금을 주고 더 많은 소비를 권장해 기업의 이익을 늘리는 포디즘과 같은 선순환 방식이 그 대표적 예이다. 이로 인해 자본가도 노동자도 이전보다 더 잘 살게 되어 사회 전체의 부가 증진되었다. 비록 자본주의의 빈부격차는 사회주의보다 커져갔지만 사회주의보다 비교적 더 나은 노동자들의 삶이 자본주의를 유지하는 힘이 되었다. 여기에 중요한 소련 공산주의 실패의 미씽링크 중 하나가 있다. 공산주의는 노동자를 **수동적 소비자**로 만들어 수요를 압박하고 이로 인해 공급 생산성도 감소되는 악순환에 빠졌다. 공급이 줄어드니 소비를 더 축소시키고, 이 과정이 반복되면서 다 같이 공평하게 못사는 빈곤한 사회가 된 것이다. 신경제정책(NEP)은 시장경제 도입으로 이 미씽링크들을 재건해 공동의 부를 증진하려는 노력이었다.

신경제정책 직전의 러시아 상황

10월 혁명과 그 뒤를 이은 적백내전, 그리고 농민전쟁과 민중봉기에 이르기까지 당시 러시아[1]는 사실상 정상적인 국가의 기능을 상실한 상태였다. 그 결과 1921년에 와서는 정부가 보유한 자원들이 대부분 소진되어 있었다. 기간 산업의 생산력은 1차대전 이전 대비 15% 수준까지 황폐화되었고, 노동생산성은 39% 수준까지 급감했다. 계속되는 전쟁과 전시 공산정부의 수탈로 농지도 거의 초토화되어 농업 생산력도 혁명 이전 대비 2.5배가량 축소되었다. 당시 러시아는 산업화 수준이 낮은 농업 국가였으므로, 이 농업의 붕괴는 러시아 전체 경제의 붕괴를 의미했다. 농업 생산력 감소로 1920~1921년 기근에서 약 5백만 명이 기아로 사망했다. 특히, 우랄 남부와 우크라이나 남부의 피해가 컸다.

1921년까지 이어진 전시 공산주의 체제는 시장기능과 화폐까지 무력화시켰고 모든 물품은 실물급여의 형태로 정부의 배급에 의해 지급되는 비상 경제체제로 유지되었다. 이로 인한 민중의 불만은 혁명정부 수립 초기에 벌써 반 볼셰비키 민중봉기로 이어졌고, 공산정부에 평등과 소통의 자유, 정상적 생산 관리 체계 수립, 개인 영리활동 허가 등 사회 전반에 대한 혁신을 요구하기에 이른다. 거

1 1922년 소비에트 연방 수립 이전 혁명 정부는 '러시아 사회주의 공화국'으로 명명되었다. 그후 소비에트 사회주의 공화국 연방(CCCP) 수립과 함께 러시아는 소비에트 연방에 속한 '러시아 소비에트 연방 사회주의 공화국(PCΦCP)'으로 개명된다.

듭된 전쟁과 전시 공산체제로 인해 피폐해진 경제를 정상화시키고 사회 정치적 안정을 도모해야 하는 과제 앞에서 소비에트 지도부는 당분간 사상적 원칙을 양보하고 한시적으로 시장경제를 도입하는 신경제정책을 실시하게 된다.

신경제정책

칼 마르크스는 '공산당 선언'에서 독점 자본주의가 붕괴하면서 진정한 공산주의가 도래한다는 이론을 주창했고, 레닌도 이 말에 깊은 공감을 했다. 부르주아 계급을 타파하고 피의 혁명을 거쳐 수립된 레닌의 사회주의 정권이 그 초입에 부르주아 계급을 다시 형성시킬지도 모를 자본주의 핵심 요소인 시장경제를 도입하는 기행을 저지른 것에는 이 이론도 상당한 영향을 미친 것으로 보인다. 먼저 자본주의를 빠르게 성숙시킨 후 여기서 진정한 공산사회를 도출하겠다는 초월적 발상이 채택된 것으로 보인다. 당시의 경제위기 상황에서는 어떤 식으로든 위기를 타계해내야 한다는 당위성도 있었으므로 소비에트 지도부가 정확히 어떤 의도로 시장경제를 도입했는지는 확실치 않지만, 어쨌든 시장경제 도입의 효과는 확실했다.

농민봉기가 한창이었던 1921년 3월, 제10회 러시아 공산당대회에서 신경제정책(NEP) 추진을 의결했다. 전시 공산 체제에서 신경제 체제로의 전환은 볼셰비키 혁명으로 붕괴된 시장기능과 화폐

시스템 일부를 원복시켜 시장이 다시 작동하도록 만들었다. 소규모 사업들을 민간이 운영할 수 있도록 합법화해 시장을 활성화하고 외국인도 기업에 투자할 수 있도록 허용했다. '코아페라치브'[2]라 불리는 협동조합 형태의 민간 사업체들이 빠르게 늘어났고, 상업에서 차지하는 민간부문의 비중도 증가했다. 외국인도 49% 지분을 한도로 러시아 기업에 투자할 수 있게 되면서 소비에트 러시아에 대한 외국의 경제 제재도 일부 완화되었다.

농업에 부과된 세율도 두 배가량 인하했고 계획량을 넘어서는 수확분에 대해서는 사적 판매도 허용할 정도로 통제가 완화되었다. 볼셰비키 정권이 국유화시켰던 자산들 중 가동이 중단된 소규모 기업들은 원 소유주에게 다시 반환해 민간의 운영으로 가동할 수 있도록 했다. 1923년에는 외국자본이 참여한 컨소시엄도 허가되어 본격적으로 산업 자본을 끌어들이기 시작한다. 전시 공산 체제의 일관된 급여 체계도 개인의 기술수준과 생산성에 따라 차등 지급하는 동기부여 방식으로 인적자원의 효율성을 높였다. 배급카드를 폐지하고 급여로 원하는 상품을 구매할 수 있도록 만들면서 각 개인들의 경쟁심리까지 부추겼다. 부분적 시장경제 도입이라고는 하나, 사실상 거의 모든 부문에서 빠르게 시장경제 구조가 적용되기 시작했다.

금융 시스템 개혁도 진행되었다. 국영은행과 그 산하에 부문별 전문 은행들을 설립해 기업과 상업활동을 지원하도록 했다. 납세 구조도 직접세와 간접세로부터 세부단계로 분화되었고, 국영 서비

2 이 코아페라치브 제도는 소련 말기 페레스트로이카에서 보다 본격적으로 허용되어 시장경제를 주도하게 된다.

스 요금들도 각 부문별로 다양하게 책정되어 운영되기 시작했다. 화폐개혁으로 달러화와 태환 가능한 '체르보네츠'라는 금본위 화폐를 만들어 산업 투자를 위한 단기대출에 사용했고 외국과의 무역에도 활용할 수 있도록 했다.[3]

이러한 정부의 다양한 시장경제 도입 노력들로 정부 예산 적자가 빠르게 정상화되었고, 신경제정책 시행기간(1921~28년) 동안의 평균 경제성장률은 12.7%를 기록했다. 불완전하게 나마 도입된 시장경제는 경제 주체들이 자발적으로 참여할 수 있는 여건을 조성하면서 아마추어 정부하에서도 눈에 띄는 경제 발전을 이뤄 러시아 경제는 혁명 이전의 수준으로 빠르게 회복됐다.

정책의 폐지

1920년대 중반을 넘어서면서 제도의 미비로 신경제정책의 후유증이 나오기 시작했다. 민간사업자들이 불완전한 시장경제 시스템을 악용해 공급이 충분치 않은 공산품 가격을 몇 배로 올려 폭리를 취했고 시장에서는 혼란이 발생했다. 공산품 가격이 시장에서 급하게 오르면서 그동안 정부 통제로 가격을 안정적으로 유지

3 당시 체르보네츠 1루블은 국제 무역에서 6달러의 가치로 환율이 설정되었는데, 체르보네츠는 금본위 화폐로 국제무역에서 안정적으로 통용되는 통화 중 하나였다.

해 왔던 농산품들의 상대적 가치가 급락했고 농민들은 농산품 수매를 거부하게 되어 다시 몇 년 전 대규모로 발생했던 기근의 공포가 사회를 엄습하게 된다. 시장물가는 빠르게 상승했고, 산업발전 속도를 유지하기 위해 정부는 더 많은 돈을 발행하게 된다. 결국 당시 세계에서 가장 가치있는 화폐 중 하나로 평가받았던 체르보네츠도 그 발행 규모를 감당하지 못하고 1926년에 금본위제를 폐지하면서 불태환 화폐로 전락하게 된다. 그리고 민간 사업자들이 자본을 축적하면서 새로운 부르주아 세력이 형성되는 조짐이 나타나기 시작했다.

신경제정책으로 도입한 시장경제 시스템이 공산주의 사상과는 양립하기 어렵다는 것이 다시 증명되면서 이에 대한 회의가 공산당 수뇌부에 확산되었다. 결국 1928년, 시장경제 시스템이 사회주의 사상을 변질시키고 새로운 계급을 등장시킬 것으로 우려한 스탈린에 의해 신경제정책은 폐지되고 경제는 본격적으로 집단체제하의 계획경제로 돌아서게 된다.

신경제정책 폐지 이후

신경제정책과 시장경제체제의 폐지는 집단체제의 비효율성을 장기간 용인하고 유지하게 만드는 근거가 된다. 집단체제로 인한 고질적 물자 부족은 인민들을 빈곤에 익숙해지는 삶으로 내몰게 된다.

재미있는 사실은 1980년대 러시아와 중국이 다시 이 NEP 모델로 시장경제체제 도입을 시도했는데, 러시아는 다시 실패를 반복해 20세기가 끝날 때까지 침체를 겪어야 했고, 중국은 이 경제개혁을 계기로 사회주의 한계를 극복하고 세계 2위의 경제대국으로 발돋움하게 된다.

성패를 가른 가장 큰 차이는 바로 개혁과정을 점진적으로 통제하는 능력의 차이였던 것으로 보인다. 중국은 통제된 점진적 개방으로 시장경제 도입의 충격과 부작용을 분산시킬 수 있었지만, 러시아는 준비되지 않은 갑작스러운 개방과 권력의 분산으로 통제력을 상실해 엄청난 개혁의 충격에 직면하게 되었다. 개혁 후반에는 혼란을 틈타 개혁 주도세력들의 이권까지 깊이 개입되면서 이 페레스트로이카는 최악의 결과를 가져오게 된다.

공산당 경제 정책의 실패로 인한 고질적인 물자 부족은 소비에트 정권이 막을 내릴 때까지 철저한 계급사회를 유지시키는 원동력이 되었고, 공산주의적 유물론을 대중에 깊이 뿌리내리게 하는 양분이 되었다. **부족에서 오는 간절함은 사회적 행동 전반에서 물질에 대한 집착으로 나타났다.** 충족되지 못한 욕망은 더 간절한 의지를 만들고, 그 상위의 욕망을 추구하려는 의지를 무력화시켰다.

서양 자본주의 사회가 1, 2차 산업혁명으로 물질적 풍요를 경험하고 이를 넘어선 영적, 철학적 탐구로 자아실현을 추구하던 시기에 소련의 인민들은 자신이 확보할 수 있는 물질 하나하나에서 자신의 사회적 지위와 자아실현의 의미를 찾았다. 개인 아파트가 있는지, 새 구두를 구입할 수 있는지가 성공의 척도가 되어 이를 열정적으로 추구하도록 만드는 분위기가 조성되었다. 보다 높은 차원의 영적, 철학적 추구에 닿지 못했던 소련 사회의 욕구단계에서는 보다 나은 물질적 환경을 누리는 것이 자아실현과 동일한 의미로 다가온 것이다. 아이러니하게도 물자의 부족이 바로 계급사회의 정상으로 오르려는 동기부여로 작용해 사회주의 사상을 등진 철저한 계급사회를 민중이 용인하는 결과를 가져오게 된 것으로 보인다.

04

통화 이원화 정책

소련 경제성장의 비밀

지난 2022년, 러시아 안전보장위원회 서기 Nikolai Patrushov는 러시아 금융시스템 특별 개혁의 일환으로 **'통화 이원화 체제'**를 수립할 계획을 밝혔다. 초강경 대러 제재 상황에서의 불안정한 러시아 경제를 서방 금융시스템의 무차별 공격으로부터 보호하기 위해 자국 통화 시스템에 레이어(층)를 적용하는 방안을 금융전문가, 학자들이 동원된 TF팀에서 신중하게 검토 중인 것으로 보인다.[1]

현재 심각하게 평가절하된 러시아 루블의 가치를 불안정한 달러화와 연동시키지 않고 러시아의 금과 자원 그룹에 연동시켜 실질적 구매력에 따른 가치를 별도로 책정해 운용하는 것을 골

1 이에 대해서는 제3부에서 좀 더 상세히 살펴보겠다.

자로 한, 러시아 경제주권을 지키려는 시도로 볼 수 있다. 서방의 대러 제재를 우회해 경제성장 모멘텀을 유지하고 러시아 기업들의 자산가치 상실을 최소화하기 위해 제시된 이 통화 체제는 현재 전문가들 사이에서도 적용가능성과 효과에 대한 이론이 분분한 상황이다.

통화 이원화 시스템의 아이디어는 새로운 것이 아니다. 형태는 다르지만 이미 소련 시절에 세계 유일의 통화 이원화 체제가 도입되어 성공적으로 운용된 경험이 있다.

소련의 통화 이원화 시스템 작동 원리

통화 이원화 체제는 1920년대 신경제정책(NEP) 중단 후 1930년대부터 스탈린이 여신개혁과 함께 산업성장을 위한 대안으로 도입했는데, 인플레이션 우려없이 충분한 유동성을 조성해 이를 산업에 투자하여 빠른 경제성장을 가져온 원동력이 되었다. 유동성 조성, 즉 화폐 발행이나 신용통화 확대에 거의 필연적으로 수반되는 물가상승을 어떻게 억누르면서 투자를 늘려 산업을 성장시킬 수 있었을까? 이 시스템의 구조와 작동 방식을 살펴보자.

소련의 통화 이원화 체제에서는 자국 통화인 루블화가 **현금성과 비현금성** 두 가지로 엄격히 나뉘어 유통된다.[2] **현금성**은 일반적으로 우리가 알고 있는 시장 교환가치로서의 통화로 소련 국영은행이 발행하고 개인이 이를 사용해 구매, 예금 등의 일상 경제활동을 하는데 사용된 일반적 개념의 화폐였다. **비현금성**은 기업의 제반 경영활동에 유통되는 통화로 자재나 설비 구매, 생산, 기업간 거래, 은행과의 채권 상계 등에 한해 사용되었다. 즉, 일상 생활에 사용되는 통화는 현금성 루블, 산업 투자에 사용되는 통화는 비현금성 루블로 이 둘 간의 교환 가능성은 차단되어 있어 사실상 두 개의 별도의 통화가 공존하는 방식이었다. 이로 인해 비현금성 루블의 발행

2 여기서 말하는 비현금성 루블화는 우리가 일반적으로 알고 있는 현금결제의 대안인 비현금성 온라인/신용 결제와는 다른 의미이다.

이 현금성 루블에 영향을 미치지 않아 산업 투자를 위한 비현금성 유동성의 확대가 실생활의 물가 상승으로 이어지지 않을 수 있었다.

비현금성 루블이 시장에서 실체를 드러내는 유일한 경우는 기업이 노동자의 급여를 지급할 때였다. 노동자에게는 현금이 필요하므로, 급여 지급시에는 기업이 은행에 급여지급 요청을 하고, 해당 기업의 노동자수와 급여정보를 이미 확보하고 있는 은행은 일정 금액의 현금을 기업에 보내 기업이 이를 급여로 지급할 수 있도록 했다. 원칙적으로 은행이 기업에 지불한 급여만큼의 금액은 기업의 비현금성 계좌에서 차감하도록 되어 있었으나, 너무나도 철저한 양 통화간의 구분으로 인해 상계가 불가능한 상황에서 정확한 1:1 차감이 이행되지 않은 경우도 많았던 것으로 보인다.[3]

급여 지불 이외에 비현금성과 현금성이 교환되는 경우는 없었다. 비현금성 루블화의 비시장성 덕분에 기업의 자금을 횡령하는 사례는 있을 수 없었고, 굳이 횡령을 하려면, 기업의 물자를 시장에 몰래 내다 팔아 현금을 확보하는 거추장스러운 방법밖에 없었다.

그 당시 소련에서 이렇게 복잡한 통화 시스템을 구축한 이유는 바로 산업투자를 위한 자금 부족 때문이었다. 소비에트 연방 출범 초기 서방 세계는 공산 정권을 러시아 제국의 자산을 강탈한 불법 집단으로 간주해 소련과의 거래나 투자를 꺼려했다. 비공식 집계에 따르면 신경제정책 실행 당시의 외국 투자 자본 비중은 당시 소련 경제에 투자된 자금의 3~4%에 불과했다고 한다. 외부의 투자없이 자국 화폐만 발행해서는 인플레이션만 심화시킬 뿐이었으므로

---

3 사실 두 통화의 성격과 실제 가치를 감안한다면 1:1 상계가 경제적으로 큰 의미가 없었다.

투자 유동성을 늘리되 실제 물가에는 영향을 미치지 않는 이런 변칙적인 시스템이 나오게 된 것이다. 물론 아무 국가나 이런 시스템을 구축할 수 있는 것은 아니었다. 자원과 같은 실물 자산 없이 산업투자 유동성만 늘린다고 해서 산업활동이 증가하는 것은 아니기 때문이다. 당시 소련은 풍부한 자원에도 이를 산업자산으로 실체화시킬 수 있는 투자자본이 부족했고, 고립된 계획경제 체제 하에서 인위적으로 투자자본을 형성하는 과정에서 이런 변칙적 시스템을 구축하게 된 것이다.

산업 투자 활성화를 위해 소련 국영중앙은행 산하에 4개의 산업 부문별 은행을 설립하고 이 은행들을 통해 대대적인 비현금성 자금 지원으로 장기 투자에 돌입했다. 은행의 투자 과정은 대략 다음과 같다. 먼저, 기업이 국가가 배분해 준 프로젝트에 대한 계획, 허가서, 견적서 등을 해당 산업 부문의 은행에 제출한다. 해당 은행의 담당 지점에서는 이에 대해 검토 후 프로젝트와 견적의 적합성이 증명되면 제반 서류를 갖춰 투자를 시작한다. 해당 은행의 담당자는 프로젝트 현장에 상주하면서 이 프로젝트가 끝날 때까지 계획대로 자금이 집행되고 있는지 지속적으로 감시하고 계획대로 마무리되도록 지도하고 행정적 처리까지 돕는다.

모든 산업 프로젝트가 국가 소유이므로 투자된 비현금성 자금은 기업이 상환할 필요가 없었고, 이 프로젝트의 결과물도 계획경제의 필요에 따라 정부에 의해 적절하게 배부되거나 또 다른 프로젝트에 투입되었다. 이런 과정으로 하나의 프로젝트에 여러 하위 프로젝트가 분화되기도 하면서 산업이 빠르게 확대되어 갔다.

통화 이원화 체제 도입 효과

변칙적이나마 국가로부터 산업 자본 유동성이 충분히 공급되면서 소련의 경제는 활기를 띄기 시작한다. 빈혈로 헤모글로빈이 부족하면 양분을 충분히 섭취해도 온몸에 양분을 제대로 공급해 주지 못하는 것처럼 풍부한 자원에도 불구하고 이를 경제적으로 활성화시킬 수 있는 자금이 없어 주춤했던 소련 경제가 인위적 자금 투입으로 빠른 성장을 보이게 된다. 정부는 시장의 수요와 공급 상황에 관계없이 필요한 산업 프로젝트에 필요한 만큼의 비현금성 루블을 발행해 공급했다. 실제 소비시장에는 비현금성 루블이 영향을 미치지 않으므로 산업성장을 위해 얼마를 발행하든 소비자 인플레이션은 걱정하지 않아도 되는 이상적인 금융 생태계가 조성된 것이다. 글로벌 경제 질서에 익숙한 우리들의 눈에는 말도 안 되는 시스템으로 보이지만, 당시 소련은 계획경제 체제로 글로벌 시장에서 거의 고립된 상태에서 자급자족해야 하는 특수한 경제 상황이었으므로 주변국의 간섭없이 정부 주도의 이중적 통화 관리가 가능했던 것이다.

통화 이원화 시스템 구축 후 대대적인 비현금성 루블 자본 투자로 해외로부터의 추가적인 투자 없이 공장과 기업 수는 경험 축적과 함께 기하급수적으로 증가한다. NEP 폐지 이후 시작된 경제개발 5개년 계획에서 첫 5개년동안 1.5천여 개의 새로운 공장과 기업이 세워졌고, 다음 5개년에는 4천여 개의 기업이 추가로 늘어났다. 이로 인해 1930년대 소련은 본격적 산업화 단계로 이행하게 된다. 경제개발 5개년 계획이 시작된 1928년부터 스탈린 통치 마지막 해인 1953년까지 거의 25년간 소련의 경제는 14배 성장했고 세계 2위의 경제대국으로 발돋움하게 된다. 이 기간 동안의 **연평균 경제성장률은 13.8%**[4]로 세계적으로 가장 높은 성장률을 보였는데 현재까지도 이 정도의 장기적 고성장률 기록을 깬 국가는 없다.[5] 일반적인 경제상황에서 이런 변칙적 통화 시스템 운영은 불가능하기 때문이다. 정부의 전폭적 투자와 다양한 산업 진흥정책들로 이 시기의 과학, 교육, 산업 기술력은 빠르게 성장하게 된다.

이후로도 소련의 통화 이원화 체제는 사회주의 계획경제 시스템의 핵심 운용기반으로 유지되면서 소련 붕괴 전까지 인위적 인플레이션 통제 도구로 사용되었다.

소련의 통화 이원화 체제에서는 표면적으로는 현금성과 비현금성 루블이 단일통화로 동일한 시장 가치를 가지는 것처럼 보인다. 실제로 비현금성 루블이 현금성 루블로 전환되는 상황(급여 지급)에는 1:1 교환이 가능한 것으로 보였기에 양 통화는 서로 별개의 용도로 사용되고 서로에게 영향을 주지 않으면서도 동일한 가치를 공유하고 있는 것과 같은 착시효과를 누렸다. 따라서 모든 경제 참여자들이 거부감 없이 이 두 통화를 하나의 루블로 인식하고 비현금성 루블 가치를 현금성 루블의 시장 가치로 자연스럽게 받아들였다.

---

4 2차 세계대전 기간(1941~45년 연평균 경제 성장률 -3.7%) 제외, 이때의 기록적 경제성장률과 산업 성장으로 인해 아직도 러시아인들은 스탈린을-그 많은 폭정과 악행에도 불구하고-위대한 3대 리더 중 하나로 인식하고 있다. (2022년 러시아 사회여론연구소 집계 결과)

5 Cristal of Growth (Кристалл роста), Alexander Galushka, 2021.

한계

모든 변칙성은 그 대가를 지불하게 되어있다. 단일통화가 상이한 가치를 지니고 양립할 경우 필연적으로 발생하는 불균형은 결국 경제 정상화 단계에서 심각한 타격을 미치게 되어있다. 누적된 차이가 클수록 경제에 가해지는 충격도 커질 수밖에 없다.

소련 말기에 시장경제 도입의 일환으로 코아페라치브(협동조합) 형태의 사적 영리 활동을 허락하면서 개인사업자가 대규모로 등장했고[1] 이로 인해 의도치 않게 양 통화 간의 경계가 무너졌다. 개인사업자를 육성하기 위해 고르바초프가 협동조합에 대해 예외적으로 기업의 비현금성 자금을 현금성으로 태환할 수 있도록 했다. 협동조합으로 등록한 개인사업자들이 기존의 국영 기업들과 거래를 하면서 기업들의 계좌에 쌓여 있던 비현금성 자금이 현금의 형태로 빠르게 시장에 풀리게 된다. 그리고 이는 그동안 인위적으로 억눌러왔던 소비자시장의 인플레이션을 급등시키기에 이른다. 순식간에 시장 유동성이 팽창하면서 물가도 폭등하게 된 것이다. 루블의 가치가 빠르게 절하되는 상황에서 개인사업자들은 기업의 제품들을 사들여 내수시장이 아닌 해외로 팔아 큰 이윤을 남기게 되는데, 이 과정에서 안 그래도 부족한 소비재 상품들이 내수시장에서 고갈되고 상점의 매대를 텅 비게 만든다. 갑작스러운 두 통화 간의 태환으로 그동안 누적되어 왔던 양자 간의 차이가 균형을 맞출 여

1 이에 대해서는 제2부에서 좀 더 상세히 살펴보겠다.

유도 없이 파괴적인 충격으로 시장을 초토화시킨 것이다. 이 충격의 여파는 소련 붕괴 후 신생 러시아 초기까지 이어져 시장 가격 자율화 정책에 편승해 하이퍼인플레이션을 유발시킨다.

최근 러시아가 통화 이원화 정책을 고려하고 있는 것은 현재 상황이 소련 초기 당시의 고립 상황과 크게 다를 바가 없기 때문이다. 서방의 초강경 대러 제재에 더해 루블환율을 결정하는 외환보유고의 절반인 3천억 불을 서방이 강제 동결시키면서 러시아 정부에 기술적 부도(Technical default)까지 선언해 러시아 금융과 경제시스템은 사실상 고립된 상태이다. 이 상황에서 러시아 자산의 불합리한 저평가와 해외유출을 막기 위해 루블환율에 대한 별도의 접근이 필요하다는 정부의 입장이 이해가 되기도 한다.

암흑과 해빙

폐허 위에서의 반성

'공산당 정치부의 보고서에 따르면 이 모든 반 소비에트 분자들은 집단농장이나 산업현장, 대중교통 등 사회 곳곳에서 반혁명적 범죄와 선동을 일으키고 있다. 이들은 인민들의 주적이다.

국가안보기관에 주어진 과제는 이러한 반 소비에트 분자들을 무자비하게 소탕해 그들의 반혁명적 술책들로부터 성실하게 일하고 있는 인민들을 보호하는 것이다. 소비에트 국가의 기반을 흔드는 모든 시도들을 영구적으로 발본색원하여 국가의 안보를 확보해야 한다.

이에 다음과 같이 명령한다. 1937년 8월 5일부터 모든 공화국들과 행정구역들에서 기존 지주세력들과 범죄자들 그리고 반 소비에트 분자들에 대한 소탕 작업을 개시한다.'

– 비밀경찰 NKVD 명령 제00447호, 1937년 8월.

(대숙청의 시작이 된 니콜라이 예조프의 작전 명령서)

암흑 시대 - 스탈린의 대기근과 대숙청

소비에트 연방의 공산당 서기관 중 가장 높은 경제 성장률을 기록했던 스탈린은 이 업적을 넘어선 공포정치로 소련 사회를 암흑기로 이끌었다. 30여 년간 스탈린이 자행한 공포정치와 실정으로 천만 명 이상의 소련 인민들이 기근이나 숙청, 정치적 탄압에 의해 사망한 것으로 추산된다.

◐ 대기근

소비에트 체제가 안정되기 시작하자 스탈린 정권은 경제개발 5개년 계획의 일환으로 대대적인 산업화와 함께 농장의 집단화를 실시했다.

농장의 집단화는 곳곳에서 농민들의 저항에 부딪쳤고, 농민들의 자발적 근로의욕을 떨어뜨리고 도시로 이탈하게 만들어 농업 생산력을 급감시켰다. 여기에 1932년부터 시작된 가뭄은 곡물 수확량을 최소 20% 이상 추가 감소시켰다. 하지만 기근 상황에서도 스탈린은 산업화에 필요한 설비를 해외로부터 구매하기 위해 곡물 수출량을 최대한 유지하려 농가를 수탈했다. 수출실적 유지를 위해 내수로 공급되어야 할 곡물까지도 수출로 반출되면서 대규모의 아사자가 발생한 것이다. 국가 지도자로서 국민을 져버린 최악의 정책이었다.

우크라이나 사회연구소의 추산에 따르면, 1932~1933년의 대기근으로 발생한 인명 피해는 우크라이나 3.9백만 명(총 인구의 13%), 러시아 3.3백만 명(3%), 카자흐스탄 1.3백만 명(22%) 등으로 소비에트 연방 내 총 9백여만 명(5.4%)이 기근으로 사망했다.

소련 지도부는 대기근을 겪으며 이 집단화 정책의 폐해를 절감했으나 사회주의 이념 때문에 이를 포기할 수 없었던 스탈린은 당시 사회주의 사상을 식물유전학에 엽기적으로 접목시킨 의용학자 트로핌 리센코의 이론에 깊은 공감을 하게 된다.

> 우크라이나 농업연구소 출신의 식물학자 리센코는 춘화처리(春化處理) 연구로 이름을 얻었다. 가을에 심어 여름에 거두는 겨울밀을 억지로 봄에 심으면 이삭이 패지 않고 잎만 무성하게 자라나게 되는데, 종자를 저온에 장기 노출시켜 춘화처리를 거치면 겨울밀을 봄에 심어도 정상적으로 이삭이 패므로 수확이 가능하다. 리센코는 한번 춘화처리를 거친 종자는 다음세대에는 처리를 하지 않아도 획득형질의 발현으로 수확을 할 수 있다는 근거 없는 이론을 펴 당시 집단농장의 생산성 하락으로 골머리를 앓고 있던 공산당 당국의 주목을 받았다. 당연히 그의 이론은 수많은 부작용을 내면서 대기근 이후로도 수백만 명이 기근으로 사망하게 된다.

그의 획득형질유전 이론은 부모의 후천적 공산주의 형질이 공산주의적 인간을 탄생시킬 수 있다는 사회주의 정당성에 딱 맞아떨어졌다. 적용상의 많은 부작용에도 불구하고 그는 공산당의 비호를 받아 오랜 기간 소련 식물유전학의 정점에 서서 자신의 이론과 반하는 유능한 학자들을 탄압하며 소련의 농업기술을 후퇴시키는데 앞장섰다. 이 부작용으로 소련은 이후로도 계속 식량부족에 시달리며 자급자족 목표에 이르지 못하게 된다.

잘못된 사상을 고수하기 위해 또 다른 잘못된 이론을 도입하는 악순환에 빠진 소련 공산당의 노력은 더 큰 부작용을 만들어내며 결국 소련의 붕괴를 앞당기게 된다.

◐ 대숙청

1934년 제17차 공산당 전당대회에 참석했던 총 139명의 중앙위원회 위원들 중 70% 이상인 102명이 스탈린에 의해 숙청되어 1939년 제18차 전당대회에서는 보이지 않게 되었다. 스탈린이 당내의 반대파들을 제거하면서 시작된 숙청은 1937년부터 1938년까지의 대숙청으로 그 절정에 이른다. 스탈린의 병적인 인간에 대한 의심으로 인해 볼셰비키 혁명의 주역들도 다 제거되어 1940년 초반 이후 그를 견제 가능한 혁명의 동지들은 한 명도 남지 않게 된다. 스탈린의 독단적 정치적 노선에 볼셰비키들의 자주정신은 걸림돌이 되어 그들 모두를 반대파로 규정해 처단한 것이다. 죄명은 '반혁명 활동'이었다. 혁명가들에게 있어 이 죄명은 그동안의 모든 수고와 노력들을 무위로 돌려 그들의 삶 자체를 부정한 잔인한 처분이었다.

이들을 시작으로 반혁명세력으로 규정된 '제5열'에 대한 숙청이 본격화된다. 당시 2차대전의 전운이 감돌던 시기에 본격적 전쟁을 준비하기 위해서는 먼저 내부의 반대세력을 '인민의 적'으로 규정하고 제거해야 한다는 스탈린의 주장에 따라 스탈린을 제외한 그 누구라도 반혁명세력의 의심을 받은 사람은 가차없이 처단되었다. 조금이라도 사상이 의심되는 사람들이나 그 측근들은 모두 숙청의 대상이 되었는데, 여기에는 군사령관이나 고위관료도 예외가 될 수 없었다.

최일선에서 숙청의 권한을 위임받은 조직은 혁명당시 반혁명세력을 제거하기 위해 만들어진 특별위원회 체카(ЧК)의 후신인 인민위원회 비밀경찰(NKVD)로, 국가안보위원회(KGB)의 전신이었다. 당시 수십만 명의 요원을 거느린 이 방대한 비밀경찰조직의 책임자는 니콜라이 예조프였는데, 그는 스탈린의 '반혁명세력 척결'이라는 기치 아래 무자비한 숙청작업을 지휘했다. 혐의의 유무를 떠나 비밀경찰에 끌려온 사람들은 무자비한 고문이나 가족의 안전을 볼모로 잡혀 '인민의 적'으로 자신의 죄를 법정에서 인정해야 했다. 스탈린은 한 명의 반대세력을 잡기 위해 천 명의 무고한 희생을 하더라도 국가에는 필요한 일이라는 논리로 이를 정당화했다.

비밀경찰(NKVD)들은 자신에게 할당된 목표를 채우기 위해 사람들이 서로를 고발하도록 만들어 이 당시 소련 사회는 공포와 인간의 존엄에 대한 심각한 회의가 지배했다. 비밀경찰 조직 내부에서도 서로에 대한 견제와 고발이 난무했을 정도였다. 일단 체포되어 잡혀가면 풀려나올 가능성은 거의 없었기 때문에 이 당시 아파트 앞에 NKVD 요원들이 들이닥치면 온 아파트가 공포에 휩싸였다고 한다.

공식적 집계만 해도 대숙청 기간동안 130만 명이 NKVD에 의해 체포되어 형을 선고받았고, 이 중 절반 이상이 사형을 당했다.

당시 시베리아 굴라크(강제수용소) 수감 인원만도 최대 2백만 명까지 늘어나기도 한 것을 볼 때 대숙청 기간 동안의 비공식적 피해자는 공식 집계를 훨씬 뛰어넘을 것으로 보인다. 이 숙청으로 생긴 수백만 명의 고아들은 고아원에서 소련식 교화를 받아 비밀경찰이나 붉은군대의 구성원으로 다시 채워지기도 했다. 톰 롭 스미스의 소설 '차일드 44'에서 NKVD요원의 시각으로 스탈린 시절의 숙청과 암울하고 절망스러웠던 당시 사회상을 간접적으로나마 느껴볼 수 있다.

숙청의 규모가 걷잡을 수 없이 커지면서 민란의 조짐이 보이자 스탈린은 NKVD 책임자 예조프와 비밀경찰 간부들을 대숙청의 주도자로 몰아 처형하면서 자신은 무자비한 숙청을 종결시킨 지도자로 남고 소비에트에 대한 국민들의 신뢰도 회복된다. 스탈린에게 있어 이들을 제거하는 것은 대숙청의 증인들도 사라지게 되는 일거양득의 처분이었다. 이렇게 스탈린은 면죄부를 받아 그 후로도 숙청에 의한 통치로 자신의 권력을 유지할 수 있게 된다.

스탈린의 숙청이 소련 내 공화국들에 남긴 가장 큰 피해 중 하나는 당시 숙청대상에 올랐던 대부분이 공직자, 사상가, 혁명가, 지식인, 종교인들로 사회 문명의 기반을 지탱하는 인사들이었다는 것이다. 이들의 죽음으로 소련은 단순한 인구 감소를 넘어선 **사상적 후퇴를 경험하게 된다**. 대숙청 이후 공산당에 순응하는 민중들만 남은 상황에서 그 후 오랫동안 소련 체제에 대한 개혁은 시도되지 못했다.

스탈린의 마지막은 허무했고 사필귀정을 연상케 한다. 뇌졸증으로 쓰러져 누워있던 5일간 제대로 된 치료도 받아보지 못하고 방치되어 1953년 3월 숨을 거두게 된다. 그 직전 자신이 주도했던 유태인계 의사들에 대한 대대적인 숙청의 영향으로 그를 치료하러 나선 의사가 없었기 때문이다. 그는 1940년대 후반에 들어서면서 친미 성향을 드러내는 이스라엘과 소련 내 2백만 유태인들을 잠재적 위협으로 의심하기 시작했다. 1950년부터 본격화된 유태인계 탄압은 1952년 유태인계 의사들을 시온주의 음모로 내몰아 숙청하면서 절정을 맞이했다. 자신의 가장 측근에 있던 의사들마저 의심하고 숙청했던 그는 바로 이 숙청으로 인해 치료만 제대로 받아도 살 수 있었던 상황에서 어이없는 죽음을 맞이하게 된다.

스탈린 이후의 공산 정권은 스탈린의 공포정치와 민중 탄압에 대해 스탈린 개인의 일탈로 간주하고 소비에트 공산 정권을 스탈린 시절의 국가적 범죄의 책임소재에서 분리시키려 노력했다. 하지만, 소련 붕괴 후 소련 역사에 대한 러시아 국민들의 회의를 일소하고 자긍심을 북돋우기 위해 스탈린의 이미지는 필요악으로 세탁되었다. '당시 낙후되었던 소련을 일으키기 위해, 그리고 2차 대전의 승리를 위해 어쩔 수 없는 희생이었다'라는 합리화로 스탈린은 소련을 부강하게 한 위대한 지도자로 미화되고 있다.

소비에트 정권은 책임을 회피했고, 그 뒤를 이은 러시아 정권은 이를 미화시켰다. 이 당시 영문도 모르고 죽어야 했던 수많은 희생자들과 그 가족들은 누구로부터 사과를 받고 어떻게 위로받을 수 있을까?

스탈린 사후 일인 독재 체제의 심각한 부작용이 제기되면서 레닌이 주장했던 집단지도부 체제로의 전환을 위한 시도가 있었다. 하지만, 니키타 흐루쇼프가 쿠데타로 정권을 장악하면서 소련은 여전히 전체주의적 독재체제로 본격적인 냉전시대에 들어서게 된다.

고려인 강제이주

스탈린 통치기에 자행된 또 다른 만행은 연해주 고려인들에 대한 중앙아시아 강제이주 정책이었다.

러시아의 극동지역에 위치한 연해주에 한국인들이 본격적으로 들어가 살기 시작한 것은 조선시대 후반부터였다. 정치적 혼란으로 백성들의 생활이 피폐해진 시절 한반도 서북부지역 주민들이 당시 주인 없는 비옥한 땅이 많았던 연해주로 넘어가 살게 된 것이 그 시작이었다.

특히, 1910년부터 시작된 일제강점기 시절에 독립운동을 위해 연해주로 넘어간 사람들이 많았고 만주에서 독립군으로 무장활동을 전개하다가 일제의 추격을 피해 연해주로 이동하여 정착한 사람들도 많았다. 이들은 연해주에서 대한민국임시정부를 수립해 활발한 독립운동 활동을 이어갔다. 상해 대한민국임시정부의 강력한 항일 무장독립단체였던 '대한독립군비단(大韓獨立軍備團)'도 만주지역에서 조직된 후 연해주로 군사부를 옮겨 연해주 임시정부와 함께 '대한의용군'으로 항일운동을 펼치기도 했다(이후 조직화된 독립활동을 위해 국내외의 모든 임시정부들이 상해 대한민국임시정부로 통합된다).

이들은 러시아 프롤레타리아 혁명과 내전시기에 소비에트의 붉은군대(적군)와 연합하여 백군과 일본군에 맞서 싸우기도 했다. 당시 일본군이 연해주일대로 침략해 고려인들의 터전을 위협하는 상황에서 많은 독립군들이 일본군과 싸우기 위해 소비에트의 붉은군대에 가담한 것이다. 레닌은 민족자결주의 사상을 앞세워 고려인들에게도 하나의 민족으로서의 자결권과 민족해방운동을 지원할 것을 약속했고, 많은 독립군들이 이를 독립운동과 연계시키기 위해 레닌의 초기 소비에트 공산당에 입당했다. 하지만 러시아 내전이 끝나고 소비에트 연방이 출범하면서 정치적 안정기에 들어서자 스탈린의 중앙집권화 정책과 함께 고려인들의 자결권도 무효화되고 이들은 스탈린 탄압정치의 희생자가 된다.

스탈린의 대숙청과 동시에 연해주 고려인들의 본격적인 강제이주가 시작되었다. 당시 일본군이 극동을 통해 침공하려는 조짐이 보이자 스탈린은 고려인들이 외모가 비슷한 일본에 협조할 수 있다는 불안을 느끼고 이들도 잠재적 '5열'로 간주하고 중앙아시아로 대규모 강제이주를 결정한다. 강제이주 시기 1930년대의 연해주 고려인은 19만 명 정도였고, 이중 90% 정도인 17만 명이 1937년 강제이주 정책으로 중앙아시아의 카자흐스탄과 우즈베키스탄 등으로 이주된다. 고려인들은 진취적이고 자주적인 성향을 바탕으로 연해주에서 삶의 터전을 성공적으로 일궈가고 있었는데, 하루아침에 이 모든 것을 뺏겼다. 문서상으로는 이들의 가옥과 토지 등에 대한 보상규정이 있었지만 대부분은 시행되지 않았고, 최소한의 가재도구만 챙겨 이주길에 올라 아무것도 없는 상태에서 새로운 불모의 정착지를 일궈가야 했다.

고려인 전체 이주에 배정된 기한은 겨우 두 달 정도로, 갑작스러운 이주에 운송편도 제대로 갖춰지지 않아 한 달이 넘게 걸린 여행길에서 추위와 식량부족과 열악한 위생환경으로 병에 걸려 죽는 사람도 속출했다. 이송 과정에서 비밀경찰들이 수시로 의심되는 사람들을 체포해 갔고, 정착지에 도착해서도 이러한 탄압은 지속되었다. 이주와 함께 맞이한 겨울의 혹독함으로 많은 노인과 아이들이 죽었고 정착지 중에는 제대로 된 주거시설이 없는 곳도 많아 이주 초기에 토굴과 창고, 축사 등을 임시거처로 사용하기도 했다. 강제이주 시기 죽은 고려인들은 2~5만 명 정도로 추산된다.

이들의 강제이주 배경에는 전쟁을 대비한 인종청소 외에도 정부차원의 경제적 이유도 있었던 것으로 보인다. 이들이 연해주에서 보여준 근면성과 성공을 본 소비에트 지도부가 당시 불모지였던 중앙아시아 개발을 위해 이들을 강제이주시켰다는 것인데, 이를 증명이라도 하듯, 정착 초기에 혹독한 환경을 이겨낸 고려인들은 지역사회에 동화되며 빠르게 성공을 거뒀고 중앙아시아의 벼농사도 이들이 본격화시킨다.

참고로, 연해주와 중앙아시아의 고려인들은 위와 같이 대부분 한반도의 북쪽에서 극동으로 스스로 이주해왔다는 동일한 역사적 배경을 가지고 함경도 사투리를 주로 쓰지만, 사할린의 고려인들은 일제시대 일본령이었던 남 사할린에 강제징용을 당했다가 그곳에 정착을 한 사람들로 남한 출신이 대부분이다. 따라서 정착의 역사와 출신이 상이한 이 두 집단은 고려인 사회에서도 서로를 구분하고 있고, 강제징용으로 끌려온 사할린의 고려인들은 스스로 한인으로 부르며 한국에 대한 귀화 의지가 더 강한편이다. 물론 세대가 내려가면서 이 구분은 점차 희미해지고 있는 것으로 보인다.

해빙의 시작

스탈린 정권에서 활약했던 니키타 흐루쇼프는 정규교육도 거의 받지 못한 농민 출신으로, 정권 장악에는 자신이 신봉해 왔던 스탈린의 방식을 사용했으나, 통치 방식은 상대적으로 보다 민주적이었던 것으로 보인다.

1953년 스탈린 사후 처음으로 소집된 공산당 대회에서 흐루쇼프는 이전 정권의 대대적인 숙청과 탄압을 폭로하면서 이를 스탈린 개인의 일탈로 간주하고 공산당은 그 폭력의 희생자였을 뿐이라고 선을 그었다. 이전의 국가적 범죄로부터 공산 정권을 분리시켜 현 정권과 레닌 사상의 무결성을 주장한 것이다.

하지만, 스탈린의 폭정에 대한 폭로는 공산당에 대한 민중의 근원적인 신념을 흔들어 놓았다. 당의 권위에 대한 의심이 싹트기 시작하면서 이후의 세대는 공산체제의 대안을 생각하기 시작했다. 이는 대외적으로도 유럽 공산주의에 대한 소련의 영향력을 약화시키는 불씨가 되었다. 소설 '닥터 지바고'도 이 시기에 출간되어 공산혁명에 대한 근원적인 회의를 여과 없이 보여주기도 했다. 해외 관광객들을 유치하면서 서구 문화가 본격적으로 소련에 유입되기 시작한 것도 이 무렵부터다. 앞으로 페레스트로이카를 주도하게 될,

갓 사회 초년생이 된 고르바초프도 이 사회적 변혁의 영향을 받으며 성장해 나가게 된다.

스탈린 시절에 수용소로 유배되었던 죄수들도 많은 수가 사면되어 풀려나게 되었는데, 이는 또 다른 심각한 사회 문제를 가져왔다. 유배에서 돌아온 대부분의 사람들은 누군가의 모함이나 고발로 형집행을 당했던 것인데, 그 누군가는 보통 자신과 가까운 지인들(동료나 심지어 가족인 경우도 많았음)이었다. 집단 수용소에서 돌아온 사람들과 그들을 고발했던(자의였든 협박에 의한 강제였든) 사람들과의 조우는 인간의 가장 근원적 분노와 수치심을 폭발시킬 수밖에 없었다. 이 감정의 폭력이 소련 사회 전반에 확산되면서 사람들 사이에 치유되기 힘든 깊은 불신의 골을 남겼고, 이 감정의 골은 그 후로도 오랫동안 서로를 견제하게 만들고 사회적 화합을 막는 걸림돌로 작용하게 된다.

흐루쇼프도 나름의 개혁을 추진했다. 서구 문화가 본격 유입되면서 스탈린 정권하의 관료적 경제 체제는 서방의 자유경제 체제에 비해 효율적이지 못하다는 것을 깨닫고, 레닌의 신경제 정책을 부분적으로 다시 부활시키는 방향으로 경제개혁을 추진하게 된다.

당시 제 2서기장이었던 알렉세이 코시긴의 주도로 일명 '코시긴 개혁' 정책이 도입되어 기업 경영 관료들에게 보다 더 많은 권한이 주어졌고, 시장경제도 일부 도입되었다. 하지만, 이런 경제 자유화 개혁은 오래가지 못했다. 이와 유사한 체코슬로바키아의 경제개혁이 1968년 '프라하의 봄'으로 이어진 것을 목격한 흐루쇼프 이후의 브레즈네프 정권이 이를 중단시켜버린 것이다.

흐루쇼프는 농업 개혁도 추진했는데, 특히, 미개척지 개간운동은 당시 제3세계 농업운동과 중국의 '대약진' 운동에까지 영향을 미치게 된다. 카자흐스탄 초원지대로 청년들을 대규모로 이주시켜 그곳을 개간해 집단화로 피폐해진 농업을 다시 일으키려는 농업 정책 개선이 시도되었다. 하지만 의용학자인 트로핌 리센코의 사이비 이론을 접목시킨 사회주의 농업기술은 이 모든 노력들을 무력화시켜 흐루쇼프의 농업개혁은 별다른 진전을 만들어내지 못한다.

공산이념 전파에도 힘을 써 아직 자본주의가 정착되지 않은 제3세계를 대상으로 군사적 물적 지원을 집중시켰으나 별 진척은 없었다. 그나마 1959년 쿠바에서 카스트로가 공산혁명을 성공시켰는데 이것이 소련 공산당 이념 확산의 거의 유일한 성공 사례가 되었다. 하지만, 쿠바를 소련의 전략기지로 만들어 핵탄두를 배치하려했던 흐루쇼프의 대담한 모험은 미국의 극단적 대응으로 세계를 핵전쟁의 위협에 노출시켰고 결국 그를 권좌에서 물러나게 만들었다.

흐루쇼프 정권은 스탈린의 공포정치에 비해 크게 약화된 집권기반과 서구문화유입으로 인한 민중의식의 변화, 그리고 흐루쇼프 개인의 실정과 당 장악력 부족으로 빠르게 당의 지지를 잃어갔다. 결국, 1964년 그가 조지아로 휴가를 떠난 동안 중앙당에서는 쿠데타가 일어나 정권이 교체된다. 표면적으로는 소수의 정치국 엘리트들이 집단 지도부 체제로 권력을 장악하게 되나, 곧 쿠데타의 주도자였던 레오니드 브레즈네프를 중심으로 한 일인 독재로 권력이 이어진다.

브레즈네프 시대는 회색의 시대로 불릴 정도로 이렇다할 개혁도, 공포정치도, 큰 기근도 없이 무난하게 흘러갔다. 산하 공화국들의 주권회복 움직임은 심화되고 있었으나, 내정은 그 전 정권들에 비해 비교적 안정적인 상태를 장기간 유지했다. 이로 인해 관료 사회는 침체되고 노후화되어 갔다. 대외적으로도 미국과 데탕트 시대를 열어 냉전의 긴장도 느슨해졌다. 소련 시절을 그리워하는 러시아인들은 이때를 '좋았던 시절'로 회상한다.

자극도 개혁도 없는 상태가 오랜 기간 유지되면서 사회주의의 비효율성도 누적되어 점점 서방의 발전에서 도태되어갔다. 장기간 안정화된 도태 상태로 서방과의 격차가 민중의 수용한도까지 벌어지면서 결국 소련의 붕괴가 시작된다.

06

소비에트 연방의 붕괴

잔치는 끝났다

'1922년 소비에트 사회주의 공화국 수립에 서명했던 벨라루스, 러시아, 우크라이나 공화국의 현재 대통령인 우리들은 국제법상의 주권국이자 지정학적으로 실존해왔던 소비에트 사회주의 공화국 연방이 이제 더이상 존재하지 않게 되었음을 확인한다.'

– '독립국가연합 수립'에 대한 벨로베스키 협정 서문, 1991년 12월 8일.

소비에트 종말의 서막

소비에트 공산주의는 스탈린으로부터 시작된 집단화를 통해 인간의 근본적 욕구를 부정하는 치명적인 한계를 지닌 채로 시작되었다. 개인의 자유와 사유재산이 부정되고 수요와 공급까지 통제를 받는 동기부여가 결여된 사회는 필연적으로 도태될 수밖에 없는데, 이 불합리를 70여 년간 유지해 온 것이 소련이었다.

소비에트 공산 정권 중에도 잠깐씩 시도되었던 시장경제 정책이 얼마나 빠르게 경제를 회복시켰는지는 당시 모든 지도층들이 인지하고 있었을 것이다. 다만, 공산주의 사상의 근본인 집단주의에 맞지 않는다는 이유로 이러한 효율이 무시되었을 뿐이다.

단적인 예로, 농장의 집단화로 황폐화된 농촌에서 유일하게 생산성이 증가된 곳이 있었는데, 바로 각 농가에 조금씩 주어진 텃밭이었다. 농민들은 집 앞의 좁은 텃밭에서 과일, 채소, 가축 등을 길러 길가나 시장에서 팔아 부족한 물자를 구입했는데, 1970년 후반 전체 농토의 4%에 불과했던 텃밭에서 나온 생산량이 러시아 전체 과일, 채소, 가금류 생산량의 40%를 차지했다는 사실은 집단화의 폐해와 비효율성을 단적으로 보여준다.[1]

상식적으로는 이런 통계를 기반으로 집단화를 폐지하는 것이 당연하겠지만, 소비에트 정권은 사회주의 체제의 기반인 집단농장 체제를 그대로 유지하고 텃밭 면적만 좀 더 늘려 농업 생산성을 개

---

1 올랜도 파이지스, '혁명의 러시아 1891-1991', 어크로스, 2017.

선시키는 비상식적인 방법을 선택했다. 그만큼 이 정권의 사회주의 체제에 대한 집착은 많은 것을 희생시켜 가면서까지도 지켜내야 할 정도로 강했다.

제정 러시아는 주요 농산물 수출국이었으나, 소련 몰락 시점에는 세계 최대의 식료품 수입국이 되어 당시 유통된 빵의 1/3이 수입산 곡물로 만들어 졌을 정도로 농촌이 피폐해졌다.

1970년대 후반 서기국 농업부에 근무하고 있던 미하일 고르바초프와 같은 신진 관료들이 보다 상식적인 개혁을 제안했으나 브레즈네프 정권은 현 질서를 유지하기 위해 집단화를 더 공고히 하는 정책을 취했고, 소비에트 경제는 돌이킬 수 없는 몰락의 길로 들어서게 된다. 이때부터 고르바초프는 페레스트로이카라는 개혁의 의지를 마음속에 품게 된다.

소련의 붕괴는 급속했다. 하지만 위에서 이야기한 사회주의 폐단들만으로는 이 붕괴 속도를 설명하기가 어렵다. 소련의 붕괴는 일반적인 제국의 붕괴와 같은 아래로부터의 혁명으로 이루어진 것이 아니었다. 집권체제 상부로부터의 와해였다. 고르바초프가 **페레스트로이카와 함께 실행한 글라스노스트**(개방)가 언론을 풀고 서방의 문물까지 받아들여 사상적 개방을 이끌어내면서 **사회주의 체제에 대한 객관적 회의**를 사회 각 계층에 불러 일으켰다. 체제에 대한 회의는 대안의 가능성 앞에서 사람들을 능동적으로 행동하게 만들었다. 더 나은 방법이 있다는 것을 인지하지 못할 때는 참고 넘겼던 폐단들이 이를 제거할 수 있는 가능성이 보이는 상태에서는 견디기 어려운 굴레로 느껴진 것이다.

와해되는 공화국

소련 후기 공화국들의 결집은 사실상 **브레즈네프 독트린 '제한주권론'**(1968년)에 의해 강제적으로 유지된 것으로 볼 수 있다. 제한주권론이 선포된 1968년의 여름, 바르샤바 조약기구 회원국이었던 체코의 수도 프라하에서 공산 정권의 폐단에서 맞서 민주화를 부르짖는 일명 '프라하의 봄'으로 불리는 시민운동이 일어났다. 당시 소련 공산당 서기장이었던 브레즈네프는 이를 좌시할 경우 민주화 운동이 공산권 전체로 파급되어 공산 정권의 와해를 가져올 것으로 우려하고 군대를 파견해 이를 무력으로 진압했다. 그 이전에 있었던 헝가리 민주화 혁명(1956년) 당시의 무력 진압과 비교해서는 훨씬 인명피해가 적었으나, 이미 소련군은 과거 나치로부터 체코를 구원해준 해방군의 모습이 아닌 또 다른 압제자로 각인되고 있었다. 이 사건은 이후 동구권에서 소련 공산당의 입지가 본격적으로 축소되는 계기가 되기도 했다.

프라하에 대한 무력 진압을 정당화하기 위해 그해 12월에 브레즈네프가 발표한 독트린이 '제한주권론'이었다. 사회주의에 적대적인 세력들의 준동에 대해 소련 중앙정부가 각 산하 공화국이나 외국에까지 군대를 동원해 개입할 수 있는, 공산주의 진영 전체의 결속을 유지하기 위한 명분으로 발표된 성명이었다. 이 결정은 소련 내외부로부터 많은 비판을 받기도 했다.

20년 후 1988년, 페레스트로이카를 진행하고 있던 미하일 고르바초프가 유고슬라비아의 베오그라드에서 발표한 '신(新) 베오그라드 선언'으로 사회주의 건설과 국제적 입장에 있어 다른 방법들을 서로 존중해 줄 것을 약속하면서 브레즈네프 독트린을 사실상 부정하고 동구권의 자결권을 인정하기 시작했다. 이 제한주권론의 폐기는 동구권 민주화의 촉매로 작용해 이듬해 동유럽 혁명으로 이어지고, 폴란드와 헝가리의 공산 정권 붕괴를 시작으로 동구권국가들은 하나 둘 소련의 영향력에서 벗어나게 된다. 이에 힘입어 발트 3국도 1988년 인민전선 창설을 시작으로 국가주권 선언을 통과시켜 사실상 독립 수순에 들어간다. 1989년 '발트의 사슬'이라는 2백만 명이 참가한 대규모 시위에서는 나치 전범기와 소련 국기가 함께 나란히 걸리며 소련에 대한 반감을 여과없이 표현하기에 이른다.

고르바초프에 의해 1990년 처음 소련 전역에서 다당제로 실시한 총선에서 발트 3국 모두에서 공산당이 패배하고 인민전선과 비공산당이 승리했고, 그 외 3개 공화국들에서도 공산당이 패배한다.

페레스트로이카를 통한 민족자결주의와 개방의 바람은 연방의 급속한 와해를 불러왔다. 사실 공화국들의 독립 의지는 스탈린 시절 이후 누적되어 왔으나 자결의 가능성을 내비치며 직접적인 계기를 만들어 준 것은 바로 고르바초프의 페레스트로이카였다.

급속한 와해의 진행을 막기 위한 후속 조치들은 오히려 역효과를 낼 정도로 이미 대세는 기울어져 있었다. 남부 코카서스 지역에서는 각 공화국의 독립성향을 억제하기 위해 공화국 내의 인사가 아닌 중앙정부 인사들을 공화국 요직에 임명한 정책이 오히려 공화국 내 갈등을 불러일으켜 내전이 발생하기도 했다. 몇몇 공화국들에서는 직접적인 군사개입도 시도했지만 민중의 반감만 더 커져갔다.

불안정한 페레스트로이카로 인해 중앙권력의 공동현상이 발생한 상황에서 각 공화국들에서 일어나는 사건들이 도미노처럼 주변 국가로 전파되고 소련 중앙정부에 대한 언론의 공개적 비판도 따르면서 대세는 중앙정부의 통제범위를 벗어나게 된다.

백조의 호수가 흐르는 8월 쿠데타

소련 붕괴의 결정적 계기는 아이러니하게도 소련의 종주국이었던 러시아 소비에트 사회주의 공화국(PCΦCP)의 독립 선언이었다. 1990년 러시아 공화국의 인민대표의회에서 보리스 옐친이 최고 소비에트 의장으로 선출되었고, 그동안 소련 중앙당의 실정에 반감을 갖고 있던 옐친은 그해 **6월 12일 러시아 인민대표의회를 통해 러시아가 주권국임을 선언**했다. 러시아 주권 선언일(6월 12일)은 현재까지도 러시아의 날(러시아 독립기념일)로 정해 국경일로 기념하고 있다. 고르바초프로부터의 정치적 압박이 있었으나 옐친은 그 다음달 소련 공산당 대회에서 소련 공산당 탈당까지 발표하기에 이른다.

주권 선언 만 1년 후인 1991년 6월 12일 러시아 초대 대통령 선거에서 보리스 옐친이 공산당 후보를 꺾고 러시아 공화국의 대통령에 당선된다. 대통령 당선 후 제일 처음 한 것이 소련으로부터의 독립 선포였다. 종주국 러시아의 독립 선포와 함께 그동안 꾸준히 독립을 주장하며 주권 선언을 이어왔던 발트 3국 등 다른 공화국들도 실질적 독립 수순에 들어간다. 하지만, 국제법상의 상위 주권국인 소련의 인준 없이는 개별 공화국이 공식적인 독립성을 인정받기 어려웠다. 옐친은 이에 대해 소련 중앙정부가 공화국들의 독립을 인정해 줄 것을 강하게 요구했다. 고르바초프는 대세를 인정하고 절충안으로 소련의 중앙집권화된 권력 중 국방, 외교 등 일부만 남기고 모두 공화국에 분산시켜 연방 소비에트를 해산하고 주권국가들의 연합체로 격하시키는 신연방조약에 1991년 8월 20일 서명 예정이었다.

하지만 그 직전, 고르바초프를 제외한 소련 부통령, 총리, 국방장관, KGB 의장 등 최고위 지휘부 관료들은 소비에트의 해산 계획에 반발해 쿠데타 세력인 국가비상사태위원회(ГКЧП)를 구성하고 고르바초프를 크림 별장에 감금시켰다. 비상사태위원회는 6개월 기간의 비상 상황을 선포하고 그 기간동안 연방 수뇌부 역할을 담당할 것을 선언하면서, 모든 의회와 정치/언론/집회 활동을 잠정 중단하도록 조치해 신연방조약의 비준을 막았다. 이에 대해 옐친이 정면으로 맞서게 되는데 쿠데타 세력은 군대까지 동원해 옐친 대통령의 집무실이 있던 연방청사로 돌입해 옐친을 체포하도록 지시했다.

쿠데타 세력들은 시민들도 소련의 해체를 원치 않고 자신들을 지지할 것으로 기대했지만, 소련 말기에 심화된 중앙 정부의 실정과 개혁 실패 등의 영향으로 민심은 이미 중앙정부를 떠나 있었고, 이날 소련 전역에서 파업과 소련 정부에 대한 시위가 일어났다.

이 공산당 쿠데타가 한창 진행되고 있던 3일간 모든 TV 방송국들은 정규편성을 중단하고 일제히 백조의 호수 발레 공연만 송출했다. 일반 시민들은 아침부터 모든 TV 채널에서 하나의 프로그램만 반복 방영되는 것을 보면서 뭔가 심상치 않은 일이 일어나고 있다는 것을 직감했다. 방송국들은 누구의 편에 서야 할지 알지 못해 실권을 가진 쿠데타 세력인 국가비상사태위원회의 지침에 따라 사태와 무관한 백조의 호수를 송출했고 당시 진행중인 유혈사태에서는 잠시 눈을 감았다. 이 사건 이후 백조의 호수는 8월 쿠데타와 이를 이은 소련 붕괴의 상징이 되면서 '가장 정치적인 발레'라는 오명을 쓰기도 했다.

모스크바 시민들은 연방청사 주변을 바리케이드로 둘러싸고 소련 군대로부터 옐친을 보호했다. 옐친은 쿠데타 세력에 맞서 대통령령으로 신속히 모든 연방 행정부와 군대를 러시아 공화국의 통제하에 포섭하면서 쿠데타 진압에 들어갔다. 대세가 옐친에게 기울자 소련 군부나 국제사회도 옐친의 편에 서면서 쿠데타는 실패로 마무리된다. 이로 인해 그나마 신연방조약으로 정체성을 유지하려 했던 고르바초프의 계획도 틀어지고 완전한 해체로 대세가 기울게 된다.

8월 쿠데타 실패 후 소련 대통령 고르바초프와 러시아 대통령 옐친은 당분간 연정의 형태로 소련을 공동통치하기로 합의했고 이후 소련은 해체 수순에 들어간다.

1991년 8월 쿠데타와 비슷한 장면이 데자뷔처럼 소련 붕괴 후 1993년 10월 동일한 장소인 연방청사 앞에서 다시 재현된다. 연방청사 주위로 탱크와 군대가 포진해 시민들과 대치하고 옐친이 이를 독려하는 그림이다.

차이는 1991년 소련 공산당 쿠데타에서는 쿠데타 세력이 군대를 동원해 연방청사에 있던 옐친을 공격했고 시민들이 이를 막아섰지만, 1993년 10월 러시아 헌정위기 사태에서는 시민들이 의회 진영과 대통령 진영으로 나눠져 보다 복잡하고 과격한 양상으로 대립이 진행되었다는 것이다. 옐친이 소비에트 최고의회 해산을 위해 탱크와 군대를 동원해 연방청사를 포격하면서 이 사태는 일단락된다.

이에 대해서는 제2부(Phase-II)에서 좀 더 상세히 살펴보겠다.

3국 긴급 성명 - 소련의 해체를 사실상 인정한 벨로베스키 협정

8월 쿠데타 실패 이후 공화국들은 순차적으로 독립을 선언했고, 우크라이나의 국민투표를 통한 독립 선언을 마지막으로 모든 공화국들의 독립 결정이 이루어졌다. 공식적 소련 해체 발표 3주 전인 1991년 12월 7일, 벨라루스의 국경 지역 벨로베스키 숲에 위치한 별장에서 러시아, 벨라루스, 우크라이나 3국의 대통령들이 비밀리에 회동을 가졌다. 당시 소련의 대통령이었던 고르바초프는 이 회동에서 배제되었다. 표면적 회동 목적은 3국의 친선을 다지기 위한 사냥과 휴양이었으나 실제로는 8월 쿠데타 실패 이후 본격적으로 연방의 와해가 시작된 상황에서 어떻게 대처해야 할지를 논의하기 위함이었다. 논의 중 소련의 해체는 이미 거스를 수 없는 대세임을 서로 인정하게 되었고, 구 소련의 공화국들이 뿔뿔이 흩어지기 전에 이 동맹이라도 지켜내자는 결론이 났다.

그 다음날 1991년 12월 8일, 예정에도 없던 소련의 해체와 CIS 결성에 대한 협정 서명식이 즉석에서 비밀리에 진행되었다. 협정문을 작성할 타자기가 없어 인근 집단농장 사무실에서 급조해왔을 정도로 그 당시 대부분의 결정들은 즉흥적인 판단으로 긴급하게 이루어졌다.

당시 우크라이나 초대 대통령이었던 Leonid Kravchuk은 만약 그때 3국이 이 협정을 하지 않았다면 소련 해체 역풍으로 모든 공화국들이 흩어졌을 것으로 TV 인터뷰에서 회고하기도 했다. 하지만, 2004년 우크라이나의 오렌지 혁명으로 친러 정권이 전복되고 부패한 친서방 정권이 들어섰을 때 그는 소련 해체를 위한 벨로베스키 협정에 서명했던 자신의 손목을 자르고 싶었다고 후회하기도 했다.[2] 더 안타까운 사실은, 오렌지 혁명 10년 후 2014년 우크라이나 유로마이단 혁명으로 데자뷔처럼 한 번 더 친러 정권이 전복되고 친서방 정권이 들어서게 된다. 그리고 이 사건은 결국 우크라이나 전쟁의 촉매로 작용해 이후 우크라이나를 황폐화시킨다. 벨로베스키 협정에 대한 후회 때문이었는지는 모르겠지만, 그는 2020년 돈바스 평화 협상단의 우크라이나 대표로 말년을 보냈다.

여담으로, 그렇게 외진 국경 근처에서 회동을 가진 이유는, 당

---

2 TVC, 2015.10.27. 다큐멘터리 인터뷰 방송분.

시 KGB에 의해 모든 공화국 수뇌부들의 움직임이 추적당하고 있었기 때문에 고르바초프가 이들을 체포하려 시도할 경우 숲을 통해 바로 몇 킬로미터 옆의 폴란드로 망명할 각오로 그 장소를 택한 것이었다고 한다.

1922년 소비에트 연방 수립에 서명한 당사국이기도 했던 이 소련의 핵심 공화국들의 이후 세대 수장들은 70년 후 1991년 소련의 해체와 독립국가연합(CIS) 결성에 대한 협정에 서명하게 된다. 그 직후 보리스 옐친은 미국 대통령 조지 부시에게 전화로 소련의 해체 결정에 대해 먼저 알렸고, 그 후, 이미 존재하지 않게 된 연방국의 대통령인 고르바초프에게도 통보했다.[1] 물론 고르바초프는 이를 인정하지 않았고, 세 명의 대통령 개인들의 일탈로 비난했다. 하지만, 소련의 종주국인 러시아의 군부가 이미 러시아 대통령인 옐친의 지휘하에 들어갔고 마지막 시도였던 8월 쿠데타까지 실패로 끝난 상황에서 고르바초프는 결국 대세에 순응할 수밖에 없었다.

이 벨로베스키 협정은 그 후 12월 21일 발트 3국을 제외한 구소련 공화국 대통령들이 알마티에 모여 서명한 'CIS 수립 조약'의 기반이 되어 1991년 12월 26일 소련의 공식 해체 선언과 함께 CIS의 출범을 가져오게 된다.

하지만, 준비 없는 자유의 대가는 너무나 컸다. 공화국들이 독

1 그 후 1991년 12월 25일, 고르바초프가 소련의 해체를 발표할 때도 미리 미국의 부시 대통령에게 이 사실을 알렸다. 소련 붕괴 직전의 소련과 러시아는 미국과 이에 대한 일정수준의 조율을 미리 진행했다고 보는 것이 합리적일 것 같다.

립을 자축하기도 전에 부작용이 발생하기 시작했다. 소련 중앙정부의 군사적 중재가 사라진 상태에서 각 공화국들의 내전은 더 심화되었다. 통계에 따르면 이때의 내전으로 발생한 난민은 9백만 명으로 추산된다. 여기에 더해, 중앙정부 주도의 계획경제 인프라도 와해되어 각 공화국들은 극심한 경제 혼란과 물자부족에 시달리게 된다.

이런 혼란과 함께 러시아 소비에트 연방 사회주의 공화국도 러시아 연방이라는 국명으로 새롭게 출범한다.

러시아 독립 기념일

누구로부터의 독립인가?

6월 12일은 러시아 주권 선언을 기념하여 국경일로 제정된 독립기념일이다(2002년 이후 '러시아의 날'로 개명). 소비에트 연방의 종주국이자 소비에트 체제를 주도했던 러시아가 도대체 누구로부터 독립을 했다는 말인가?

소비에트 연방과 그 소속 공화국이었던 러시아와의 관계를 살펴보고 소련의 붕괴가 러시아에 가져온 영향도 살펴보자.

소련과 러시아

많은 사람들이 구 소련과 러시아를 혼동하고 있다. 그래서 지금도 러시아를 구 소련과 동일한 공산주의 국가로 알고 있는 사람들도 있다.

1917년 2월 부르주아 혁명과 10월 볼셰비키 혁명으로 러시아 제국(로마노프 왕조)이 붕괴된 후 러시아 사회주의 공화국이 출범했고, 수년간의 내전을 거쳐 러시아 사회주의 공화국을 중심으로 1922년에 우리가 소련으로 알고 있는 '소비에트 사회주의 공화국 연방(CCCP)'이 출범하게 된다. 사회주의 이념으로 결집된 총 15개의 공화국들이 소비에트 연방을 구성했고 이 중 하나인 러시아 사회주의 공화국은 '러시아 소비에트 연방 사회주의 공화국(PCФCP)'으로 개명하고 소련의 종주국 역할을 했다. 소련 말기 연방전체 인구는 2.9억 명, 이 중 러시아의 인구는 1.48억 명으로 절반을 차지했다.

소련이 붕괴되면서 연방을 구성해왔던 공화국들이 독립하는 과정에서 러시아도 소련으로부터 독립하게 된다. 소련의 종주국이었던 러시아가 도대체 누구로부터 독립을 했다는 것인지 의아해할 수도 있는데, 정확하게는 소비에트 공산당 통치로부터의 독립이고, 이후 러시아는 민주 정체(政體)를 가진 러시아 연방(Russian Federation)으로 새롭게 출범한다.

2023년 러시아 통계청 자료에 따르면 이 러시아 연방은 다시 24개의 공화국과 48개의 주를 포함한 89개의 개별 행정구역으로 나뉘어져 있고(크림반도 및 최근 병합된 우크라이나의 돈바스 등지 포함), 190여개 민족으로 구성되어 있다.

각 공화국에는 자체적으로 대통령과 내각이 존재한다. 예를 들어, 최근 우크라이나 전쟁에서 호전적 군사력을 보여준 체첸 부대는 러시아 연방 산하 체첸 공화국 소속의 정규군으로 이 공화국의 대통령은 람잔 카디로프이다. 가끔씩 뉴스에 카디로프가 나와 우크라이나 전황에 대해 이야기할 때 러시아와의 관계가 궁금했던 분은 러시아 연방산하 공화국들의 대통령 중 하나로 이해하시면 될 것 같다. 한 국가에 다수의 대통령이 공존하는 혼란을 방지하기 위해 2021년부터 러시아 연방의 대통령은 연방정부 대통령(현, 블라디미르 푸틴) 1명으로, 산하 공화국들의 대통령은 수반(Глава; Head)으로 공식명칭을 변경했다.

러시아 독립 기념일

앞서 소비에트 연방의 붕괴에서도 살펴본 것과 같이 소련 시절 말기에 각 공화국들은 소비에트 중앙정부의 영향으로부터 이탈해 각국의 자주성을 선언하기 시작했다. 이를 구체화시킨 것이 러시아 소비에트 연방 사회주의 공화국의 독립선언이었다. 1990년 6월 12일, 당시 러시아 인민대표의회 의장이었던 보리스 옐친이 러시아 주권 선언문을 채택하고 러시아가 주권국임을 공식 선언했다.

이 선언문에서는 '러시아는 주권국가의 모든 권력을 가지며, 러시아의 법은 소비에트 연방법에 우선한다.'라는 대명제와 함께 3권 분립 원칙과 국민의 평등, 지방 정부들의 권한 등에 대해서도 정의했다. 이를 기반으로 새로운 러시아 헌법이 제정된다. 만 1년 후 치러진 러시아 대선에서 옐친이 초대 대통령에 당선되면서 공식적인 러시아의 대표 지위로 러시아의 독립을 재차 선언한다. 이후로 6월 12일은 '러시아 독립 기념일'로 명명된 국경일로 지켜졌고, 그 후, '주권 선언'과 '독립' 간의 애매한 혼동을 피하고 모든 러시아인들이 기념할 수 있는 의미로 개명하자는 정부의 제안에 따라 '러시아의 날'로 개명되어 지금까지 국경일로 지켜오고 있다. **소련의 종주국 러시아에 있어서 '독립'이라는 단어는 어쩌면 그 전의 소련의 모든 역사를 압제국의 역사로 부정하는 의미를 가져올 수 있어 이 단어에 대해 좀 더 신중한 접근을 한 것으로 보인다.**

10월 볼셰비키 혁명 기념일(11월 7일)[2] 또한 신생 러시아에서 국민들의 혼동을 가져왔다. 공산주의자들과 소련 시절에 대한 자부심을 가진 사람들은 이 기념일을 유지하기 원했고, 소련의 악몽으로부터 벗어나고자 한 사람들은 이를 폐지하기를 주장했다. 푸틴은 이에 대한 절충안으로 이날과 가까운 날짜인 폴란드의 점령에서 해방된 기념일인 11월 4일을 볼셰비키 혁명 기념일과 합쳐 '국민 화합의 날'로 정해 지금까지 국경일로 지키고 있다.

1612년 11월 4일은 폴란드가 러시아를 점령했을 당시 상인인 미닌과 포자르 공작이 함께 민병대를 일으켜 모스크바를 폴란드의

2 혁명 당시 러시아는 율리우스력을 사용, 현재 사용되고 있는 그레고리력과 2주 정도의 차이가 있다.

점령에서 해방시키고 본격적인 로마노프 왕조 출범의 계기를 만든 역사적인 날이다. 이를 기념해 모스크바 붉은 광장의 양파모양 지붕을 한 성 바실리 성당 바로 앞에 이 두 사람의 동상을 세워 두었다. 매월 11월 4일 국민화합의 날에 이 동상 앞에 헌화하고 기념식을 갖는다. 공산주의자도 민주주의자도 서로 반목을 멈추고, 함께 국난을 극복한 미닌과 포자르의 정신을 이어받아 하나의 러시아 아래서 화합하자는 의미이다.

과거의 환영(幻影; Illusion)들

소련이 붕괴되고 신생 러시아가 출범하면서 맞닥뜨린 주요 과제 중에는 페레스트로이카의 마무리 외에도 과거와의 결별(혹은 청산)이 있었다.

소련 붕괴 후 공산당의 재기를 방지하기 위해 1992년 러시아 헌법재판소에서 공산당에 대한 정치적 재판이 있었다. 옐친 대통령은 소련 공산당이 범죄집단이었음을 주장하기 위해 대규모의 증거들과 자료들을 모아 법정에 고발했다. 하지만 헌법재판관들 중 대다수가 과거의 소련 공산당에 속해 있었던 상황에서 누구를 어떤 기준으로 판결할 수 있을지, 판결 범위는 당시 소련 공산당에 동조한 모든 공산주의자들까지 확대될 수도 있는 애매한 상황이었다. 옐친 스스로도 소련 시절 공산당 간부였던 자신의 과거를 고려해 결국 이 재판에는 아무도 기소되지 않았고, 소련 당시의 헌법과 브레즈네프 독트린(제한주권론)에 따라 행해진 소련 공산당의 모든 정책들은 합법으로 간주할 수 있다는 애매한 결론으로 마무리 지어졌다. 소련공산당의 범죄에 대해 공산주의자 개개인의 책임을 물어서는 안 된다는 논리로 소련 시절 폭정에 가담했던 당간부들과 권력을 남용했던 정보부 관료들 누구도 처벌받지 않고 면죄부를 받았다. **이 결정은 소련 시절의 기득권층이 신생 러시아에서도 세력을 유지하도록 용인하는 결과를 가져왔고, 제2부(Phase-II)에서 나타나는 분배의 공정성이 심각하게 왜곡된 개혁의 실패로까지 이어지게 된다**.

소련에 대한 애매한 청산으로 신생 러시아 초기 권력 구조도 소련 시절 권력의 핵심기관이었던 소비에트 최고의회를 중심으로 한 입법부와 대통령 행정부의 대립구도로 시작하게 된다. 이 갈등적 대립 구도는 1993년에 헌정위기 사태를 불러오게 된다.

다른 구 소련 공화국들은 물리적으로 소련에서 독립한 것을 실감하고 과거로부터의 청산을 비교적 무리 없이 해냈고, 특히, 소련 내에서 비교적 느슨한 정치적 개입관계를 가졌던 발트 3국 등은 소련과의 의식적 분리와 청산을 더 명확하게 할 수 있었다. 이로 인해 시장경제로의 개혁은 기득권층의 개입 없이 보다 공정하게 이루어졌고, 이제는 EU와 NATO의 회원국으로 유럽국가로의 정체성을 무리 없이 받아들이기에 이르렀다.

하지만 러시아는 표면적으로는 독립했음에도 불구하고 소련 중앙정부와 상당부분 겹치는 정부 조직(초기 러시아 정부 관료 대부분이 전직 소련 공산당 간부들)과 건물들 그리고 중앙 지휘부의 지역적 동일성

(모스크바) 등으로 인해 의식적 독립에 혼동을 겪게 된다. 분명 어제까지는 세계 최강국 소련의 국민이었다가 갑자기 하루 아침에 체제와 정체성까지 잃어버린 상황에서 많은 러시아인들은 **소련의 붕괴를 독립이 아닌 국가적 패배로 받아들이기까지 했다.** 그리고 70여년간 지향해왔던 공산주의 사상이 하루아침에 폐기되면서 러시아인들은 끈 떨어진 연처럼 정체성의 혼란을 느끼게 되었다.

정체성 회복을 위한 노력

정체성의 균열을 막고 국민들을 하나의 기치아래 단합하게 만들 무언가가 필요했던 상황에서 러시아 제국 시절로의 정체성 회귀를 위한 시도가 있었고, 제국 시절 사용했던 삼색기와 국가가 그대로 초기 러시아 연방의 상징으로 채택되었다. 국기는 무리 없이 받아들여졌으나 제국시절의 힘없는 국가는 소비에트 시절의 웅장했던 국가와는 너무나 대조되었다. 푸틴이 대통령으로 당선되면서 러시아의 국가는 구 소련 국가의 곡조에 원작자 세르게이 미할코프가 새롭게 다시 만든 가사를 입혀 완성시켰다. 푸틴은 소련의 역사를 부정하고 삭제하는 것보다 이를 유구한 러시아 역사의 한 시절 그대로 인정해 역사적 영속성을 유지하는 것이 옳다는 입장으로 구 소련의 곡조를 채택했고, 대부분의 러시아인들도 이에 동의한 것으로 보인다. 이에서 더 나아가 푸틴은 소련 시절의 역사에 대한 부정적인 면보다 긍정적인 면을 부각한 역사관을 지향했다. 어떤 나라도 자랑스러운 역사만 가지고 있지는 않고 러시아도 마찬가지지만 어두운 역사 속에서도 긍정적인 면을 보고 이를 계승하는 노력을 기울여 러시아인으로서의 민족적 자긍심을 고취하자는 것이다. 이를 위해 역사 교과서에서도 소련의 긍정적 측면을 부각시켜왔고, 이 영향으로 현재 젊은 세대들은 소련에 대해 긍정적인 평가를 내리고 있다. 그리고, 폭정과 학살을 일삼은 스탈린도 위대한 리더 중 하나로 평가되고 있다. 푸틴의 이러한 조치에 대해 서방은 푸틴이 소련 시절로의 회귀를 꿈꾸고 있는 것으로 판단하고 팽창야욕을 경계하고 있지만 이에 대해 푸틴은 한마디로 일축했다.

"소련 시절을 추억하지 않는 사람은 가슴이 없는 사람이지만,
그 시절로 돌아가려는 사람은 머리가 없는 사람이다."

정권 초기까지 푸틴이 스탈린의 폭정을 비판했던 사실을 돌이켜보면 소련 시절의 미화는 소련 붕괴 후 정체성 혼란에 빠진 2백여 민족들로 이루어진 러시아 국민들을 러시아 제국과 소련을 거쳐온 역사의 영속성 아래 하나로 통합하고 자긍심을 고취하기 위한 피치못할 선택이었던 것으로 보인다.

러시아인들의 정체성을 회복시킨 또 한 가지 요소는 러시아 정교회[3]였다.

러시아는 제국시절부터 세계 최대의 정교회 국가였는데, 러시아에서 가장 큰 정교회 성당인 구세주 그리스도 성당은 스탈린 시

---

3 가톨릭, 개신교(프로테스탄트)와 함께 기독교의 3대 종파 중 하나이다.

절 모스크바 재건 계획에 의해 철거되었다가 옐친 정부 때 국민들의 통합을 위해 다시 세워진다. 러시아 국민의 63%가 정교회 신자로, 대통령 푸틴도 독실한 정교회 신자이다. 소련 붕괴 후 정체성의 혼란에 빠진 러시아인들에게 천년 역사[4]의 러시아 정교회는 이들을 단결하게 만드는 정신적 구심점이 되어 주었다. 러시아 정부는 정책적으로 정교회를 지원해오고 있고 부활절이나 성탄절(1월 7일)[5] 미사에 푸틴 대통령도 참석한다.

최근 서방국가들이 인본주의적 자유와 평등이라는 가치하에 기독교와 성경의 기본 원리들을 좀 더 폭넓게 해석하면서 동성결혼과 같은 민감한 주제에 대해서도 수용하는 추세로 가고 있다. 하지만 러시아는 전통적 가족에 대한 가치관을 그대로 유지하는 입장을 고수하고 있어 이로 인해 서방과 가치관에 대한 충돌도 심화되고 있다. 전통적 가치관에 대한 이러한 러시아의 단호한 입장은 바로 이 뿌리깊은 정교회 역사에서 나온 것이다. 정치적으로도 러시아 정교회 역사는 러시아 국민들에게 정체성을 부여하고 단결시키는 중요한 구심점이므로 이러한 전통적 가치관에 대한 입장은 쉽게 흔들리지 않을 것으로 보인다.

신생 러시아는 소련 붕괴 이후 20세기 말까지 거의 10여 년간을 후유증에서 벗어나지 못하고 긴 침체의 시간을 보냈다.

---

4 AD 988년 키예프 공국의 블라디미르 대공이 정교회를 받아들이고 드네프르 강에서 모든 러시아인들에게 세례를 베풀면서 러시아 정교회 역사는 시작된다.

5 러시아 정교회의 성탄절은 12월 25일이 아닌 1월 7일이다. 율리우스력을 그대로 사용하는 전통으로 서방의 성탄절과 2주 정도의 차이가 난다.

PHASE - II

페레스트로이카

- **01** 페레스트로이카 개요 - 좋은 의도에 나쁜 결과
- **02** 코아페라치브 - 빠르게 부상하는 자본주의
- **03** 사라진 민간 자본 - 화폐개혁과 예금증발
- **04** 일그러진 사유화 - 붉은관료들
- **05** 금융 피라미드 MMM - 혼돈에 혼돈을 더하다
- **06** 모라토리엄 - 개혁 실패의 성적표

Perestroika

PHASE - II
페레스트로이카

"1990년대 러시아 경제개혁에 대해 우리가 내린 결론은 개혁자들이 제시한 것과 실제 행동 사이에 엄청난 간극이 있었다는 것이다. 내가 보기에 당시 개혁을 주도한 위정자들은 마르크스 자본론의 해석에 자신들만의 상상력을 크게 불어넣은 것으로 보인다. 그들은 국가가 소수 자본가들의 주머니를 더 많이 채우는데 기여해야 한다고 생각한 것 같다. 이 경제개혁은 충격요법이 아닌 대규모의 부를 소수의 기득권층에게 재분배할 목적으로 잘 기획된 고의적이고 악의적인 시나리오였다."

- Jeffrey Sachs, 콜롬비아대학장,
1991-93년 옐친 정부 경제개혁 자문 역임,
'독립신문' 인터뷰 중, 1998년 12월.

1980년대에 들어서면서 소비에트 연방의 경제는 붕괴 직전의 상황에 몰려 있었다. 누적된 계획경제의 폐단과 냉전시대의 무리한 군비경쟁, 유가폭락 등이 겹치면서 깊은 침체에 빠져들고 있었다. 불합리한 관료주의적 경제 운영으로 기술혁신이 무시된 산업 현장의 생산효율은 지속 감소했고 단위당 생산에 투입되는 에너지와 자원 부담은 점차 증가해 산업성장은 둔화될 수밖에 없었다. 내수시장에서 생산되는 소비재 물량은 늘어가는 수요를 충족시키지 못했고 기술 정체로 서방과의 품질 격차도 심화되고 있었다.

이 시점에서 페레스트로이카(개혁)라는 제2차 전이점이 형성된다. 사회주의 체제의 불합리로 인한 서방으로부터의 도태가 민중들이 수용할 수 있는 임계한도를 넘어서면서 러시아는 전체주의적 사회주의 국가에서 정반대의 민주자본주의 국가로 상전이된다.

전반적인 국정운영에 대한 쇄신이 불가피한 상황에서 페레스트로이카가 시행되었고 이를 통해 경제 활성화를 위한 다양한 정책들이 도입되었다. 시장 참자가들을 위한 경제활동 자유 확대, 정부독점의 국제 무역장벽 완화, 러시아 기업 지분에 대한 외국자본 참여 제한 완화, 국영기업들의 사유화 및 시장경쟁체제로의 경영방식 전환, 협동조합 활성화로 개인의 영리활동 기회 확대 등의 시장경제 정책들과 정보의 개방이 이 당시 페레스트로이카를 통해 진행되었다.

미하일 고르바초프가 1985년 소비에트 공산당 서기장 취임 후 페레스트로이카(개혁)와 글라스노스트(개방)를 강조하기 시작하면서 이 두 단어는 소비에트 연방 붕괴 전후로 러시아 사회의 키워드로 자리잡게 된다.

페레스트로이카가 공식적으로 선언된 것은 1987년 소비에트 공산당 중앙위원회에서 고르바초프가 국정의 전반적 개혁 노선으로 선언하면서 부터다.

1985년, 개혁의 필요성이 대두된 시점에서 모든 지방정부들이 자신들의 문제점을 노출시키고 이를 중앙정부와 함께 풀어가자는 의도로 먼저 글라스노스트(개방)가 시행되었고, 고르바초프가 1987년 본격적으로 페레스트로이카 정책들을 도입하면서 글라스노스트도 사회 전반에 대한 정보 개방과 언론의 자유로까지 확대된다.

각 민족들이 자주적으로 연합된 이상적 공산 민주화를 이루기 위해 레닌이 강조했던 것도 이 글라스노스트였는데, 소비에트 연방 출범 초기 레닌의 집권기 동안에는 실제로 공화국간, 계층간 정보의 소통이 비교적 원활하게 이루어졌다. 하지만 스탈린 집권과 함께 본격화된 전체주의 관료제 사회에서 소통은 완전히 막히게 된다.

그 후 반 세기가 넘어서야 다시 소통의 물꼬가 트인 것인데, 그동안 억눌려왔던 인간의 본성이 급격한 개방의 물결에 휩쓸리면서 자유와 개방 기조는 페레스트로이카를 관통하는 사회현상을 만들어 낸다. 1980년대 후반의 러시아 사회 인식을 한마디로 정의하면 바로 **'금지되지 않은 모든 것들은 허락된 것이다'**였다.[1]

---

1 그 이후로 '금지되었어도 진심으로 원한다면 가능하다, 단, 조심해야 한다.'라는 좀 더 극단적 표현으로 편법이나 불법까지 조장되었다.

페레스트로이카의 영향을 가장 크게 받아 소위 페레스트로이카 세대라고 불리는 당시 10대들은 현재 러시아 사회의 중추를 구성하는 4~50대가 되었다. 이들을 이해하기 위해서는 당시 10대들이 학교에서부터 경험하기 시작한 이 개혁의 충격을 이해해 보는 것도 도움이 될 것이다.

그 당시 영화 '인형(Куколка; 1988년)'에서 한 남학생이 히피 머리를 하고 학교에 등교하는데, 이를 꾸짖는 교사에게 그 옆에 있던 여학생이 대들고 교실을 나가버리는 장면이 나온다. 이런 반항적인 행동은 그 전까지는 상상도 할 수 없는 것이었고, 설사 있었다 하더라도 공론화되지는 않았다. 그동안 권위주의적 교권에 의해 지배되어 왔던 학교에서부터 사회에 대한 저항이 시작되었다. 그들은 처음으로 '이래도 된다고?' 라는 의문과 함께 해방감을 느꼈고 억눌려왔던 본능에 대한 반발로 저항을 지향하는 문화가 사회현상으로 자리잡게 된다. 사회주의 교과과정을 이수하고 자본주의 시장경제에 내던져진 이 유일무이한 세대는 무방비한 상태로 새로운 체제에 적응해야 할 부담을 지고 사회에 첫발을 내딛게 된다.

그 시절 소련 젊은이들을 열광시켰던 고려인 가수 빅토르 최(초이)의 사회 비판적 노래들도 이 세대의 저항 기조에 불을 지폈다. 그가 불렀던 '변화를 원해(Хочу перемен!)'라는 제목의 노래는 정치노선과 진영에 상관없이 다양한 정치 모임이나 시위의 대표곡으로 불리며 정치적 슬로건화 되기도 했다.[2]

---

2 정작 빅토르 초이 본인은 이 노래가 정치적 슬로건화 되는 것을 원치 않았다. 그가 이 노래에서 말하려 했던 변화는 정치적 변화가 아니라 예술적 변화와 내면의 해방감에 대한 것이었다고 인터뷰에서 밝힌 바 있다.

주체할 수 없는 해방감과 대상 없는 저항, 한치 앞도 전망하기 힘든 정치·사회·경제적 혼란, 섣부른 경제개혁으로 인한 물자 부족과 하이퍼인플레이션, 하지만 모든 도전이 가능해 보였던 **피폐한 낭만의 시대**, 이것이 페레스트로이카 당시 러시아 사회의 전반적 분위기였다.

제2부(Phase-II)에서는 현재까지도 영향을 미치고 있는 페레스트로이카의 개혁 실패에 초점을 맞추었다. 어떤 사건들로 인해 러시아의 사회·경제 구조가 현재의 모습으로 형성되었는지 이해해 볼 수 있는 기회가 되기를 바란다.

일반적으로 페레스트로이카 진행 기간을 1985년 고르바초프 서기장에 의해 처음 언급된 이후 소련이 붕괴된 1991년까지로 보는 견해가 많다. 하지만 **러시아의 입장에서는 소련의 붕괴와 상관없이 그 후에도 수년간 이 개혁은 탄력을 받아 진행되었고, 1990년대 중반에 가서야 일단락된다.** 이 책에서는 이때까지를 페레스트로이카 기간에 포함시켰다.

페레스트로이카 개요

좋은 의도에 나쁜 결과

"우리는 더 나은 사회주의로 나아갈 것입니다. 소비에트 권력을 뒤집거나 기본 원칙을 흔들지는 않을 것입니다. 하지만 사회주의를 공고케 하는, 부요하고 역동적인 사회주의를 만들어 나가는 변화는 불가피합니다."

– 고르바초프, '페레스트로이카와 새로운 사상', 1987년.

배경

페레스트로이카는 원래 10월 혁명(볼셰비키 혁명) 정신으로의 회귀에 방향이 맞춰진 개혁이었다. 사회주의혁명의 진의를 변질시킨 불합리한 전체주의적 관료화에서 벗어나 다시 사회주의혁명 본연의 평등한 민주적 사회주의를 실현하는 것이 이 개혁의 목적이었다. 스탈린 시절 본격화된 전체주의에 대한 민중의 피로도는 1980년대에 들어 임계점에 도달해 이때부터 국정 전반에 대한 쇄신의 필요성이 사회 각층에서 활발히 대두되었다. 폐쇄적 관료 계급구조에서 통치권력과 민중을 연결하는 소통의 부재로 그때까지도 소비에트 공산당은 현실과 동떨어진 정책노선을 계속 고집해 오고 있었다. 결국 현실적으로 당면한 문제들과 정책 간의 간극이 돌이키기 어려운 수준으로 벌어지면서 관료화와 집단화의 비효율성에 지친 민중들의 개혁 여론이 강하게 형성된다.

이 폐단을 지방정부의 실무 현장에서 몸소 체험해 왔던 고르바초프가 1985년 소비에트 공산당 서기장이 되면서 개혁은 급물살을 타게 된다. 당시 소련은 누적된 계획경제의 비효율에 국제 유가 폭락에 따른 무역수지 파탄까지 겹치면서 경제 구조적 한계가 여실히 드러났고, 국민들은 젊고 진취적이었던 고르바초프에게 이를 돌파할 무언가를 기대할 수밖에 없는 상황이었다. 이 배경에서 고르바초프의 초기 페레스트로이카는 모든 계층에서 큰 거부감 없이 받아들여졌다.

1986년 제27차 소비에트 공산당 전당대회에서 마르크스와 레닌의 사상에 입각한 사회 경제 발전 가속화를 위한 5개년 계획이 입안되었다. 1986~1990년과, 나아가 그 후 2000년까지의 보다 발전된 사회주의 건설을 위한 중장기적 청사진이었다. 이를 기초로 1987년 고르바초프의 페레스트로이카가 본격화된다. 위로부터의 계획된 혁명인 만큼 이 개혁 과정에는 이해관계가 상반된 여러 그룹들이 참여하게 되는데, 크게 세 그룹으로 분류해 볼 수 있다.

첫 번째는 '노멘클라투라'로 불리는 기득권층 고위관료들로 이들은 현 권력 구도를 그대로 유지시키는데 집중했다. 이들의 끈질긴 노력은 나중에 개혁의 방향이 기득권을 대변하는 모습으로 변질되게 만든다.

두 번째 그룹은 지식층으로 이 개혁을 서방의 자유 민주주의를 도입하는 계기로 삼으려 했고 이들의 노력은 결국 연방의 해체를 불러온다.

세 번째 그룹은 국영기업들의 관리자였던 붉은관료들과 새롭게 등장한 민간 사업가들로 경제개혁의 혼란을 틈타 편법을 동원하고 지하경제까지 활성화해 자신들의 영향력을 확장시켰고 나중에 '올리가르히(재벌)', '노뷔루스끼(New Russian)'등으로 불리는 신흥 재벌 그룹을 형성하게 된다.

진행 과정상의 특징

페레스트로이카의 원안은 경제구조를 고도화하고 인민들의 삶을 개선시켜 소비에트 사회주의 정체성을 더욱 공고히 하자는 것이었다. 하지만 개혁이 본격화되는 과정에서 구조적 한계에 부딪히면서 사회주의 정치형태를 유지한 상태로는 개혁이 불가능함을 인지하게 되었고 정치체제 자체의 전환이 불가피 함을 절감하게 된다.

하지만 소련의 군부를 중심으로 한 보수파의 저항은 정치체제 개혁의 걸림돌로 작용했는데, 때마침 1987년 5월, 소련 군부를 뒤흔든 사건으로 보수파의 영향력은 축소된다. 서독 청년 Mathias Rust가 경비행기를 몰고 소련 영공을 장시간 아무 제지 없이 비행하다가 소련의 심장인 모스크바 붉은광장에 착륙한 사건이 그것이다. 철옹성 소련의 방공망이 서방의 경비행기에 어이없이 뚫렸다는 위기감으로 그 당시 소련 국방장관 Sergei Sokolov를 포함한 150여 명의 장성과 군 간부들이 보직해임을 당했고 군부가 크게 개편되었다.[1] 이러한 보수파의 실정과 혼란을 틈타 정치체제 개혁에 대한 목소리가 더 힘을 받게 되었다.

---

1 여러 문헌들에서 이 사건을 고르바초프가 보수파를 축출하기 위해 서방과 모의한 사건으로 보고 있다. 당시 경비행기가 몇 시간동안 소련 영공에서 체공하는 동안 소련 방공체계에서 수차례 보고가 올라갔으나, 상부에서는 이에 대해 별다른 작전지시 없이 침묵했다는 사실도 이 의심을 뒷받침하고 있다. 영공을 무단 침범한 심각한 사건 당사자를 소련 정부는 별다른 처벌도 없이 자국으로 귀환시켰다는 것도 의구심을 갖게 한다.

결국, 이듬해인 1988년 제19회 전 소련 공산당 회의에서 소비에트 사회 민주화를 위한 정치 체제 개혁안과 보다 진보적인 글라스노스트 정책이 의결되었다. 특히, 이 진보적 개방정책은 고르바초프의 최측근으로 페레스트로이카의 설계자로 불리는 Alexander Yakovlev가 입안했는데, 그는 미국 콜롬비아 대학에서 수학한 친미성향의 인사였다. 이 진보적 개방정책이 발트 3국 공화국들의 인민전선(Народный фронт)을 자극해 민족 자긍심을 고취시키고 공화국들의 독립 의지를 본격적으로 부추긴 것으로 보인다. 이에 더해 고르바초프가 1988년에 브레즈네프의 제한주권론을 무효화시키면서 동구권의 자결권을 사실상 인정해 준 것도 동구권의 연쇄 독립 과정을 가속화시켰다고 볼 수 있다.

이러한 사실로 미루어 볼 때 소련의 붕괴는 당시 친미 성향의 소련 수뇌부의 의지도 일부 반영되었을 것이라는 합리적 추정도 가능하다.

1980년대 중반에 시작해 1990년대 중반까지[2] 이어진 러시아 페레스트로이카의 특징을 요약해 보면 다음과 같다.

1. **위로부터의 혁명**: 당시 소련의 경제를 파탄 낸 사회주의 계획경제의 한계를 극복하기 위해 공산당 수뇌부의 자발적 주도하에 당에 편중된 권력을 소비에트 의회로 이양하고 표현의

---

2 일반적으로 페레스트로이카 진행 기간을 1985년에서 소련이 붕괴된 1991년까지로 보는 견해가 많다. 하지만 러시아의 입장에서는 소련 시절 개혁의 일환으로 입안된 사유화가 1994년대 중반에 가서야 일단락되므로 여기서는 이때까지를 페레스트로이카 기간에 포함시켰다.

자유와 시장경제 체제를 부분적으로 도입 시도, 여기서 기득권층의 이해관계도 개입

2. **급속한 진행으로 인한 인프라 공백:** 경제, 사회, 정치 전반에서 국가의 근간을 바꾸는 대대적 개혁임에도 불구하고 유예기간 없이 신규 체제들이 무분별하게 도입되면서 신/구 인프라 간 공백 현상 발생. 중앙의 통제 없이 각 부문별 자의적 해석으로 규정과 실무 간 극심한 혼란
3. **독점자본주의 도래:** 개혁의 본래 의도는 경제위기를 극복하여 사회주의 기반 권력구조를 보다 공고케 하는 것이었으나, 시장과 민간 기업 활동 등이 통제를 벗어나 무분별하게 개방되면서 독점자본주의 형태로 급속하게 변질. 불평등과 부의 편중 가중
4. **모호함으로 시작된 체제 붕괴:** 당시 고르바초프를 중심으로 한 공산당 수뇌부는 개혁의 필요성에 대해서는 동의했으나 개혁에 대한 구체적 로드맵 없이 즉흥적 개방 시작. 통제되지 않은 개방으로 그동안 억눌려 있던 민족주의가 급속히 팽창하면서 위성 공화국 간 와해 심화, 소비에트 연방 붕괴
5. **세계 정세의 지각 변동:** 소련의 붕괴와 함께 지정학적 세력균형도 붕괴, 본격적 팍스 아메리카나 시대 출범, 냉전종식과 미국 주도의 세계화로 국가간 관세장벽이 무너지고 자본과 인력의 자유로운 이동으로 글로벌 성장시대로 돌입

내부적 혼란

페레스트로이카는 시장경제를 사회주의에 접목시켜 보다 완전한 사회주의로의 이행을 지향한 시도였던 만큼, 당연히 익숙지 않은 체제에 대한 지식이 전무했던 대다수 민중들에게는 지금 진행되고 있는 일들이 적절한지에 대한 판단기준도 명확하지 않은 상황에서 강행되었다.

당시 소비에트 인민의회 소속 2,300여명의 의원들 중 페레스트로이카 정책을 주체적으로 지지 혹은 반대라도 시도해 본 의원들은 500여명 정도에 불과했고 나머지는 주변인의 입장에서 당의 결정에 따를 뿐이었다고 당시 인민의회 의원이었던 Yuri Voldriev는 회고했다. 대다수의 의원들과 정부관료들이 신 체제하에서 자신에게 주어진 의무와 권력을 잘 이해하지 못해 관조자로 한발 물러나 상황을 지켜볼 뿐이었으므로 극소수의 이해관계에 따른 정책수립은 큰 저항 없이 일사천리 진행되었다.

당시 다수의 고위급 관료들과 KGB 지도부 등 보수진영의 증언에 따르면 페레스트로이카는 사실상 러시아를 재앙으로 몰아간 카타스트로이카(catastrophe + perestroika)라는 의견이 지배적었던 것으로 보인다. 개혁을 주도했던 수뇌부의 실력 여부를 떠나, 소련을 와해시키려는 외부 세력의 개입이 있었던 것이라 주장하는 견해도 많다.

당시 자산부 장관이자 페레스트로이카 정책의 핵심인 사유화 과정을 주도했던 Anatoli Chubais는 그 산하에 60여명의 미국인 전문가들이 싱크탱크의 역할을 한 것으로 알려져 있는데, 당시 인민의회 의원이었던 Sergei Bavurin의 증언에 따르면 그들 중 일부는 미국 정보부 CIA가 파견한 스파이였던 것으로 보인다. 이 사실은 당시 국가안보부 장관이었던 Victor Baranikov의 증언에서도 알 수 있다. '하루는 정부청사에서 엘리베이터를 탔는데, 동승자들이 자기가 첩보문서로 익히 알고 있던 CIA 요원들이었다. 사실을 확인해 보니 그들은 당시 러시아 정부의 협력자로 일하고 있는 중이었다.'

시장경제에 대해 무지했던 소련의 상황에서는 개혁을 위해 이미 시장경제가 성공적으로 정착된 미국 전문가들의 조언을 받아야 하는 당위성도 있었겠지만 적국의 친절이 독이 될 것이라는 생각은 하지 못했던 것일까? 아니면 이를 인지하고서도 이를 상쇄시킬 만한 다른 목적이 있어 허용을 해 준 것일까? 당시 많은 인민의회 의원들이 특정 의결에서 배제되고 특정 그룹만 참석해서 의결을 하는 경우도 종종 있었는데, 이것도 이러한 맥락에서 의심을 갖게 만드는 부분이라고 당시 인민의회 의원이었던 Sergei Bavurin이 주장하기도 했다. 현재까지도 그 진행과정상의 내부정보가 명확히 공개되지 않아 당시 그 과정에 참여했던 인사들의 증언을 통해서만 그 때의 상황을 어렴풋이 짐작해 볼 수밖에 없다.

반성

프롤레타리아 혁명도 페레스트로이카도 공통된 치명적 맹점을 가지고 진행되었다. 바로 주창자(Initiator)가 중간에 이탈하면서 처음 의도와는 전혀 다른 방향으로 혁명이 변질되었다는 것이다. 페레스트로이카는 고르바초프가 나름대로의 청사진을 가지고 점진적인 개혁으로 시작했지만 변화의 속도를 통제하지 못해 소련이 붕괴되었고 그 다음 정권을 이어받는 보리스 옐친 러시아 대통령에 의해 개혁은 급진적 형태로 전환된다. 개혁의 여파로 사회는 빠르게 변해가는데 이를 뒷받침해주는 정책의 가이드 없이 정작 자신들의 삶은 더 힘들어지는 것이 점진적 개혁에 대한 군중들의 불만으로 이어졌고, 이것이 급진적 개혁의 물고를 튼 것으로 보인다. 급진적 개혁의 심각한 후유증에 대해서는 뒷장에서 하나씩 살펴보겠지만, 주창자가 이탈한 개혁은 그 초기 의도를 벗어나 변질되기 시작했다.

국민들은 변화를 원했고 페레스트로이카를 지지했지만, 정작 변혁의 폭풍 한가운데서도 대부분의 국민들은 그 당시 일어나고 있는 일들을 정확히 인지하지 못했다. 이 당시 매일 새벽마다 길거리 신문 가판대에는 신문을 구매하려는 사람들로 장사진을 이루었다. 변화가 일어나고 있다는 것은 체감을 하고 있었지만 어디로 가고 있는지, 무엇을 대비해야 하는지에 대해서는 아무도 알려주지 않았기 때문이다.

기득권층의 이해관계에 따라 구조조정이 이루어지는 와중에도 국민들은 상황판단이 되지 않아 이를 반박할 수조차 없었다. 그 당시에 자신이 주장할 수 있었던 권리가 어떤 것이었는지 아직까지도 이해하지 못하는 사람이 대부분이라, 이 불공정한 구조조정 결과는 현재까지 고착화되어 자연스럽게 받아들여지는 현실에까지 이르렀다. 오랜 전체주의적 공산 정권하에서 일반민중뿐만 아니라 고위관료들까지도 상황을 주도하려는 시도조차 못한 사람이 대부분이었고, 이로 인한 혼란으로 민중의 지지도 빠르게 감소했다. 언론보도에 따르면 페레스트로이카에 대한 민중의 지지도는 1989년 10월 52%에서 1년 후인 1990년 10월 21%까지 급락했다.[3] 반대 여론의 주요 의견은 정치적 혼란으로 미래에 대한 불안 가중, 공화국간 반목 증가, 경제위기 심화 등이었다. 당시 설문조사에서 '삶이 개선되었느냐'의 질문에 7%의 응답자만이 긍정적 답변을 한 것만 보더라도 소련 붕괴 직전 개혁에 대한 여론의 기대는 빠르게 식어 간 것으로 볼 수 있고, 이러한 민중의 실망이 개혁을 급진적으로 몰아간 하나의 원인이 된 것으로 보인다.

내부 기득권층의 독단이었든, 외세의 개입이었든, 이 개혁은 원안대로 흘러가지 않고 불공정과 혼란으로 점철되어 현재까지도 러시아 경제 발전에 구조적 저해 요소로 작용하고 있다.

3 모스크바 뉴스(주간지) 1990년, 제45호.

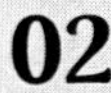

코아페라치브

빠르게 부상하는 자본주의

"누군가 코아페라치브(협동조합)와 사적 영리 활동의 허가에 대해 사적 자산축적 체제의 부활이 될 것으로 우려하고 있는 것 같습니다. 동지들, 제 생각에는 우리의 경험에서나 타국의 경험에 비춰볼 때, 이러한 경제적 개혁은 사회주의 테두리 내에서 적절히 활용될 경우 유익하고 필수적인 요소가 될 것으로 보입니다. 이 제도는 증가하고 있는 인민들의 수요를 더 잘 충족시킬 것이며, 지하경제의 발현도 줄여 보다 현실적인 사회 경제적 개선을 가져올 것입니다."

- 고르바초프, 1987년 7월 공산당 중앙당 총회.

사적 영리활동의 포문을 연 코아페라치브

'협동조합'으로 번역되는 이 공동체적 조직 형태는 18세기 말 영국에서 산업자본의 본격적 확산과 함께 등장한다. 자본가들이 부를 축적하기 위해 의회를 앞세워 공유지와 경작지들을 사유화하고 공지를 울타리로 둘러치는 인클로저 운동이 확대되면서 가난한 농민들이 삶의 터전을 잃어버리고 도시 노동자로 대거 유입되기 시작했다. 이들은 저렴한 노동력으로 영국 산업혁명의 주축이 되었으나, 정작 자신들은 가난한 노동자로서 도시의 빈민으로 전락할 수밖에 없었는데, 이를 극복하기 위해 이들은 경제적 공동체를 구성하고 공동 사업이나 구매 등으로 자주적인 경제활동을 시작하게 되었고, 이것이 그 후 유럽에 확산되는 협동조합의 시초가 된다.

이 조직 형태가 소련의 신경제정책(NEP)과 러시아의 페레스트로이카 도입기에 개인 사업자들의 영리활동을 합법화시키는 법적 토대가 되는데, 이 코아페라치브로 인해 페레스트로이카 시절의 소련 사회는 바야흐로 경제 구조적 대변혁을 맞이하게 된다.

페레스트로이카 초기 소비에트 지도부는 사회주의 체제 내에서의 절충적 시장경제 도입 필요성을 절감하게 된다. 이를 위해 입법 통과된 '사적 영리활동 허가법'(1986년), '코아페라치브법'(1988년), '임대법'(1989년) 등은 사회주의 계획경제에서 부분적 시장경제로 전환하는 발판을 마련했고 민간부문의 영리활동과 자산소유권에 대한 개념도 정립했다. 그중 코아페라치브 법은 개인사업체 운영을 가능케하여 다양한 산업활동을 통해 수익을 창출할 수 있는 환경을 조성해 주었다. 자본주의 사회에서 '협동조합'이라는 단어는 사회주의적 공동경제 이미지를 떠올리게 하지만, 그 시절 러시아에서 이 단어는 사적 영리활동과 사업운영의 자유를 부여하는 말이었다. 이 법이 제정된 5월 26일은 현재까지 '러시아 사업가의 날'로 정해 기념할 정도로 코아페라치브의 합법화는 러시아 시장경제 개혁에서 중요한 의미를 갖는 사건이었다. 개인사업체뿐만 아니라 민간이 운영하는 소비재 시장들도 우후죽순처럼 생기게 되어 문자 그대로의 시장경제가 시작된다.

협동조합법 제정 원년 사업체는 8만개에서, 1990년에는 19만개로 늘어났고 개인사업활동 종사자는 5백만 명에 달했다.[1] 소련 GDP에서 차지하는 민간기업의 매출 비중도 협동조합법 입법 직전 0.1%에서 원년 1.0%로 증가했고, 특히, 소비재와 가전 부문에서는 몇 년 내 15%~25%수준까지 비중이 급증할 정도로 민간의 상업활동이 확대되었다. 외국자본유입도 본격화되는데, 러시아의 협동조합법은 당시 미국의 일반 기업법에 준하는 자산의 소유, 채권 발행, 고용[2], 외국기업과의 합작 등이 광범위하게 허가되어 있어 외국기업의 활동도 가능하게 만들었다.[3]

개혁 초기 소련에 성공적으로 투자한 외국기업 중 하나가 미국

---

1 'The Rebirth of Entrepreneurship in the Soviet Union', Anthony Jones, 1991.

2 소련 시절 개인이 개인을 고용하는 것은 부당한 인력 동원으로 금해왔는데, 이 제한도 풀리게 된 것이다.

3 'UNION OF SOVIET SOCIALIST REPUBLICS: LAW ON COOPERATIVES', William Frenkel, 1989.

기업 맥도날드였다. 1990년 1월, 모스크바 크렘린 인근 푸쉬킨 광장에 맥도날드 1호점이 개장되었다. 이 당시 언론들은 영하의 날씨에 맥도날드 점포 앞에 끝없이 늘어선 대기줄을 보도했고 러시아인들은 새로운 시대가 도래하고 있음을 실감했다. 소련 근로자의 월 평균 급여가 150루블이었던 그 당시, 빅맥 가격은 3.5루블이었다. 월급의 2%가 넘는 햄버거를 먹기 위해 이날 하루동안 매장에 방문한 사람은 3만 명에 달해 맥도날드 자체 세계 기록을 경신했는데, 그 많은 사람들은 단순히 햄버거가 아닌 그 너머에 있는 자유의 맛을 느끼고 싶었던 것은 아닐까? 추운 날씨에 끝이 보이지 않을 정도로 긴 줄 앞에 밝은 표정으로 서 있는 사람들의 모습을 보면 이들이 얼마나 이런 자유를 갈망해 왔는지 느낄 수 있다.

> 맥도날드는 그 후 32년간 러시아에서 성공적으로 사업을 운영해오다 2022년 우크라이나 사태에 따른 대러 제재로 러시아 사업을 정리하고 10억 불 이상의 손실을 감수하며 철수한다. 이 중 850여 개 점포들은 러시아 사업가가 인수했고 기존 직원, 납품업체, 메뉴들을 대부분 승계해 현재 'Вкусно-и точка(프쿠스나-이 토치카)'라는 신규 브랜드로 패스트푸드 사업을 이어가고 있다.

이 협동조합법은 사실상 모든 산업부문에 대해 민간기업활동을 가능케 했는데, 1, 2차 산업뿐만 아니라 서비스업과 컴퓨터 프로그램과 같은 지적소유권 자신의 수입/생산/판매까지도 가능하게 했다. 농업 부문에서도 소련의 보수관료들이 사회주의 상징으로 그토록 고수하려 했던 집단농장운영 체제를 포기하고 이제는 개인농장 형태로 운영이 가능해졌다는 사실은 이 당시 소련 공산당이 경제개혁에 얼마나 많은 것을 양보했는지를 보여준다.

경제·사회 인프라 사슬 붕괴와 민간 사업자들의 활약

소련 붕괴 전후 중앙정부의 통제 상실로 연방 공화국간 사회·경제적 연결고리가 와해되면서 지역간 산업균형이 깨졌고 이로 인해 경제 펀더멘털이 대공황 이상의 심각한 수준의 타격을 받으면서 경제 성장률이 급속히 하락했다. 중앙통제식 계획경제의 후유증으로 각 공화국간 내수공급의 극단적 과부족 현상이 반 시너지(Anti-synergy) 효과로 나타났다. 해당 지역에 부재한 산업으로 인한 물자 부족은 말할 것도 없고, 지역별 주력 산업 마저도 수급 인프라의 와해로 흔들리는 대 혼란이 발생했다. 이미 와해되기 시작한 구 소련 공화국들에서는 기존의 중앙집중형 인프라만으로는 물자부족을 메울 방법이 없었고, 이때 코아페라치브 사업자들이 발빠르게 이 공백을 사업의 기회로 활용했다. 그들은 사업초기 보따리 장사 형태로 국경을 넘나들며 내수시장에 부족한 물자들을 수입해 빠르게 이윤을 획득해 나갔고, 그 자본을 바탕으로 자체적 경공업 소비재 생산 시설을 갖추거나 무역 규모를 더 확장해갔다. 소련 시절 집회와 모임을 막기 위해 공공장소나 지하철 등에 공공화장실을 설치하지 않았는데[4], 이 틈을 비집고 유료화장실 사업까지 생길 정도로 코아페라치브는 사회의 곳곳에서 부족한 부분을 채워 나갔다.

5루블에 불과한 협동조합 등록세와 우대 대출 금리, 2~10%의 비교적 부담 없는 소득세는 낮은 진입장벽을 만들어 너도나도 이 사업에 뛰어들게 만들었다. 하지만 당시 사회의 바탕은 아직 관료적 사회주의의 영향을 벗어나지 못해 불공정한 자원의 배부, 권력 남용 등으로 기득권층에 유리한 사업환경이 조성되었다. 자원과 같은 기간산업 생산재들은 대부분 국영기업의 계획하에 생산/배부되었으므로 권력이나 기득권층에 연출이 있는 사람만이 이를 선점해 사업에 활용할 수 있었다. 기존 국영기업의 대표들은 차명으로 개인기업을 열어 국영자산을 사적으로 활용하기도 했고, 군 장성들은 무기들을 폐기 처분하고 장부상 제각된 무기들을 자신의 사기업을 통해 판매해 부당한 이익을 챙기기도 했다. 소련 붕괴 당시 탱크나 미사일, 심지어 잠수함까지 민간에서 공공연히 거래되었다는 소문의 배경에는 바로 이 코아페라치브의 편법적 활동이 있었다.

현재 러시아 경제계의 주요인물들 중 다수가 이 당시 코아페라치브를 통해 사업에 입문했다. TV, 신문, 잡지 등의 미디어를 통합하여 미디어의 대부로 알려진 Vladimir Gusinski는 경제개혁 초창기 'Metall'이라는 회사를 설립해 팔찌나 목걸이 등의 장신구를 생산하는 것으로 사업을 시작했다. 그가 생산한 구리 팔찌 한 개의 원가는 3코페이카(0.03루블)에 판매가는 5루블로 160배의 수익률을

4 현재까지도 공공장소나 관공서에 화장실이 많지 않고, 지하철역에도 화장실이 없다. 요즘도 길거리에서 유료화장실을 드물게 볼 수 있고, 지하철역 근처의 맥도날드나 쇼핑몰은 공공화장실의 역할도 겸하고 있다.

올렸는데, 당시 불완전한 경쟁 상황에 적정 시장가도 형성되지 않은 기간동안 많은 사업자들이 높은 수익률을 올릴 수 있었다. 우리에게 첼시 구단주로 잘 알려져 있는 Roman Abramovich도 이 당시 'Uyut'라는 플라스틱 장난감회사로 사업을 시작했다. 이 시기에 축적한 자본으로 1993년 사유화 과정에서 부당하게 형성된 레버리지를 이용해 수십, 수백배로 사업을 확장시켜 올리가르히(재벌)가 된 사례도 무수히 많았다.[5]

한계

사회적 혼란과 허술한 법적 규제를 악용해 인프라와 자본을 선점하며 부정하게 부를 축적하거나 탈세하는 사례가 증가하면서 사업 환경의 불공정성과 불완전 경쟁이 심화되었고, 사업자들간의 수익률도 천차만별이 되었다. 적정 시장가격이 형성되지 않고 상품의 가격도 불합리하게 높게 책정되는 경우가 많아 경제개혁은 부자들만의 잔치가 되어가고 있었다.

특히, 스탈린 시절에 도입된 통화 이원화 체제가 협동조합에는 예외 적용되면서 **그동안 시장으로부터 고립된 상태로 운영되어온 비현금성 루블이 협동조합을 통해 시장에서 현금성 루블과 섞이게**

5 사유화 레버리지의 형성과정에 대해서는 다음 장(제4장)에서 상세히 언급한다.

되었다. 이 과정에서 시장 유동성의 급격한 팽창이 발생했고, 물가가 급등했다. 이로 인해 발생한 루블 절하로 내수시장에 공급되어야 할 소비재들이 개인 사업자들을 통해 대규모로 국외 반출되었고, 소련 붕괴 전후 내수시장은 심각한 물자부족과 인플레이션에 시달리게 된다. 이와 같이 새로운 공급을 창출하는 대신 기존 국영기업에서 생산하는 제품을 개인이 선점해서 고가에 되팔거나 환차익을 노려 해외로 반출하는 사례들도 늘어나 경제에 오히려 역효과를 가져오기도 했다. 1991년 소련 붕괴 직전 실제 소비재 생산에 종사한 민간 사업체는 전체 협동조합의 17.4%에 불과했다는 사실은 당시 혼란한 경제상황과 허술한 법적 규제로 협동조합 제도가 도입의 본래 의도를 벗어나 변칙적으로 운영되고 있었다는 것을 보여준다.

연줄이나 자본 없이도 수리, 인테리어, 조경, 소규모 국경무역 등으로 나름의 사업영역을 개척해나간 사람들도 많으나, 원료나 자본, 판로 등이 필요한 부문에서는 기득권층의 사업확장 속도를 따라갈 수 없었다. 원년에 협동조합 사업을 등록한 사업자 중 1/3이 사회·제도적 장벽들로 실제 사업을 이어가지 못했다. 이에 적응하지 못해 상대적 박탈감을 느끼는 사람들이 증가하면서 시장경제에 대한 실망에 다시 사회주의 경제체제로의 회귀를 원하는 목소리가 점점 늘어나기 시작했다.

> 상상해보자. 공산혁명 이후 70여 년간 인간의 본성인 사적 영리 활동과 부의 축적 가능성이 차단되어 있었다. 아무리 열심히 일 해도 소유할 수 있는 것은 제한되어 있고, 하고 싶은 일도 할 수 없었다. 그

> 러다가 한순간에 당신 앞에 이 모든 가능성이 열렸다. 하고 싶은 일을 하고, 열심히 한 만큼 재산도 축적해 삶을 보다 풍족하게 만들 수 있다. 당신 주위의 모든 사람들이 앞다투어 이 사업에 뛰어들어 소득을 올리고 있다는 성공담을 듣고 당신도 뛰어든다. 하지만 곧 느끼게 된다. 이것도 가진 자들의 게임이라는 것을. 권력도 연줄도 없는 당신은 이 게임에서도 여전히 들러리에 불과하다는 것을.
>
> 모든 것이 가능한데 나만 못하는 상황에서는, 모두가 제한된 상황에서 함께 못살던 그때를 그리워하게 만든다. 그 당시 많은 사람들이 느꼈던 상대적 박탈감이다. 기회는 열려 있고 다들 기회를 잡아 앞서 가면서 미디어에서는 연일 성공담이 나오고 있는데 나만 뒤쳐지고 있는 듯한 소외감으로 시장경제체제 이전의 옛날을 그리워하게 된다.

당시 소비에트 연방내각의 부의장 Leonid Abalkin은 코아페라치브 사업자들의 편법적인 사업행태와 이를 통한 불합리한 대규모 자산축적을 비판하며 월간 최대 수익을 700루블(당시 노동자 월평균 임금의 4~5배) 로 제한해야 한다는 주장을 하기도 했다. 시장의 혼란으로 편법적 사업행태가 만연해지면서 코아페라치브 사업자들의 이미지가 투기꾼이나 범죄집단처럼 부정적으로 변질되어 이에 대한 사회적 거부감이 형성되기도 했다.

개인의 기업활동에 대한 정부의 방만한 규제로 사회가 자본주의의 기본바탕을 갖추기도 전에 부의 집중화로 독점자본주의의 형태로 급속히 변질되었고 경제개혁 초기부터 이미 불공정한 부의 분배가 심화되는 불합리가 나타났다. 다수의 개인 사업자들의 성공으로 인해 자본가 계층이 빠르게 형성되기도 했다. 소련 말기, 정부는 예상보다 빠르게 진행된 이 독점자본주의적 현상이 사회주의 기반을 흔들지도 모른다는 우려로, 코아페라치브의 사업영역을 축소하고 점진적으로 제약사항을 늘리게 된다.

시장경제 도입을 위해 협동조합 제도를 바탕으로 사적 영리활동을 허가해 준 시도는 좋았다. 하지만 기득권층의 개입에 따른 편법을 방지할 수 있는 제도의 뒷받침이 부족해 많은 부작용이 발생했다. 또한, 정부가 협동조합 활성화를 위해 비현금성 루블을 현금화할 수 있도록 선불리 허가한 부작용으로 시장 유동성이 팽창하고 인플레이션과 루블환율이 급등하면서 환차익을 노려 내수물자가 해외로 반출되는 사례도 많아 초기 의도에 반하는 심각한 내수물자 부족을 겪게 된다.

브리가다(Бригада)

'1989년, 온 나라가 페레스트로이카로 소란하다.
기존의 국가는 사라지고 있었고, 새로운 국가는 아직 도래하지 않았다.
국민들은 정처없이 방황하고 있다.'

2000년대 초반 러시아에서 공전의 히트를 기록한 러시안 느와르 '브리가다'의 시놉시스는 이 카피로 시작한다.

'브리가다'는 러시아어로 팀, 그룹을 뜻한다. 이 드라마는 80~90

년대 홍콩영화에서 볼 수 있었던 전형적인 범죄집단의 성공담과 그 속에서의 끈끈한 의리를 미화시킨 작품이다.

이 드라마의 시간적 배경은 1989년 소련이 아프가니스탄 전쟁에서 철수하고 붕괴의 조짐이 심화되고 있던 시기부터 신생 러시아가 경제개혁의 부작용으로 모라토리엄을 선언 후 침체에서 회복되기 전인 2000년까지, 12년 동안의 격동기를 그 배경으로 한다.

이 기간은 코아페라치브 제도가 막 도입된 시점 이후로 신생 러시아 출범과 함께 개인사업자들이 주식회사나 유한회사 등으로 전환되어 본격적으로 몸집을 불렸던 그 시기와 맞물려 있다.

소련 말기 페레스트로이카가 한창이던 시기에 네 명의 친구들이 범죄에 연루되고 나중에는 거대 러시안 마피아로 성장해 정치에까지 영향을 미치는 과정을 그렸다. 이들이 범죄집단을 확장해 나가는 과정에서 코아페라치브 사업활동에 어떻게 편법과 불법들을 동원하는지를 보면 통제되지 않은 이 당시의 혼돈을 간접적으로나마 느껴볼 수 있을 것이다.

이 드라마가 방영된 2000년대 초반 러시아 청소년들 사이에서는 마피아가 장래희망 1위에 오를 정도로 동경의 대상이 되기도 했고, 집단(브리가다)을 구성한 모방 범죄들도 성행했다. 이 드라마 감독의 아들도 이 범죄를 모방하다가 장기간의 징역을 선고받았을 정도로 사회적 반향을 일으킨 작품이다. 연출가에 따르면 이 작품 속 내용의 80% 이상이 실화에 근거한 것으로, 주인공인 싸샤 벨로프도 실존 인물을 모티브로 연출되었다고 한다.

이 드라마의 주 무대가 되었던 모스크바의 1990년대 격동기의 분위기를 느낄 수 있고, 소련 붕괴 전후의 경제개혁 혼란과 주요 정치적 사건들도 극중 배경으로 다뤄진다.

이 10여년의 짧은 기간에 사실상 현재의 러시아 재벌들과 경제구조가 형성되었다는 사실을 생각해 볼 때 이 책에서도 다루고 있는 이 격동의 기간은 러시아에 있어 많은 의미를 갖고 있다.

사라진 민간 자본

화폐개혁과 예금증발

"화폐개혁에는 약 50억 루블이 소요될 것으로 추산되며 이를 위한 자금 조성에는 3년 이상의 오랜 기간이 소요될 것이므로 당분간 소련에서 화폐개혁은 없을 것입니다."

– 1991년 화폐개혁 발표 2주 전
파블로프 총리의 공산당 위원회 연설.

소련 붕괴 직전인 1990년부터 신생 러시아의 국유자산 사유화에 이르는 1994년까지 경제개혁의 후반부였던 5여 년간 러시아에서는 정부에 의해 잘 짜인 극본과 같은 일련의 경제 파국이 연출된다. 이 사건의 후유증은 30년이 지난 현재에 이르기까지 러시아의 경제 성장을 방해하는 치명적인 경제 구조적 약점으로 작용하고 있다.

앞으로 2개의 장에서 이에 대한 내용을 살펴보고 현재의 러시아가 가지고 있는 취약한 경제 요소가 어떤 방식으로 고착화된 것인지 분석해보자.

의도된 착시현상

소련 공산당은 사회주의 계획경제의 폐해로 인한 고질적 물자부족을 숨기기 위해 가격을 기존 수준으로 통제해 물자 부족에도 불구하고 저렴한 가격에 국민들이 소비재를 구매할 수 있도록 했다. 하지만 물자부족 상황에서의 인위적인 가격통제로 인해 고질적 공급부족 현상이 지속되었고 국민들은 물건을 사기 위해 상점 앞에서 오랫동안 기다리거나 인맥을 통해 웃돈을 주고 구매할 수밖에 없었다. 소련 붕괴 전후 사진에서 자주 보이는 상점 앞에 길게 늘어선 사람들의 행렬은 이렇게 만들어진 것이다. 1990년 당시 시장에 풀린 현금 유동성은 실제 공급 가능한 물자의 8배를 초과할 정도로 유동성과 공급 간의 불균형이 심화되었다. 시장에 풀린 현금 1루블에 대응된 실제 물자 공급량은 12코페이카(0.12루블)어치 밖에 없었다. 다른 말로, 물량에 비해 물품의 시장가가 8배 낮게 책정되어 있었다는 것이다.

물품의 공급 상황은 무시하고 가격만 통제하면서 해당가격에 물건을 구할 수 없는 사람들이 늘어났고, 이들은 쓰지도 못하고 반강제적으로 절약된 자금을 은행에 예금으로 예치해 두었다. 특히, 1988년에 도입된 협동조합법으로 기존에는 기업 활동에만 통용되던 비현금성 루블까지 현금성 루블에 섞여 시장에 풀리면서 소련 말기 현금 유동성은 급속히 팽창했다. 시중의 현금과 은행에 예금된 전체 통화량은 협동조합법 도입 이전 1,990억 루블에서 소련 붕괴 직전인 1991년 5,480억 루블로 2.8배가 늘어나 있었다.[1] 이로써 시장가격은 저렴하고, 시중 유동성과 국민들의 예금은 넘쳐나는 풍요(?)의 사회가 구현되었다.

수요 공급 불균형이 임계점에 이르자 소비에트 정부는 생산성을 높여 공급을 확대하는 어려운 정공법 대신 **물자 부족에 맞춰 시장 유동성도 줄이는 파행적 대책을 선택한다.** 바로, 모든 예금을 동결시키는 것과 화폐개혁, 그리고 가격 자율화 등의 일련의 조치였다.

1990년, 소련 정부는 스베르은행[2]에 예치된 3,690억 루블 규모의 모든 예금을 몰수해 당시 정부와 산하 공화국들의 예산 적자를 메우는데 사용했다. 그해 12월 소비에트공산당 중앙위원회는 몰수된 예금을 국가부채로 공식 책정하고 이에 대한 보상계획을 수립할 것을 결정했으나 고르바초프 정부 내각은 이를 이행하지 않고, 몰

1 Illarionov A.N. Country on the debt. Forbes, 2013.5.

2 당시 소련 유일의 개인예금 예치 국영은행이었다.

수된 예금을 표면적으로 동결처리한 상태로 유지했다.

예금 몰수에 이어 시중에 현금으로 풀려 있는 화폐를 줄이기 위해 대대적인 화폐개혁에 들어간다.

1991년 혼돈의 화폐개혁

1991년 1월 22일 저녁 모든 은행이 폐점한 시점에 뉴스 방송을 통해 총리 발렌틴 파블로프는 1961년 이후 발행된 50루블 지폐 이상의 고액 구권을 폐기하고 1991년 발행된 신권으로 교환하는 대통령령을 발표한다. 단, 교환기간은 바로 그 다음날인 1월 23~25일까지 단 3일이었고 이 외에도 여러 불공정한 제약조건이 붙었다. 1인당 교환 가능액은 최대 1,000루블에, 직전 년도 스베르은행에서 동결된 예금 중 인출 가능한 현금은 월 최대 500루블 미만으로 제한되었다. 즉, 국민들이 그동안 모아둔 현금자산을 소액권과 일정액을 제외하고는 다 휴지조각이 되게 만든 것이었다. 화폐개혁 발표 다음날, 혼란속에 모든 은행 지점들 앞에는 구권 교환을 위한 끝없는 줄이 늘어선다.

당시 이를 주도한 총리 발렌틴 파블로프의 이름을 따 파블로프 개혁이라고도 불린 이 화폐개혁의 공식 명분은 시중에 풀린 위폐와 해외로 반출된 루블화를 폐기시키는 것이었지만, 사실은, 소련 정부가 예산적자를 줄이기 위해 실물경제 대비 과다하게 발행했던 화폐를 폐기해 물가를 안정시키기 위한 조치였다. 소련 말기 물자

부족에 더해 개인사업자들의 협동조합 활동에 수반된 비현금성 루블화의 현금화로 시장 유동성이 급격히 팽창해 루블화의 화폐가치는 빠르게 악화되었는데, 이를 간단히 해결 가능한 방법이 바로 화폐 폐기였다. 문제는, 과대 발행된 화폐를 국고 부담으로 폐기시킨 것이 아니라 국민들이 가진 화폐자산을 몰수하고 폐기해 화폐와 물자의 균형을 맞추려는 엽기적 시도였다는 것이다.

그나마, 당시 이 화폐개혁으로 재무부가 기대했던 것은 코아페라치브 제도를 이용한 편법적 방법으로 막대한 재산을 벌어들이거나 지하경제로 자본을 축적한 소수에게 대부분의 부담을 전가시킬 수 있다는 것이었다. 대다수 서민들은 그 달 벌어 그 달 소비하는 상황에서 대부분 대량의 고액권은 보유하고 있지 않을 것으로 생각했던 것이다. 하지만, 고질적 물자부족[3]으로 돈이 있어도 충분한 물자를 구매하지 못했던 당시 서민들은 대부분의 여유자금을 은행의 예금 동결 결정 이후 고액권 현금으로 집에 보관하고 있는 상태였다. 반대로, 당시 재무부가 개혁의 목표로 삼았던 부유한 개인사업자나 지하경제 관련자들과 같은 정보의 인사이더(Insider) 그룹들은 이미 화폐개혁 방식을 직감했고, 미리부터 암시장에서 저액권이나 달러로 교환하면서 피해를 줄였다.

결과적으로, 정부는 당시 시장에 고액권으로 풀려 있던 1,330억 루블 중 39%인 515억 루블 정도를 이 화폐개혁을 통해 폐기할 수 있을 것으로 기대했지만, 실제로 폐기된 것은 11% 수준인 140

3 계획경제에 의한 가격통제로 물자의 명목가치가 시장가치보다 훨씬 낮아 시장에 돈은 남아도는데 물자는 부족한 기 현상이 장기간 지속되었다.

억 루블에 불과했다.

이 불공정한 화폐개혁은 소비에트 공산당 정권에 대한 국민들의 신뢰를 결정적으로 돌아서게 만들어 그해 8월 공산당 쿠데타를 실패로 이끌고 소련을 해체시킨 원인 중의 하나가 된다.

안타깝게도 파블로프의 화폐개혁은 국민 자산 몰수 시나리오의 일부분에 불과했다. 이 화폐개혁 직전 1990년에 동결된 스베르은행의 예금은 잠시 인출 한도를 두고 풀리는 듯 보였으나 다시 동결되었다. 그리고 그해 소련은 붕괴되었고, 국민들의 예금은 증발하고 만다.

1990~1992년 은행 예금 증발

1991년 화폐개혁에서 폐기된 고액권의 규모가 정부의 목표치에서 많이 벗어난 탓에 정부는 부족한 물자와 아직도 과다한 화폐 유동성 간의 불균형을 줄이기 위해 예금을 동결한 상태에서 가격 자율화를 단행한다. 1991년 중순부터 소비재 품목의 시장 가격을 3~4배 가파르게 상승시키는 것을 시작으로, 1992년 1월, 소련을 계승한 신생 러시아의 옐친 정부가 급진적으로 가격 자율화까지 단행하면서 거의 모든 품목의 시장가격이 급격히 상승했다. 이에 연이어 임금 자율화, 소매 판매 자율화 등도 순차도입되면서 1992년 물가상승률은 2,500%로 사상 최악의 인플레이션율을 기록하게 된다. 이로 인해 1990년부터 스베르은행에 동결되어 있던 예금 자산들의 실질가치도 급격히 하락했다. 1991년과 1992년의 하이퍼인플레이션을 겪으면서 동결된 예금의 실질 구매력은 90% 이상 하락해 자산 가치는 거의 증발하게 된다. 그나마, 동결분이 끝까지 해제되지 않고 현재에까지 이르고 있어 국민들은 아직까지 그 당시 예치해 두었던 자신의 예금을 대부분 돌려받지 못하고 있다.

은행 예금 증발로 인한 소련 국민들의 전체 손실은 당시 달러가치 기준으로 2천억 불 이상으로 추산된다. 이에 대한 보상은 이후로 수차례 약속되었지만 계속 연기되어 왔다. 러시아 기준 가장 최근의 보상 계획 시점은 2021년이었으나 실행되지 않았고, 2022년 10월 26일 러시아 국회에서 오는 2026년에 전액을 보상하기로 다시 연기했다. 국회에서 예상한 보상액은 명목가치에 기간 이자수익까지 산정된 1조 루블(약 125억 불) 이상으로 이 금액이 전액 실제 보상으로 풀리게 될 경우 펀더멘털을 벗어난 유동성 팽창으로 현저한 인플레이션율 상승을 수반하게 될 것으로 예상된다. 정부도 이를 우려해 적절한 보상 타이밍을 재고 있는 것으로 보인다. 우크라이나의 경우 2008년에 예금 보상 목표액 일부에 대해 부분보상을 실시했는데, 그해 경제위기까지 겹쳐 인플레이션이 22%까지 치솟았다. 그 후 우크라이나에서도 추가 보상 계획은 잠정 중단되었다.

1993년 소비에트 화폐 폐기

1993년 7월 5일 러시아 중앙은행은 소비에트 통용 화폐 발행 중단을 발표하면서 또 다시 화폐개혁의 악몽을 떠 올리는 국민들에게는 소비에트 화폐는 당분간 사용될 것이며 폐기 절차는 점진적일 것으로 안심을 시켰다. 하지만 3주 후 7월 24일 토요일, 데자뷔처럼 모든 은행이 폐점한 시간에 맞춰 중앙은행은 1961~1992년에 발행된 모든 구권 화폐를 7월 26일 월요일 00시부로 폐기할 것을 갑자기 발표한다. 앞으로 10일간 구권을 1993년에 발행된 신권으로 교환할 수 있도록 했는데, 이번에도 교환 가능액은 최대 35,000 루블이라는 조건이 붙었고, 이 이상의 금액은 은행에 6개월간 예치하고 중간에 인출할 수 없도록 했다. 35,000 루블은 당시 환율로 약 35불이었고 당시 노동자들의 평균 월급이 59,000 루블이었으므로 교환 가능액은 월급의 60% 수준에 불과했다.

대부분의 관료들이나 국민들이 휴가를 간 시점에서 이런 발표는 엄청난 사회적 혼란을 동반했다. 짧은 교환기한으로 인해 은행 앞에 끝없이 늘어선 줄과 바닥난 신권, 아직 충분치 않은 소액권으로 대중교통 승차권이나 껌, 성냥 등이 일시적으로 화폐의 역할을 할 정도로 준비되지 않은 화폐개혁이었다. 하루아침에 구권이 휴지조각이 되면서 휴가에서 돌아올 자금도 사라져버린 사람들은 휴가지에서 가진 물건까지 팔 수밖에 없는 황당한 상황에 몰리기도 했다.

혼란이 걷잡을 수 없이 커지자 대통령의 긴급명령으로 교환 한도를 10만 루블로 올리고, 교환기한은 8월 말까지로 연장했다. 그리고, 신권의 소액권이 부족한 상황을 해결하기 위해 10루블 이하의 저액 구권은 당분간 통용을 허가하기로 했다. 중앙은행에 따르면 신권으로 교환된 구권은 1.9조 루블이었는데, 당시 시장에서 통용되었던 신구권 총액 5.1조 루블의 37%였고, 이때 교환없이 폐기된 구권 규모는 중앙은행이 집계하지 않아 국민들의 손실도 산출하기 어렵다. 러시아의 소비에트 루블 폐기와 함께 주변의 구 소련 공화국들도 자국 통화를 도입하기 시작했다.

국영자산의 사유화가 한창이었던 1993년까지 국민들의 자금을 사실상 몰수한 일련의 비상식적 화폐개혁들과 예금 몰수 조치는 정부와 자국통화에 대한 국민들의 신뢰상실은 물론, **국영자산의 공평한 사유화까지 막아** 구 소련의 부가 기득권층에 집중되는 결과를 가져온다.

화폐개혁의 영향

국가 금융 시스템이 국민들의 신뢰를 저버린 결과는 참담했다. 은행에 예치된 돈은 언제든 국가가 몰수할 수 있다는 두려움으로 인해 국민들의 현금보유성향이 극단적으로 높아졌다. 이후로도 오랜 기간 현금을 금융기관에 예치하지 않고 집에 보관하는 경향이 지속되면서 경기 부양의 원동력이 될 시중 유동성은 경색되었다. 현금을 개인적으로 보유할 경우 은행이 신용통화로 창출 가능한 통화량의 최대치도 줄어들기 때문이다.

시중 유동성을 나타내는 대표 지표인 M2(광의통화; 현금에 요구불 예금 및 단기적금까지 포함)는 중앙은행이 발행하는 현금(본원통화)에서 시작해 금융기관의 신용창출 기능을 통해 통화승수 규모만큼 확대되어 조성된다.

통화승수(Money multiplier)는 금융기관의 신용 창출을 기반으로 본원통화 M0(현금)가 신용통화 M2(광의통화)로 확대되는 배수로, 이를 통해 본원통화가 금융시스템의 신용창출 능력을 거쳐 몇 배로 시중의 유동성으로 반영되는지 알 수 있다. 2023년 6월 러시아 중앙은행 고시 기준 M0는 16.5조 루블에 M2는 86.2조 루블로 **최근까지 러시아의 통화 승수는 5 수준에 머물러있다.** (비교를 위해, 한국의 통화 승수는 15~20 내외). 즉, 중앙은행이 100달러어치의 현금을 발행했을 때, 신용통화로 창출되는 M2 유동성은 러시아의 경우 500불 내외이며, 한국은 1,500~2,000불 정도까지 늘어날 수 있다는 의미이다.

러시아 중앙은행은 본원통화 발행에 달러 기반의 Currency board(통화위원회) 제도를 운영해오고 있다. 자국통화의 상대적 가치 하락을 막기 위해 가치가 인정된 특정통화(달러 등) 그룹의 외환 보유량에 맞춰 본원 통화량 발행을 제한하고 있다.[4] 따라서, 본원통화 발행만으로는 시중의 유동성을 늘리는 것에 한계가 있고, 이를 신용통화로 효율적으로 배가시킬 수 있어야 충분한 유동성을 확보

4 2019년을 기점으로 러시아 중앙은행의 운영 우선순위는 환율목표 관리에서 물가목표 관리로 전환되어 물가 안정 상황에 따라 외환보유고 이상의 현금도 일정 수준 발행 가능하다.

할 수 있다.

잇따른 화폐개혁(몰수)의 트라우마로 자국통화에 대한 불신도 높아 현금자산을 외환으로 보유하는 비중도 타 신흥국이나 선진국 대비 현저히 높다. 러시아 중앙은행의 분석에 따르면, 2023년 초 기준 민간이 보유하고 있는 외환은 1,054억 불로 러시아 외환보유고 규모의 18% 수준에 달한다. 이 외환이 정상적으로 외환시장에서 매각되어 외환보유고로 편입될 경우 루블강세 효과뿐만 아니라 중앙은행이 발행할 수 있는 본원통화량도 그만큼 늘어난다는 의미이다.

높은 현금보유/외환보유 성향에 따른 낮은 통화 승수로 인해 2021년 기준 **러시아의 M2 신용 유동성 규모는 GDP의 53%**에 불과하다(동년 기준 한국 101%, EU 90%, 미국 97%, 중국 250%). 이것이 의미하는 바는 러시아 경제규모 대비 유동성이 선진국의 절반 수준으로, 자원이 있어도 이를 효율적으로 투자하고 운영할 수 있는 시중 유동성이 현저히 부족하다는 뜻이다. 이로 인해 정부의 통화정책 효율도 제한적일 수밖에 없다.

금융시스템 불신으로 인한 열악한 유동성 창출 구조와 다음 장에서 살펴볼 사유화 과정에서 발생한 중산층의 몰락 등으로 러시아 경제 시스템은 현재까지 고질적인 구조적 취약성을 내포하고 있는 상태다. 상기 요인들은 단기간 개선이 어려운 만큼 당분간은 시간을 두고 러시아 경제에서 해결해 나가야 할 숙제로 남아있다.

04

일그러진 사유화

붉은관료들

'이제 모든 러시아인들은 남녀노소를 불문하고 각각 Volga 중형자동차 두 대의 가치를 가진 국유자산 지분을 공평하게 나눠 갖게 될 것입니다.'

-1992년 10월 무기명 사유화 바우처 배부 당시

러시아 자산부 장관이 내 건 슬로건.

경제개혁의 일환으로 시장경제 요소들을 도입하는 과정에서 국유자산의 사유화가 진행되었다. 이 사유화 과정은 러시아 페레스트로이카의 대미를 장식하는 정점이자 혼란과 실패의 상징으로 지금까지 평가되고 있다.

사유화 자체는 자본주의로 들어가는 초입에 꼭 필요한 절차였고, 민중을 자산가로 전환시켜 공산주의로의 회귀를 원천 차단하는 장치이기도 했다. 하지만 이 과정이 불합리하고 급하게 진행되면서 심각한 폐단이 발생했고, 이것이 러시아 경제개혁을 돌이킬 수 없는 실패로 몰아갔다.

1990년대 초반 국유자산의 불하와 매각이 본격화되는 가운데 소수의 정치 엘리트들은 사유화 정책 결정 과정에서 부당한 영향력을 행사했고, 소련 시절 국유자산의 관리자였던 붉은관료들도 기득권을 사용해 부당하게 국유자산을 매입했다. 이들은 이후 옐친 정권에서 부의 중심이 되는 올리가르히(재벌) 그룹을 형성하게 되고 현재에까지 이른다.

이제 그 과정을 살펴보자.

사유화 진행 과정과 문제점

소련 붕괴 1년 전인 1990년 12월 24일, 당시 소비에트 연방 산하 공화국이었던 러시아 소비에트 사회주의 공화국의 최고의회는 페레스트로이카의 일환으로 '러시아 공화국내의 소유권에 대한 법 N443-1'을 통과시켜 공식적으로 사유자산을 인정하기 시작했다. 이와 함께, 제25조의 '국가와 지방정부 자산의 사유화' 규정에 따라 국유자산의 본격적인 사유화도 준비되기 시작한다. 이듬해인 1991년 7월, 러시아 최고의회는 '실명 사유화 계좌 법'을 통과시켜 구체적인 사유화 방식을 결정했다. 국영 스베르은행에 모든 국민들의 실명 사유화 계좌를 만들어 그 계좌에 일정 금액을 나눠주고, 이를 통해 각 개인이 국영자산의 지분을 매입하는 방식으로 국영자산 사유화를 진행하는 것으로 방향을 잡았다.

먼저 국유기업을 주식회사의 형태로 전환했고 이에 대한 지분을 개인이 매입할 수 있는 권한을 허용했다. 그리고 국유자산 중 사유화 대상의 지분가치를 계산해 이를 국민 전체에게 돌아갈 수 있는 금액으로 나눴다. 여기까지는 무리 없이 진행되었으나, 그 다음 과정에서 문제가 발생한다.

이렇게 나눈 금액을 각 개인의 실명 사유화 계좌에 입금하고 이 자금으로 개인의 판단에 따라 원하는 기업의 지분을 매입하는 방식으로 국민들에게 공평하게 국유자산이 분배되도록 해야 했다. 계획대로였다면 타인 양도 불가 조건으로 각 개인의 실명 사유화 계좌에 자금이 입금되어 각각의 개인은 충분한 시간을 두고 이를 사용해 자신의 국유자산 지분을 확보할 수 있었다. 타인 양도 불가 원칙에 따라 누군가가 이를 매집해 악용하기도 어려웠을 것이다. 그리고 이 과정은 공평한 자본주의의 출발점이 되어 러시아 경제구조를 현재보다 훨씬 더 건전한 형태로 만들었을 것이다. 하지만 신생 러시아 출범 초기 제대로 해결되지 못한 과거청산 문제로 소련 시절의 관료적 이해관계는 여전히 유지되어 이 계획은 전혀 다른 방향으로 틀어지게 된다.

러시아 자산부에서 이 사유화 과정을 주관했는데, 당시 자산부 장관은 나중에 러시아 최대 올리가르히(재벌) 중 하나가 될 아나톨리 추바이스였다. 1991년 통과된 '실명 사유화 계좌 법'은 소련 붕괴 직후인 1992년 보리스 옐친 대통령 행정부에 의해 변칙 적용된다. **각 개인의 실명 계좌로 입금되었어야 할 사유화 자금은, 1만 루블 액면가의 '무기명 사유화 수표'**(통상 '바우처'로 명명) **형태로 각 개인에게 지급된다.** 그리고 이 무기명 바우처는 무분별하게 거래되고 매집되어 대다수의 손을 떠나 소수에게 집중되게 된다.

당시 정부 경제개혁센터의 부의장을 역임했던 Andrei Illarionov(현 모스크바 경제분석 연구소장)에 따르면 이 '실명 사유화 계좌 법'의 입안자였던 표트르 필리포브와 자산부 장관 아나톨리 추바이스 사이에 실명 사유화 계좌 사용에 대한 첨예한 논란이 있었다고 한다. 추바이스는 직면한 경제 위기 상황을 돌파하고 공산주의로의 회귀를 막기 위해 신속히 사유화 과정을 끝내고 하루빨리 정상적으로 경제를 가동시켜야 한다고 주장했다. 이를 위해서 몇 년이 걸리게 될지도 모르는 전국민의 실명 계좌 개설은 멈추고 즉각 실행 가능한 무기명 바우처 발행으로 사유화 방식을 변경해야 한다고 강하게 주장했다.

무기명 바우처 졸속 강행의 폐단

'92년 1월 옐친 대통령은 '국유 기업에 대한 사유화 과정 가속화' 시행령을 발표하면서 사유화의 발목을 잡는 정책들을 개선하도록 지시했고, 1992년 8월에 결국 실명 계좌가 아닌 무기명 바우처를 통한 사유화가 급하게 결정이 된다. 입법부 의원 대부분이 여름휴가를 떠난 시점인 8월 14일, 옐친은 추바이스의 제안에 따라 대통령 권한으로 사유화 법규와 배치되는 **무기명 바우처 발행에 대한 긴급명령**에 서명했다. 당시 규정 상 대통령의 긴급명령에 대해 일주일 내 최고의회의 거부가 없을 경우 이는 법적 효력을 갖게 되는데, 이미 휴가를 떠난 의원들을 일주일 안에 소집해서 의결까지 완료하는 것은 불가능했다. 자동적으로 8월 21일 대통령 긴급명령은 법적 효력을 발휘하게 되어 그 후 휴가에서 돌아온 입법부 의원들은 망연자실할 수밖에 없었다. 사실 이는 권력 남용에 의한 탄핵 사유에 해당되었고 혼돈의 시기에 잠시 무마되긴 했으나, 의회와의 갈등은 더 심화되어 이후 1993년에 일어날 헌정위기의 단초를 제공하게 된다.

어쨌든, 그해 10월 1일부터 국영 스베르은행을 통해 모든 국민들에게 액면가 1만 루블이 표기된 무기명 바우처가 배포되기 시작한다.

여기서 또 한 가지 심각한 폐단이 발생하는데 액면가에 대한 착시 현상이 그것이다. 바우처 액면가로 명기된 1만 루블이라는 금액은 1991년 기준의 사유화 대상 국유자산 가치를 계산해 이를 국민

전체에게 돌아갈 수 있는 금액으로 나눈 것이었다. 이 바우처가 배포된 시점은 1992년 10월이었고, 그 해 인플레이션율은 2,500%, 1993년은 840% 였다!! 1992년 가이다르 총리가 성급한 가격 자율화를 단행하면서 그동안 인위적으로 유지되어왔던 수요/공급 불균형이 물가 폭등을 불러온 것이다.

이로 인해 바우처 유효기간인 1993년 말(이후 6개월 추가 연장되어 실제 유효기간은 1994년 6월까지)까지 통화 가치는 1991년 대비 200배 이상 떨어지게 되는데, 이를 감안하지 않고, 1만 루블이라는 액면가를 그대로 명기한 채 바우처를 발행한 것이다. 실제로는 200만 루블 이상의 가치를 지닌 유가증권이 1만 루블 액면가로 통용되면서 이에 대한 개념이 없는 대다수의 민중들이 액면가만 생각하고 당시 가격이 폭등한 보드카나 설탕 등의 소비재로 이 바우처를 맞바꾸었다. 당시 바우처 발행 주관부처에서도 하이퍼인플레이션에 따른 착시현상을 우려해 아예 금액을 표기하지 말고 발행할 것을 권하기도 했으나 추바이스는 이를 묵살하고 1만 루블 액면가 그대로 강행했다. 결과적으로 바우처를 매집하는 세력들에게는 엄청난 투자 레버리지를 남길 수 있는 환경이 조성되었다. 이로 인해 당시 2천억 불 이상의 가치로 평가되었던 500대 국유기업들이 72억 불이라는 헐값에 처분되었다.

당시 대다수 민중들이 겪었던 혼란을 일간지 '콤소몰스카야 프라브다' 기자 Chernih의 회고 기사를 통해 알아보자.

> 내가 폴란드 특파원을 끝내고 돌아온 그 해, 러시아 정부는 국유자산을 국민들에게 나눠 주기 위해 액면가 만 루블짜리 바우처를 배

포했다. 추바이스(자산부장관)는 국민들이 보다 잘 이해할 수 있도록 '이 바우처는 볼가 자동차(당시 최고급 중형차) 두 대의 가치가 있습니다' 라고 바우처 발행 공보에 친절하게 덧붙였다. 볼가 자동차는 소련 시절의 꿈이었던 만큼 국민들은 기대에 부풀었다. 우리 가족은 4명이었으니, 우리는 8대의 볼가를 갖게 된다는 뜻이었다. 하지만 볼가를 살 현금 대신, 어디다 써야 할지도 모르는 액면가 만 루블의 바우처를 받게 되었다. 국유 자산에 투자해 수익을 얻으라는 설명은 있었지만, 어디서 무엇을 어떻게 사야 할지도 알 수 없었고, 이웃들도 비슷한 처지였다. 바우처 사용 기한이 1993년 말까지 한정되어 있는 상황에서 물가도 하루가 다르게 치솟고 있어 우물쭈물 하다가는 바우처의 시장가치도 급하게 하락할 것 같았다. 오래 생각할 여유도 없이 당시 고소득을 약속하며 홍보하고 있던 바우처 투자펀드 '헤르메스'에 우리 가족 전원의 바우처를 맡겼다. 우리 이웃인 불쌍한 농부 표도르는 자신의 바우처를 보드카 한 병과 맞바꿨다고 병나발을 불며 자랑했다. 나는 헤르메스 펀드로부터 고수익의 배당을 기다리면서 볼가 자동차를 살 꿈에 부풀었다. 하지만 펀드로부터 처음 받은 배당은 푼돈이었고, 헤르메스에서는 지금 시장이 저평가 되어 있으니 추가로 좀 더 투자를 하면 곧 볼가가 아닌 아파트를 살 수 있을 것이라고 추가 투자를 부추겼다. 가족회의에서 볼가는 잠시 미뤄두기로 하고 아파트를 사기 위해 바우처에 더해 현금까지 추가 투자하기로 했다. 얼마 후, 헤르메스 펀드는 내 바우처와 돈과 함께 사라졌다. 다른 바우처 투자펀드들도 상황은 비슷했다. 다들 고수익을 보장하면서 바우처를 모아 한순간에 시장에서 사라져 버린 것이다. 바우처도 돈도 잃은 나는 그때부터 우리 이웃 표도르를 존경하게 되었다. 그는 최소한 돈을 사기당하지도 않고 보드카 한 병까지 건졌으니까…

지금은 그 바우처들의 행방을 알고 있다. 내 바우처는 다른 수많은 바우처들과 함께 보드카나 설탕 등으로 무가치하게 교환되거나 투자형태로 매집되어 국유자산 경매에서 기업을 통째로 인수하는데 사용되었다. 이 소련 시절의 국유자산들은 모든 국민들의 노력으로 일구어 낸 것인데, 기득권을 가진 사기꾼들이 모든 것을 가져가 버린 것이다.

만약, 초기의 실명 사유화 계좌법에 따라 실명 계좌를 통해 사유화가 시행되었다면 과정은 느렸을지언정 공정했을 것이라고 모스크바 경제분석 연구소장 Illarionov등 대다수 경제학자들은 평가한다. 사유화 과정에서 도입되었던 바우처, 투자펀드, 주식지분 등은 이제 갓 사회주의 체제에서 벗어난 대다수의 민중들에게는 생소한 개념이었고, 이를 이해하기 위해서는 충분한 시간이 더 필요했다. 하지만 정부는 재촉했고, 민중은 수동적으로 흐름에 끌려가 현재까지도 당시 구체적으로 무슨 일이 있었고 자신이 어떤 권리를 빼앗겼는지 모르고 있는 사람들도 많다.

그 당시 국민들에게 약간의 경제적 여유만 있었어도 그렇게 성급하게 바우처를 처분하지는 않았을 것이다. 하지만, 사유화 직전 정부에 의해 자행된 유례없는 전국민 예금동결과 화폐개혁(몰수), 그리고 하이퍼인플레이션으로 신생 러시아 원년의 서민 재정 상태는 최악의 수준까지 떨어져 있었고 생계를 위해 바우처를 급하게 처분할 수밖에 없는 상태까지 내몰렸다. 이 상황에서 붉은관료로 통칭되는 기존 소련 시절 기업 경영진들은 급여지불까지 미뤄가면서 종업원들의 바우처를 매집하고 내부정보를 이용해 손쉽게 그 기업을 인수할 수 있었다.

여기에다, 옐친 대통령 시행령인 '부실 국유 기업 회생 특별 처리 규정(1992.6)'을 악용해 헐값에 기업을 사들이는 사례도 허다했다. 기업의 부도와 경매를 고지하는 의무규정이 없다는 사실을 악용해 붉은관료들은 고의로 손해보는 계약을 체결하거나 기업 부채를 늘려 자신의 관리하에 있는 기업을 도산 처리 후 경매에 내 놓고 경쟁자 없이 자신이 헐값에 그 기업을 인수했다.[1] 그 당시 정부 수석 감사관이었던 Boldireva는 이런 폐단을 막고 기업 외부인에게도 공평한 입찰 참가 기회를 주기 위해 기업정보 고지 의무화를 추진했으나, 옐친 내각은 이를 의무화시킬 경우 사유화를 지연시킬 수 있다는 이유로 이 요청도 기각했다.[2]

◐ 1993년 10월 헌정위기 사태

이러한 옐친 정부의 급진적이고 독단적인 개혁 드라이브는 경제를 심각한 혼란에 빠뜨렸고, 이는 입법부와 행정부 간의 극단적 대립을 불러오는 헌정위기를 초래하게 된다.

---

1 당시 사유화법에 따르면 기업 자본금의 29%에 해당하는 지분은 공개입찰을 통해 매각해야 하나 공정하게 지켜지지 않았다.

2 Kolesnikov. V., 경제사범과 시장개혁에 대한 정치경제학적 고찰' СПБ, 1994.

헌정위기의 시작은 1993년 9월 21일 옐친이 발표한 소비에트 최고의회 해산명령(No. 1400)으로 본격화된다. 옐친은 소련 시절의 잔재인 러시아 소비에트 최고의회가 입법권한으로 자신의 개혁노선에 사사건건 대립을 하는 것에 맞서 최고의회를 해산하고 새로운 의회를 수립하도록 명령했다. 이에 대해 헌법재판소는 대통령의 직무권한을 넘어서는 위헌으로 판결했다. 당시 옐친의 폭정에 불만을 품고 있던 소비에트 최고의회도 위헌적 의회해산 명령을 쿠데타로 간주해 옐친 대통령을 탄핵하고 당시 부통령이었던 알렉산드르 루츠코이를 대통령 권한 대행으로 임명해 옐친에 맞섰다.

이로부터 옐친 대통령 진영과 의회 진영의 본격적 대립이 시작되었고, 각 진영을 지지하는 시민들도 시위에 나서기 시작했다. 10월 3일, 소비에트 최고의회가 있는 연방청사 주위를 중심으로 모스크바 전역에서 양측이 대치하는 대규모 시위가 일어났다. 의회가 동원한 경찰들이 시위대를 향해 발포를 시작했고, 대통령 지지 세력도 이에 무력대응으로 맞섰다. 결국 시위는 대규모 유혈사태로 번지면서 500명 이상의 사상자가 발생했고, 자칫 의회를 지지하는 군대와 대통령의 군대가 본격적으로 대립하는 내전으로 확대될 수도 있는 상황이었다.

이 헌정위기를 종결시키기 위해 옐친은 모스크바 외곽에 주둔하고 있던 군대를 동원해 연방청사를 포위하고 강제진압에 나선다. 의회의 끈질긴 저항에 맞서 탱크로 연방청사를 포격하고 공수부대를 연방청사 내부로 투입해 의원들을 체포하면서 의회를 강제로 해산시켰다. 이후 새로운 총선을 통해 상원인 연방의회와 하원인 국가두마로 구성된 양원제로 새로운 입법부가 출범했고 이 체제는 현재까지 이어지고 있다. 옐친의 위헌적 행동과 폭력적 사태 수습으로 이후 대통령의 지지도는 크게 하락하게 되고 이 사건은 여당의 폭주를 견제하기 위해 공산당이 다시 주요 정당 중 하나로 자리잡게 되는 계기가 되기도 했다.

정규군 탱크가 대낮에 자국의 연방청사를 포격하는 장면은 러시아의 격변기 영상에 단골로 등장하게 된다. 흰색의 거대한 연방청사가 탱크의 포격으로 상단이 검게 타 들어가는 장면은 당시 러시아 국민들에게 충격으로 다가왔다.

사유화 결과

결국, 이렇게 러시아는 소련을 지탱해 왔던 수천 개의 크고 작은 국유기업들을 2년의 짧은 시간동안 민간에 헐값에 매각했고, 1994년 6월에 일단락된 제1차 사유화 과정에서 60%의 국유기업들이 사유화되었다.[3] 소련과 같은 바르샤바 조약국으로 비슷한 시기에 시장경제개혁을 단행했던 폴란드는 개혁이 시작된 지 6~7년이 지난 후에야 본격적인 사유화를 시작했고 그 후 3년간의 사유화 과정에서 30%의 국유기업만이 민간에 매각되었다. 헝가리의 시장경제개혁 초기 국유기업 사유화 비중은 그보다 낮은 20% 미만에 그쳤다. 이를 비교해 볼 때 러시아가 얼마나 **급하게 대규모로** 사유화를

3 러시아 국회 보고서 No. 378-1, 1994.12.9.

진행시켰는지 알 수 있다. 더군다나, 이들 국가는 기명 바우처에 국유자산 가치가 적정하게 배부된 액면가를 명시해 이 권리의 주체와 가치를 명확히 밝혔다. 러시아처럼 터무니없이 낮은 금액으로 액면가가 매겨지지 않았으므로, 그 누구도 이 귀한 권리를 보드카 한 병, 설탕 한 봉지에 넘기지 않았다.

소련 시절로부터 넘어온 기득권층은 이 짧은 시기에 자체 자금력과 정경유착에 기반한 관료적 후원을 받으며 강력한 성장의 시기를 경험하고 올리가르히(재벌)로 급부상하게 되었다. 당시 승용차에 13만장의 바우처를 싣고 와 우랄마쉬(러시아 주요 중장비공장) 경매에 참여했던 사람이 그 공장의 대표이사가 되었다는 이야기는 그때의 상황을 잘 설명해 주는 일화 중 하나이다.

이 사유화 과정을 주도했던 자산부 장관 추바이스는 그 후 러시아 최대 에너지 독점 기업 PAO EЭC의 대표이사가 된다. 이들은 나중에 올리가르히(재벌)와 보뉘루스키(New Russian: 신흥 갑부) 등으로 불리게 되고, 그중 일부는 금융산업그룹으로 저변을 확대해 이를 바탕으로 정치적 권력까지 갖추게 된다. 그리고, 30년이 지난 현재 그들의 대부분은 러시아 정부의 비호세력으로 간주되어 서방 대러 제재의 주요 타깃이 된다.

극소수의 이해관계에 편중된 사유화로 자산이 집중되어 경제성장의 동력이 될 중산층이 거의 형성되지 못했고, 이 기형적 분배구조는 현재까지 이어지면서 러시아의 구조적 경제 성장을 방해하고 있다. 2020년 팬데믹 이전 기준 러시아 전체 부의 64%가 1%의 인구에 집중되어 부의 편중 지표에서 세계 1위를 기록했다. 부의 편중이 심각한 것으로 알려진 중국의 인구 1%에 집중된 부가 32%, 인도가 43%인 것을 감안해 볼 때 러시아 분배 구조의 심각성을 이해할 수 있다.[4]

기초 생계비 이하 소득 인구 비중은 45%에 육박하는데 반해, 모스크바 최소 월세 비용을 지불 가능한 월 소득 500불 이상의 중산층 인구는 14%에 불과한 것으로 집계되었다(Russian Business Consulting, 2020). 최근 러시아 통계 기준으로도 최소 기준을 만족하는 중산층과 그 이상으로 분류 가능한 인구 비중은 11.5%에 불과 하다(RIA rating, 2022)[5]. 내수 수요를 견인해 경기를 활성화시킬 수 있는 인구 비중이 낮아 한 번 경기 침체에 빠지면 외부 요인의 도움 없이는 다시 극복하는데 오랜 시간이 걸릴 뿐만 아니라 빠른 경제 성장도 어려운 사회 구조가 30년 전의 경제개혁 실패의 영향으로 현재까지 유지되고 있다. 첫 단추를 잘못 끼운 결과이다.

2023년 들어 러시아 연방 검찰총장의 주도로 90년대 이후 현재에 이르기까지 국유기업 사유화 진행과정에서 형성되었던 비리에 대한 본격적인 수사가 진행되면서 이에 연루된 기업들에 대한 부분적 국유화 가능성이 대두되고 있다. 당시 불완전한 규제를 악용해 권력이나 뇌물 등으로 국유기업을 불법적으로 인수한 사업가들에 대한 자산 환수와 함께 대대적 국유화 조치가 있을 것이라는

---

4 The Global wealth report, Credit Suisse, 2020.

5 한국 중산층 비중 61%(KDI 기준), 중국 50%, 인도 31%와 비교해 볼 때 러시아의 중산층 비중은 터무니없이 낮다.

우려가 재계에 퍼지고 있다. 이에 대해 푸틴 대통령은 부당한 사유자산의 국유화는 없을 것이며 검찰의 수사에서 불법 사실이 드러난 사안에 한해 자산환수는 공개적으로 이루어질 것이므로 재계가 우려하는 국유화로의 본격적 회귀 사태는 없을 것으로 공언했다.

불법적 사유화에 대한 과거청산은 반드시 필요할 것으로 보이나, 이 과정에서 당시 국가적 차원으로 자행되었던 비리들이 얼마나 청산될 수 있을지는 의문이다. 무엇보다, 과거에 대한 청산작업이 현재의 정당한 사유자산에 대한 국유화 도구로 악용될 경우 시장경제 펀더멘털을 흔들 수 있으므로 정부는 이 과정에서 투명성과 공정성을 필수적으로 확보해야 할 과제를 안고 있다.

05

금융 피라미드 MMM

혼돈에 혼돈을 더하다

경제개혁의 혼란기에 천재적인 수학자 한 명이 러시아 전역을 뒤흔드는 금융 피라미드를 조성해 개혁 정국을 더 큰 혼란으로 몰아간다. 그는 '오늘은 항상 어제보다 더 비싸다'라는 광고 카피로 사람들의 신뢰를 얻고 하루라도 더 빨리 투자를 서둘도록 재촉했다. 어제보다 나은 오늘을 꿈꾼 국민들은 정부의 화폐개혁과 국영기업 사유화에 이어 한 번 더 큰 좌절을 겪게 된다.

국가를 뒤흔든 사상 최대의 금융 피라미드 MMM

페레스트로이카 당시 많은 사건들이 있었으나, 이 MMM을 하나의 주제로 잡은 것은 그만큼 이 사건이 당시 러시아 사회에 끼친 충격이 컸기 때문이다.

MMM은 1989년 소련 시절 수학자 세르게이 마브로디가 설립한 코아페라치브(협동조합)로, 컴퓨터와 부품을 수입해서 유통하는 사업으로 시작되었다. 그 후 1992년 신생 러시아에서 협동조합들이 대거 주식회사로 전환했던 시기에 MMM도 개방형 주식회사로 전환하면서 기존 사업의 성공을 기반으로 금융부문으로 사업을 확장했다.[1] 그리고 그동안 광고나 캠페인으로 꾸준히 쌓아온 이미지를 바탕으로 1994년 2월에 약 1백만주의 주식을 발행해 투자자를 모집하기 시작한다. 이때 주식의 수익모델에 대한 한 가지 대원칙을 내세워 투자자들의 관심을 집중시킨다.

"오늘은 항상 어제보다 더 비싸다."

이 원칙은 MMM이라는 피라미드가 붕괴될 때까지 충실히 지켜져 주가는 하루하루 꾸준히 상승하게 된다. MMM은 공격적 마케팅으로 시장을 빠르게 잠식해 나간다. 가장 광고량이 많았던 때는 러시아 정규방송 광고의 1/4이 MMM으로 도배되기도 했다. 이

1 MMM 회사명은 협동조합 설립 등기 이사 3명인 Sergei Mavrodi와 그의 형제 Vyacheslav Mavrodi, 그리고 아내 Olga Melnikova의 이니셜에서 따온 것이다.

광고에는 서민을 대표하는 국민배우도 참여하면서 사람들의 관심과 신뢰도가 올라갔다. 수천개의 지점을 열고 주식을 팔면서 대원칙을 충실히 지켜 주식의 가치는 매일 착실하게 올라갔고 사업초기부터 매주 수백만 명의 투자자들이 몰려들었다.

1990~93년에 이르는 예금 몰수와 두 차례의 화폐개혁 후 그나마 수중에 남아있는 자금들은 하이퍼인플레이션으로 하루가 다르게 가치가 하락해가는 당시 상황에서 매일 가치가 오르고 있는 실제 결과값을 보여주는 금융상품은 매력적인 대안이었다. 시장경제체제의 시작과 함께 본격적인 사유화가 진행되는 가운데 당시 자금이 고갈되어 있던 민중에게 MMM은 새로운 탈출구를 제시했다.

최초 발행 주식의 액면가는 1,000루블이었고, 반년 뒤인 1994년 7월 말, 피라미드 붕괴직전의 정점에 이르러서는 120배인 12만 루블까지 오른다. 전체 투자자는 1.1~1.5천만 명 정도로 당시 러시아 전체 인구의 10% 정도가 이 사기극의 희생양으로 비공식 집계되었다.

MMM 사업모델

MMM이 투자자들에게 약속한 대원칙인 **'오늘은 항상 어제보다 더 비싸다'**라는 문구는 일반적인 금융 사기꾼들이 사용하는 '내일은 오늘보다 더 좋아질 것이다'라는 공약의 빈틈을 노린 것이다. 당시 '내일은 더 좋아질 것이다'라고 말하는 정부와 사유화 펀드들에 속아온 사람들에게 '오늘은 어제보다 이만큼 더 좋아졌다'라고 실제 숫자로 증명해주는 이 사업모델은 사람들의 의심을 내려놓게 만들었다. 그와 더불어 주가가치의 영속성에 의심을 받을 때마다 오히려 더 적극적인 서비스와 공격적인 마케팅을 통해 금융 피라미드가 필연적으로 지니는 붕괴 리스크를 잊게 만들어 MMM 주식이 시중에서 현금처럼 통용될 정도의 탄탄한 신뢰를 구축했다.

최초의 MMM 주식은 일반적인 유가증권의 형태로 발행되었는데, 실제 발행된 MMM 주식은 재무부의 규제로 1백만주에 그쳤고 액면가로는 10억 루블 상당의 규모였다. 마브로디는 사업을 더 크게 확장하기 위해 추가 투자 유치 방안을 고민하던 끝에 주식발행을 우회할 수 있는 금융 피라미드 구조의 투자 방식을 창안해낸다. 자회사를 통해 기존 발행된 주식의 가치를 공유할 수 있는 교환권 형태의 표(빌렛; Билет으로 명명, 이하 빌렛)를 발행해 다시 추가 투자자를 끌어 모으는 것이었다. 이 빌렛은 규제에 제약 받지 않는 비공식 교환권에 불과하므로 이미 발행된 주식 규모만큼 추가 발행이 가능했다.

당시 규제의 허술함으로 인해 이런 변칙적 방식이 통하는 것을 알게 된 그는 좀 더 과감하게 MMM의 광고 이미지와 신뢰를 바탕으로 투자증권을 무한정 발행해 낼 수 있는 금융상품을 고안해 낸다. 새롭게 발행되는 빌렛은 기 발행된 주식의 규모에 더이상 제한받지 않도록 매매가 아닌 증여의 형태로 회사에 투자하는 증서가 되었고, 투자자가 자금의 회수를 원할 때는 회사가 증여의 형태로 투자자에게 돈을 지불하는 구조로 빌렛이 발행되기 시작했다.

이 빌렛은 구 소련의 유명한 화폐 체르보네츠와 유사한 디자인에 마브로디의 초상화와 위조방지 패턴까지 삽입해 실제 화폐처럼 시중에서 유통되었다. 이 빌렛에 쓰여진 숫자는 MMM 주식의 1/100가치를 나타냈다. 즉, 100이 쓰여진 빌렛은 MMM 주식 1주의 현재 시가를 갖는, 유가증권의 가치와 연동된 비공식 유가증권인 셈이었다. 이 표는 매일 MMM이 방송과 각 지점에서 고시한 **어제보다 확실히 더 높아진 가치** 그대로 시장에서 화폐처럼 거래되었다. 언제 또 국가가 화폐개혁의 명목으로 몰수해 갈지도 모르는, 그리고 인플레이션으로 하루하루 가치가 떨어지고 있는 루블보다 재산축적 도구로서의 선호도가 높아지면서 일부 기업들 에서는 급여로 루블화 대신 이 MMM 빌렛을 지급하기도 했다.

서민적인 국민배우가 매일, 매시간 광고방송에서 MMM으로 재산을 불린 이야기를 하고, 실제로 이웃들이 이 주식으로 큰돈을 벌고 있는 상황에서 금융 피라미드의 위험을 논하며 이를 무시할 수 있는 사람은 많지 않았다.

마브로디는 MMM 빌렛 가격의 베이스가 되는 주식의 가치를 아무런 근거 없이 인위적으로 하루하루 계속 상승된 가격으로 고시했고, 투자자들은 이를 믿고 가용자금을 모두 투자해 빌렛을 사들였다. 왜냐하면 내일도 더 비싸질 것이 확실했기 때문이다.

피라미드의 붕괴

정부는 마브로디 개인이 정부와 거의 동등한 사실상의 화폐 발행자가 되어 시뇨리지(화폐주조차익)를 챙기고 시장을 교란하는 상황을 더이상 좌시할 수 없게 되었다. 마땅한 규제 법안이 없는 상황에서 정부는 MMM에 대한 세무조사와 규제들로 압박을 시작하면서 사기행각을 중단할 것을 경고했다.

MMM에 대한 정부의 압박이 본격화되자 투자자들의 투매 뱅크런이 시작되었다. 이때 마브로디는 전혀 의외의 대응을 한다. 일반적인 금융 사기 회사였다면 모든 지점을 폐쇄하고 당분간 주식과 빌렛 매입을 유예한다는 공지를 내걸었겠지만, MMM은 이 상황에서 오히려 모든 지점을 풀가동시켜 모든 고객들의 투매 물량을 현재가격에 에누리 없이 매입해 주는 동시에 빌렛 투자 수익률을 더 높이면서 순식간에 패닉을 잠재운다. 손절 투매를 위해 줄을 섰던 사람들은 확실한 보증조치에 안심하고 더 높아진 수익에 오히려 추가 투자를 하면서 뱅크런은 순식간에 투자자의 행렬로 바뀌게 된다. 지금까지 정부가 보여준 무책임한 태도와는 정반대의 모습에 국민들은 열광하고 투자는 더 빠른 속도로 늘어나게 된다. 1994년 6월 초 MMM 주가는 액면가의 57배까지 올라 1993년 하이퍼인플레이션의 두 배 이상의 수익률을 기록하게 된다.

국세청의 세무조사에 대해서는 회사가 조성한 펀드는 순수하게 주주들의 투자로만 이루어져 있고 실제 사업으로 벌어들인 돈은 없으므로 낼 세금도 없다는 논리로 맞섰다. 정부의 압박에 대한 응답으로 MMM은 경제일간지 코메르산트를 포함한 주요 일간지들에 광고 대신 정부에 보내는 공식 경고 서신을 올린다. 정부가 MMM에 대한 적대적인 압박으로 천만 명이 넘는 투자자들의 투자금에 손실을 끼쳤고, 이를 풀지 않을 경우 정부 불신임 국민투표를 진행할 것으로 경고했다. 국민투표 시행에 필요한 백만 명의 서명은 일주일 내로 준비 가능하다고 장담하기도 했다. 6월 23일, 주가는 74배까지 치솟는다.

MMM의 운영한계는 1994년 7월 말에 드러났다. 마브로디는 MMM 주가를 다시 액면가 수준으로 120배가량 낮추기로 발표하고 그 대신 기존보다 두 배 높은 수익률로 다시 쌓아갈 것을 약속했다. 기존 투자자들에게는 청천벽력 같은 소식이었지만, 이 소식에 새로운 투자자들이 몰려들게 된다. 당시 MMM이 매일 벌어들인 평균 수익은 모스크바에서만 달러기준 5천만 불 수준이었다고 한다.

더이상 이 사태를 두고 볼 수 없었던 정부는 결국 1994년 8월 4일, 국세청과 OMON 특공부대를 투입해 MMM 본사와 마브로디의 아파트를 급습하게 된다. 마브로디가 체포되는 장면이 생중계되었고, MMM의 모든 지점은 한시적으로 문을 닫게 되었다. 마브로디의 체포 죄목은 금융사기가 아닌 **탈세**였고, 이에 대한 과징금은 500억 루블이었다.

이에 분노한 투자자들은 또 다시 정부가 자신들의 자산을 압류해 간다는 불안에 정부 청사와 MMM 본사 앞에 모여 정부 규탄 시위를 열고, 마브로디를 석방해 줄 것을 요구했다. 마브로디는 국회의원이 되어 다시 MMM을 살릴 것을 약속하고 실제로 그해 총선에서 국회의원에 당선된다. 하지만 불체포특권을 악용해 더 많은 사기행각을 벌였던 그는 검찰총장의 기소와 국회의 만장일치로 당선 1년만에 의원직을 박탈당하고 만다. 그 후 대통령 선거에도 도전했지만 사기혐의 등으로 선관위 등록을 거부당하게 된다.

결국, 1997년 9월 MMM은 공식 부도 선언을 하게 되는데, MMM의 부도로 인한 투자자들의 총 손실은 700억 불 안팎으로 추산된다.

MMM은 한창 개혁이 진행되고 있던 신생 러시아의 부실한 법망을 피해 국가적 규모의 사기행각을 벌였다. 당시 재무부도 국세청도 이런 금융 피라미드를 규제할 마땅한 법적 근거가 없어 1994년 말 옐친 대통령이 '연방 유가증권 및 증권시장 감독 위원회' 특별 규정을 도입하기에 이른다.

후일담

안타까운 사실은, MMM이 내부적 자본 수급 한계에 따른 부도로 사기 행각이 밝혀진 것이 아니라 정부의 개입으로 자본이 국가에 귀속되면서 인위적 부도로 막을 내렸다는 것이다. 그것도 사기혐의가 아닌 탈세 혐의로 부도가 나 MMM의 논리 자체에는 흠집을 내지 못했다.

이런 애매한 결말은 신화를 만들었고, 국가는 탈세혐의로 압류한 자본을 투자자들에게 돌려주지도 않아 당시 MMM의 부도로 피해를 본 대다수의 사람들은 MMM이 아닌 정부를 비난했다. 그리고 정부의 개입만 없었어도 MMM은 성공적으로 자신들의 재산을 불려 줬을 것이라는 믿음이 오히려 더 강해지게 되었다. 이 덕분에 마브로디는 국회의원으로까지 선출되었고, 2014년에는 MMM Global이라는 회사를 만들어 러시아의 금융 피라미드를 전세계에 전파하기도 했다. 얼마전 까지도 마브로디는 TV방송 등에 출연해서 MMM이 얼마나 선진 금융 시스템이었는지, 정부가 어떻게 이를 붕괴시켰는지 공공연히 주장하고 다녔다. 그가 갑작스러운 심장마비로 사망하기 1년 전인 2017년에는 'MAVRO'라는 가상통화까지 발행했다. 제대로 해결되지 못한 문제는 결국 이런 부작용을 낳게 된다.

애매한 결말로 인해, 이후에도 러시아에서는 비슷한 금융 피라미드가 우후죽순처럼 생겨났고, 최근까지도 MMM의 명칭이나 논리를 계승한 금융사기 행각이 성행하고 있다. 러시아 정부는 국민들이 더이상 이런 사기행각에 동요되지 않도록 2017년부터 본격적으로 전 국민을 대상으로 금융교육을 실시하고 있다. 초중등 교과과정에서 금융관련 과목들을 필수적으로 이수하도록 했고, 일정액 이상의 금융투자 시 기본적인 금융교육을 이수하도록 규제하고 있다.

모라토리엄

개혁 실패의 성적표

'1990년대 경제개혁의 결과 러시아 사회·경제 발전 상황은 몇 십년 전의 수준으로 후퇴했고, 일부 경제 지표들은 공산혁명 이전의 제국시절까지 후퇴한 것으로 보인다. 히틀러의 침공 기간을 포함한 모든 근현대 러시아 역사에서 이정도 수준까지 처참하게 거의 모든 산업부문에서 생산력이 장기간 바닥을 헤맨 적은 없었다.'

– 푸틴 대통령 참모 Sergei Glaziev,

'1991–2001년 러시아 경제개혁 백서' 중.

1990년대 초기 정부 예산 불균형

소련 붕괴와 성급한 시장경제체제 전환에 따른 혼란과 경제위기로 신생 러시아 출범 당시 국고는 공무원 급여를 집행하기에도 어려운 상황에까지 몰려 있었다. 구 소련의 채무까지 승계한 러시아는 679억 불이라는 감당하기 어려운 외채 부담을 안고 시작했다. 1990년대 초 국유자산 사유화로 대규모 정부자산 매각을 실시했음에도 불구하고 극단적으로 불공정하고 비효율적인 사유화 정책으로 국고로 들어온 수익은 500대 국영기업 기준으로 평가가치의 1/20도 채 되지 않는 72억 불에 불과했다.

이 예산 불균형을 타개해 나가기 위해 정부는 1993년 중반부터 단기국채[1] 발행으로 국고 예산적자를 충당하기 시작했는데, 신용도가 낮은 당시 러시아 국채의 특성상 국채발행을 위해 높은 금리가 매겨졌고, 기업이나 금융기관뿐만 아니라 개인까지 이 국채 매입에 몰리면서 일시적으로는 정부 예산부족 문제가 해결된 듯이 보였다. 하지만 국채 투자 이율이 산업투자의 예상수익률을 웃도는

---

1 3, 6, 12개월 만기국채로 국채 기준으로는 초단기에 해당하며, 투자자에게는 매력적인 금융상품이 될 수 있으나, 채무자인 정부 입장에서는 채권 회수 사이클이 짧아 순발력 있는 채권 정책이 병행되어야 하며, 상대적으로 장기국채에 비해 채권 발행 비용도 높다. 하지만 당시 러시아는 신속한 국고 충당에만 초점을 맞추고 있어 이에 대한 고려가 부족했고 이로 인해 1998년에 이르러서는 채권으로 채권을 막는 악순환에 빠진 것으로 보인다. 아시아 금융위기가 아니었더라도 언젠가는 결국 무너질 수밖에 없는 금융 피라미드였다.

상황에서 시중의 유동성은 계속 투기적으로 국채로 몰려 산업 생산성과 경제성장은 둔화되었다. 더딘 세수 회복으로 정부의 예산수지 개선폭도 둔화되어 국채 발행 의존도는 점점 더 심화되어갔다. 당시 국제유가도 장기적 저유가 추이를 유지하면서 악재로 작용했다.

예산적자 누적에는 의회 내 공산당의 과도한 복지정책도 한 몫을 했다. 소련은 사라졌지만 공산당은 신생 러시아에서도 개혁 실패를 틈타 1993년 좌파 정당으로 다시 부활했고, 빠르게 주요 정당으로 자리매김을 한다. 이 공산당은 정권 창출을 통해 공산주의로의 회귀를 꿈꾸고 있었으며, 이를 위해 경제혼란과 민생파탄의 시기에 과도한 복지정책으로 대안을 제시해 민심을 돌리려 했다. 이 노력으로 1996년 대선에서 공산당수 주가노프는 재선에 성공한 옐친에게 10%p에 불과한 차이로 석패할 정도로 공산당의 영향력이 커졌다. 1996년 대선에서 공산당을 꺾고 재선을 쟁취하기 위해 옐친 대통령은 공산주의로의 회귀를 막는다는 명분 하에 대규모 정부 예산을 투입해 무리한 유세전을 치렀고 이는 국고 소진을 가속화시켰다. 여기에 1998년 1월 시행된 루블화폐개혁인 리디노미네이션(액면가 하향조정)도 혼란을 가중시켰다. 기존 1000루블이 1루블로 전환되는 과정에서 시장에서는 일시적으로 신/구 화폐 가치의 혼란이 발생하기도 했다.

예견된 디폴트

1997년 말, 단기국채의 대외 채무액은 360억 불을 넘어서고 있었고, 중앙은행의 외환보유고에는 240억 불만 남아 있었다. 루블가치를 유지하려는 중앙은행의 적극적 환개입으로 외환은 계속 줄어들고 있는 상황에서 사태의 심각성을 직시한 경제전문가들은 중앙은행의 인위적 환개입[2]을 즉시 중단하고 하루빨리 루블환율을 변동환율제로 전환해 시장가치에 준하는 평가절하를 받아들일 것을 주장했다. 하지만, 정부의 자존심은 루블 평가절하를 허용하지 않았고, 대신, 단기국채 발행 규모를 추가 확대하는 악수를 두었다. 그 결과 1997년 말 단기국채 금리는 기존 17%에서 40%까지 급등했다. 이후 국채금리 상승은 가속화되어 디폴트는 예견된 수순으로 진행되기 시작했다.

이 상황에서 아시아 금융위기 여파로 글로벌 신용경색마저 심화되어 러시아 단기국채 금리는 1998년 7월 1일 100%를 초과했고, 그 다음주 140%까지 폭등해 투기적 자본 집중 현상이 발생했다. 결국 단기 국채 발행으로 들어온 자금이 자체 이자 지불을 막기에도 부족해진 시점에서 채무이행 리스크가 대두되어 1998년 8월 초부터 국내 모든 금융기관에서 대규모 예금 인출 사태인 뱅크

---

2 러시아는 1998년 8월까지 제한적 변동환율제를 시행하여 일정 구간내에서 루블환율을 인위적으로 관리했고, 이로 인해 환율 왜곡이 누적되었다. 1997년 말 기준 대달러 루블환율은 6루블 수준이었으나 실제 시장가치는 10루블 안팎으로 평가되었다.

련이 시작된다.

국내외 기관들이 정부에 위험신호를 보냈으나, 모라토리엄 선언 직전까지도 옐친 대통령은 휴양지에 머물면서 유능한 경제 관료들이 이 문제를 해결할 것이며 사태는 통제범위 하에 놓여 있다고 자신했다. 그리고 루블에 대한 평가절하도 없을 것으로 단언했다. 하지만 사태는 이미 정부의 통제를 벗어난 상태로, 결국, 1998년 8월 17일 러시아 정부는 단기국채에 대해 90일간의 채무이행 유예, 즉 모라토리엄을 선언하게 된다. 이와 함께, 디폴트 상황에서 IMF의 권고를 받아 때늦은 자유변동환율제 전환이라는 악수를 동시에 두면서 중앙은행의 개입을 벗어난 루블환율도 빠른 속도로 상승하게 된다. 8월 초 대달러 루블환율은 6루블에서 연말 20루블로 3배 이상 치솟게 된다. 호미로 막을 것을 가래로 막게 된 것이다.

결국, 모든 선행적 해결 방안을 무시하고 때늦은 충격요법에 의존한 결과 1998년 말 기준 러시아의 총 대외부채는 1,885억 불에, 외환보유고는 부채의 1/10에도 한참 못 미치는 122억 불에 불과한 참혹한 외환수지를 기록하게 되었다.

고통받는 민중들

급격한 루블 가치 하락으로 수입 상품 가격이 몇 배로 뛰면서 내수시장 생산품 가격까지 견인해 1998년 말 물가상승률은 85%까지 치솟게 된다. 이 와중에 가뭄으로 농산품 수확량도 급감하면서 물품 부족에 식량 부족까지 겹쳐 기아와 민생 범죄, 경제파탄 비관 자살 사건이 급증했다.

10년 전인 1988년에 페레스트로이카의 일환으로 허가된 협동조합법에 따라 개인사업자들이 대량 배출되었으며 그들 중 대다수가 신생 러시아에서도 달러 대출로 물품을 수입해서 국내에 유통하는 사업을 지속해 왔는데, 루블 대비 달러가치가 급격히 상승하면서 대출상환 압박도 크게 증가했다. 달러 대출을 갚을 수 없었던 많은 초보 사업가들은 아직 이러한 위기상황에 대한 저항력이 없어 극단적 선택을 하기도 했다.

1998년 한 해동안 러시아 민간부문에서 역외(Offshore)로 유출된 외화는 226억 불로 국내 금융시장에서 정상적으로 매각이 되었다면 단기채권에 대한 모라토리엄을 막을 수 있는 금액이었다. 그동안 누적되어온 정부의 실정에 대한 민간부문의 불신이 사태를 더 악화시킨 것이다.

이때의 실패에 대한 교훈으로, 최근 우크라이나 사태에서는 러시아 정부가 외환유출을 막기 위한 특별 규정들을 발빠르게 도입했다. 개전 초기 개인의 외환거래를 제한하고, 대러 제재에 대한 대응으로 외국인들의 러시아 내 자산 매각도 일시적으로 제한했다. 기업들의 수출 외환수익의 50%를 의무적으로 국내 금융시장에서 매각하는 등의 특별외환관리 규정도 긴급 도입한 결과 중앙은행이 집계한 2022년 역외 외환유출 규모는 10억 불 수준에 불과했다. 서방의 초강경 제재에도 러시아 루블환율이 빠르게 안정을 찾은 이면에는 이러한 정부의 발 빠른 대처가 있었다.

1990년대 정부의 예산 부족은 무분별한 국채 발행으로 이어졌고, 산업에 투자되어야 할 자금들을 국채에 묶어 놓는 결과를 가져왔다. 이에 따라 20세기 말 러시아 경제는 높은 인플레이션 상황에서 유동성 하락과 경기 후퇴가 겹친 상태의 스태그플레이션 단계로 이행했다.[3] 1999년, 정부는 이 실패를 교훈삼아 정부예산 적자 수준을 GDP의 2.5% 이내로 제한하는 엄격한 예산관리 기준을 도입하게 되었고, 이 예산관리 방식은 제한범위를 조정해가며 현재에까지 이르고 있다.

---

3 스태그플레이션: 경기침체기에 물가상승이 발생하는 딜레마 상황으로 일반적으로 물가상승은 경기 활황기에 발생하므로 정부는 물가 안정을 위해 금리를 올리는 등의 통화정책으로 이 위기를 극복 가능하나, 스태그플레이션 상황에서는 정부의 개입이 복잡해지고 효율도 떨어지게 된다. 다행스럽게도 1999년부터 다시 회복되기 시작한 국제유가와 저평가된 루블환율로 수출산업이 점차 회복되면서 이후 러시아는 경제위기 해결의 실마리를 찾을 수 있게 된다.

불안정한 개혁 정부

결국 의회에서는 국가부도의 책임을 물어 공산당을 중심으로 대통령 탄핵 움직임이 나타났고, 당시 옐친 대통령은 건강상태 악화로 이미 일상 대화조차도 쉽지 않아 정상적 정무수행이 어려움에도 불구하고 탄핵에 강경하게 저항했다. 그 대신 지금까지 그래 왔듯 자신에게 향하는 화살을 내각에 돌리고 총리직 4개월차의 Sergei Kirienko를 모라토리엄의 책임을 물어 경질하고 직전 총리였던 Victor Chernamyrdin을 다시 총리직에 복귀시켰다. 하지만 민중과 의회는 그의 좌파적 성향과 공산사회로의 회귀를 우려해 총리 퇴임 시위를 벌여, 결국, 신규 총리 선임 후 3주도 채 지나지 않아 Evgeni Primakov가 차기 총리직에 선임된다. 옐친 정권 8년 동안 8번의 잦은 총리 교체가 있었다는 사실은 그 당시 정권의 무계획성과 시대의 긴박성을 짐작케 한다.

옐친 정부의 마지막 총리는 당시 연방정보국장이었던 블라디미르 푸틴이었고, 총리 선임 후 5개월도 지나지 않아 1999년 12월 31일 건강악화로 물러난 옐친을 대신해 대통령 대행으로 올랐다. 그는 그동안 지지부진하게 이어져왔던 체첸내전을 국가원수 대행 권한으로 과감하게 종결시키고 2000년 3월 러시아 대선에서 러시아연방의 제2대 대통령으로 선출된다.

경제개혁 실패로 인한 물가폭등과 물자부족, 정부의 현금자산 몰수, 부의 불공정한 분배 등의 일련의 실정은 20세기가 끝날 때까지 이어졌다.

현 러시아 헌법재판소장 Valeri Jorykin은 그의 저서 '21세기 헌법과 개인의 권리'에서 ≪1990년대 러시아 경제개혁으로 슈퍼 리치들이 등장했고, 이에 대한 반대급부로 빈곤층은 두 배로 더 빈곤해졌다. 전체적으로 80% 이상의 국민들이 얻은 것보다 잃은 것이 더 많았다.≫ 라고 악평했다.

뜻밖의 한국 방산체계 선진화

여담으로, 소련의 붕괴에 이은 러시아의 경제침체, 모라토리엄 선언으로 대한민국은 뜻밖의 방산체계 선진화 기회를 잡게 된다. 소련 붕괴 직전 한국 정부는 소련에 15억 불 규모의 차관을 공여했고, 소련 붕괴 후 구 소련을 계승한 러시아가 이 차관에 대한 채무 이행 의무도 승계했다. 러시아는 경제상황 악화로 인해 한국에 현물로 채무를 이행하게 되었는데, 군수물자와 군사기술이전 협정인 '불곰사업'도 여기에 포함되었다. 불곰사업(한-러 간 군사기술, 방산 및 군수 협력에 관한 협정)에서는 당시 러시아의 최신기술이 적용된 주력 전차 T-80U 탱크를 포함한 헬기, 장갑차, 대전차 미사일, 대공미사일 등과 이에 대한 운용교범 및 기술 일부까지 한국에 제공되었다. 불곰사업에 대해서는 부정적 의견들도 많지만, 당시 접근이 어려웠던 적성국의 무기체계와 선진기술을 습득할 수 있는 절호의 기회가 되었다는 것은 부정할 수 없는 사실이다. 소련의 군사기술을 기반으로 한 북한의 무기체계에 대한 대응력도 한층 높일 수 있는 계기가 되었다. 이 덕분에 한국은 미국의 동맹 자격으로 러시아의 첨단무기 체계와 운용교범을 습득한 거의 유일한 국가가 되었다.

현재 한국의 전차, 헬기, 잠수함, 미사일 등에는 러시아와 서방의 방산기술이 공존하는 특이한 형태의 기술 진화가 이루어지고 있다. 세계 최고 수준의 탱크로 평가받고 있는 K-2 흑표 전차의 경우 T-80U의 기술이 적용된 K-1 전차의 후속작이다. 현무, 천궁 등 한국이 자체 개발한 미사일 체계와 잠수함에 이르기까지 러시아 기술이 다수 적용되고 있다. 이를 감안해 볼 때 불곰사업은 금전적 득실을 떠나 한국의 방산 기술 진화에 긍정적 영향을 미치고 있는 것으로 평가할 수 있다.

미국이 한국에 미사일 사거리 제한을 걸어두고 미사일 기술 공유까지 금하고 있던 기간동안 우리나라는 이미 1990년대 중반 러시아로부터 전수받은 SS-21 지대지 미사일 기술 등을 기반으로 탄도 미사일을 개발하고 있었다. 미국의 사거리 제한이 단계적으로 풀리면서 현무 시리즈와 같은 사거리 한도에 맞춘 초음속 탄도미사일이 신속히 개발되어 나온 배경에도 러시아와의 불곰사업의 영향이 컸던 것으로 볼 수 있다.

아직 불곰사업은 진행형이지만, 한국이 이번 우크라이나 사태에 무기 지원 가능성을 내 비치면서 불곰사업 협약 조건(러시아가 북한에 무기를 제공하지 않는 대신 한국도 제3국에 해당 무기와 기술 제공 금지) 위반 리스크가 대두되고 있고, 이 경우 러시아도 북한에 무기를 제공할 수 있다고 경고하고 있다.

러시아는 그동안 한국과의 협정을 존중하고 대북 제재를 준수하기 위해 북한과의 군사협력을 자제해왔다. 우크라이나 전쟁이 시작되고 군수물자가 부족해지는 상황에서도 북한과는 선을 그어 두고 우리나라와의 협력에 우선순위를 유지해왔다. 하지만 한국이 미국의 편에 서서 우크라이나를 군사적으로 지원하려는 움직임이 보이면서 러시아도 이에 대한 대응으로 북한과의 협력을 재개하려는 행보를 보이고 있다.

이것만은 막아야 한다. 북한이 러시아와 본격적으로 군사기술 협력에 들어간다면 한반도의 군사적 균형은 다시 흔들리게 될 것이다. 러시아는 한국에 있어 북한을 견제할 수 있는 가장 중요한 카드이다.

고르바초프의 페레스트로이카는 소련의 붕괴와 옐친 정부의 모라토리엄으로 이어져 실패로 끝난 것으로 평가되고 있다. 오랜 공산사회의 폐쇄성으로 인해 개혁을 위한 적절한 인적 인프라도 준비되지 못한데다 당시 보수적 관료들이 정치구조의 불가피한 개혁에 저항한 것도 개혁 실패의 원인 중 하나라 볼 수 있다. 급격한 개방으로 인한 공화국간 와해와 준비되지 않은 성급한 경제개혁으로 기존의 정치·경제 시스템이 붕괴되어가는 과정에서 새로운 구조로 이행(移行)할 수 있는 적절한 대안의 부재로 소비에트 연방은 붕괴했다. 이 와중에도 다수의 기존 기득권층은 아직 그 자리에 포진하고 있어, 체제전복이라는 충격요법에도 완전한 개혁을 이루지 못한 상태로 20세기는 저물어갔다.

하지만, 21세기의 시작과 함께 러시아는 불완전한 개혁으로 인한 구조적 취약성의 한계를 딛고 다시 새로운 도약을 준비하기 시작한다.

PHASE - III

새로운 전이점의 도래

PHASE - III

새로운 전이점의 도래

"만약 우리가 우크라이나 지도에만 프레임을 맞추고 있다면 러시아 군대가 북쪽과 동쪽에서 서쪽으로 침략해가는 그림을 보게 된다. 하지만 프레임을 줌아웃해 워싱턴까지 다 넣어보면 전혀 다른 그림을 보게 될 것이다. 오래전부터 NATO의 군대와 미사일이 동쪽으로 확장해가면서 우크라이나 전쟁 전 이미 우크라이나에까지 뻗어 나가 있었다. 자, 이제 거리를 재어보자. 격전지인 바흐무트에서 워싱턴까지의 거리는 8,400km이지만, 러시아 국경까지는 130km에 불과하다. 그렇다. 러시아의 입장에서 이번 전쟁은 침략전이 아닌 방어전이다."

– 역사인류학자 엠마누엘 토드, Le Figaro, 2023년 1월 15일

'제3차 세계대전의 시작' 저자 인터뷰에서.

프롤레타리아 혁명으로 러시아 제국의 전제군주제를 무너뜨린 사회주의 국가 소련은 페레스트로이카로 다시 붕괴되었다. 불합리한 사회주의 체제가 개방의 흐름을 막아 내기에는 이미 너무 취약해졌을 때 소비에트 공산당은 체제 개혁인 페레스트로이카로 여론의 흐름과 타협에 나섰고 이 결정은 사회주의 체제의 급속한 붕괴를 가져왔다.

이후 새로운 민주자본주의 체제로 출범한 신생 러시아가 다시 과거의 과오를 반복하지 않기 위해 성급하게 시도했던 일련의 개혁들도 정부의 실정과 기득권의 개입으로 실패로 돌아가면서 20세기 말까지 러시아는 깊은 침체 속으로 가라앉고 있었다.

21세기의 시작과 함께 러시아는 과거의 시행착오로 인한 결과들을 하나씩 극복해 나가며 다시 성장으로 돌아서기 시작했다. 하지만 과거 냉전의 역사는 러시아에 주홍글씨의 낙인으로 남아 러시아의 성장을 견제하는 세력들을 긴장하게 만든다.

소련의 붕괴와 함께 냉전은 끝났고, 잠시 새로운 화해의 세상이 열린 듯했다.

스스로 칼을 거두고 투항한 패자에게 냉전의 승자는 잠시 동안 너그러움을 베푼다. 하지만 얼마 후 그 패자가 다시 일어서는 모습을 보게 된다. 그리고 그에게서 예전의 악몽을 연상케 하는 모습이 언뜻언뜻 보일 때마다 생각하게 된다. 그가 존재하는 한 자신의 패권은 끊임없이 도전 받게 될 것이라고.

미국은 냉전 종식의 조건으로 가동하지 않기로 약속했던 냉전

시대의 무기인 NATO를 재무장하고 다시 한 걸음씩 러시아를 압박해 들어간다. 러시아는 NATO가 자신의 앞마당에 들어오기 전까지만 해도 미국이 다시 냉전의 시대를 열게 될 무모한 도발은 하지 않을 것으로 생각했다. 하지만 미국은 스스로도 그 결과를 짐작하고 있었던 도발을 멈추지 않았다. **결국 넘지 말아야 할 선**(Redline)**을 넘어 중립국인 우크라이나까지 NATO로 재무장시키면서 러시아를 전장으로 끌어낸다**.

이 순간이 러시아를 새로운 상전이(Phase transition)**로 이끄는 전이점이 된다**. NATO의 계속되는 팽창에도 현상을 유지해오던 러시아에게 **우크라이나의 재무장은 임계한도, 즉 전이점으로 작용했다**. 러시아는 기존 질서를 깨고 전과는 전혀 다른 새로운 상(Phase)으로 진입을 시작했다. 이로 인해 지정학적 질서도 새로운 국면을 맞게 된다.

지금 우리는 미국이 NATO를 팽창시키면서 익히 짐작하고 있었던 그 결과를 보고 있다. 수많은 정책결정자들과 전문가들이 NATO의 팽창을 만류하며 경고했던 그 다차원적 재앙이 결국 현실화되어가고 있다.

우크라이나 전쟁은 전쟁 당사국들뿐만 아니라 대리전(Proxy war)으로 개입하고 있는 서방과 글로벌 공급망에까지 영향을 미치며 세계경제를 침체기로 끌어들이고 있다. 이에 더해 동맹의 재편으로 세계의 블록화를 고착시키면서 세계화를 종식시켜가고 있다.

이 사건은 러시아의 과거 모든 상전이와는 대조되는 새로운 방식으로 진행되고 있다. 그동안 러시아가 지나왔던 혁명과 개혁은 국가 내부로 향해 내부 체제를 전복시키고 이 영향으로 외부 질서까지 바꾼 것이었다. 하지만 지금 도래하는 변화는 먼저 국가 외부로 발산되어 직접적인 지정학적 현상 변화를 이끌어내면서 이를 통해 러시아 내부가 변화되는 형태로 진행되고 있다. 이 차이는 그 이전의 혁명들과 달리 새롭게 재편된 국제질서를 주도하는 형태로 러시아의 상전이를 이끌어 낼 것으로 예상된다.

우크라이나 전쟁을 촉매로 국제정세는 빠르게 변해가며 냉전의 승자가 만들었던 게임의 룰과 동맹도 새롭게 재편되어가고 있다. 러시아는 지금 전이점을 지나 새로운 상전이로 진입하고 있다.

01

나비 날아오르다

다시 일어서는 러시아

남방의 대양에서 극지까지 우리의 숲과 벌판이 펼쳐져 있다.

너는 세상에서 유일한 존재이며 하나님이 보호하시는 조국이다.

꿈과 삶을 위한 광활한 대지는 다가오는 미래를 열어주고,

조국을 향한 신뢰는 우리의 힘이 되어 왔다.

과거에도, 현재도, 앞으로도 영원히.

찬양하라! 우리의 자유로운 조국을,

오랜 형제애로 뭉친 민족들의 연합을,

선조들로부터 물려받은 민족의 지혜를!

찬양하라 조국을, 우리의 자랑스러운 조국을!

– 러시아 국가 중.

러시아는 많은 것을 가진 나라다. 광활한 영토, 풍부한 자원, 식량, 에너지, 높은 수준의 교육과 문화, 건전한 국민성, 군사력 등. 하지만 역사 이래로 민중은 끊임없이 압박을 받아왔고 잠재력을 제대로 펼칠 기회가 없었다. 이제 전제군주제와 사회주의 체제가 붕괴되고 드디어 국민이 주인이 되는 민주자본주의가 도래했다. 수많은 어려움을 극복해온 경험을 바탕으로 민중의 역량을 펼칠 때가 온 것이다. 그리고, 본격적인 나비의 날갯짓은 머지않아 태풍을 일으키게 된다.

21세기의 도약

붕괴 직전 소련의 기술 발전 단계는 한창 산업화가 진행되고 있는 상태였다. 서방세계가 전통적 산업구조에서 벗어나 금융과 서비스 등의 3차 산업으로 넘어가고 있을 동안 러시아는 아직 제대로 된 소비재 조차도 충분히 생산하기 어려운 산업 발전 단계에 머물러 있었다. 냉전의 과도한 군비 경쟁으로 러시아의 산업투자가 방산에 집중된 탓에 그 외의 산업들은 서방의 산업혁명 수준의 단계에서 벗어나지 못했다. 소련 시절을 상징하는 포스터나 Meme들에 공장 굴뚝이나 망치, 생산설비 등이 자주 등장하는 이유도 바로 소련 붕괴 직전까지 때늦은 산업화에 집중하고 있었기 때문이다.

소련 붕괴 이후 불완전한 경제개혁과 옐친 정부의 실정, 장기적 저유가 등의 영향으로 1990년대 말까지 러시아 경제는 침체를 벗어나지 못하고 있었다. 사유화의 실패는 중산층을 소멸시켜 경기부양 동력을 약화시켰고 거듭된 화폐개혁으로 정부에 대한 국민들의 불신은 높아져 대규모의 자본이 해외로 유출되었다.

이후 2000년대의 도래와 함께 블라디미르 푸틴이 집권을 시작하면서 그동안 산만하게 흩어져 있던 정부의 기능들을 수직적 구조로 통합해 중앙정부의 권한을 강화시키고 이를 중심으로 국정 전반에 대한 강력한 개혁에 들어갔다.

푸틴은 연방정보국장 출신의 경력을 기반으로 군대와 내무부, 행정부 조직을 각각 일관된 명령 체계로 개편했다. 행정구역을 지역에 따라 7개 연방행정구역으로 나눈 후 체계적으로 하방전개되는 위계구조로 재편해 치안과 국정 기반을 빠르게 안정시켜 나갔다. 강력한 개혁 드라이브를 위해 푸틴 1기에는 정부 고위 관료들의 절반 정도가 푸틴이 기존에 몸담고 있던 실로비키(Силовики)로 불리는 무관부(국방부, 정보부, 경찰 등) 출신의 인사들로 기용되었다.

그동안 만연해 있던 권력비리를 바로잡기 위해 형사소송법도 개정했고, 검찰조직에서 수사권한을 별도 분리시켜 견제와 균형 원칙으로 사법권력을 분산시켰다. 입법부도 상/하원의 기능과 권력이 보다 유기적으로 분산될 수 있도록 상원의원 구성원 자격이 하향 개편됐고, 하원은 교섭단체 구성요건에 부합하는 정당으로만 하원 의석을 구성하도록 개편되어 당시 수많은 정당의 난립으로 인한 의사진행의 지연과 비효율성을 감소시켰다.

이러한 정부 구조조정을 바탕으로 사회 전반에 대한 개혁에 돌입했다. 그동안 무분별하게 운영되어 탈세를 조장했던 불공정한 세법을 보다 단순화시키고, 세율도 기존 대비 합리적 수준까지 낮춰 소득세 13%, 법인세 24%[1]로 세무 부담을 경감시켰다. 동시에 탈세에 대한 처벌은 강화하면서 탈세 동기를 낮춰 세율 축소에도 불구하고 기존 대비 세수가 오히려 증가되는 효과가 나타났다. 세무 개혁을 시작으로 토지, 연금, 금융, 교육, 의료 개혁이 순차적으로 이루어졌다.

강력한 개혁 정책으로 정국은 빠르게 안정을 되찾아 푸틴 1기(2000~2004년)에 10% 초반대로 물가가 안정되었고, 정부 예산 수지는 적자에서 흑자로 전환되어 복지 투자 확대 여력이 생겼다. 푸틴 1기 이후 2004년에 있었던 대통령 선거에서 푸틴은 71.2%의 압도적 득표율(1기: 53.4%)로 대통령에 재선된다.

푸틴 2기(~2008년)에는 에너지, 주택, 도로, 철도 운송 등에 대한 인프라 정비에도 나섰고 특히, 국민 프로젝트로 교육과 보건, 주거환경에 대규모로 투자했다. 경제가 안정되면서 외교적으로는 '강한 러시아' 기조를 본격화하기 시작했고, 이때부터 서방도 러시아를 다시 견제하기 시작한다.

푸틴 정부의 강력하고 안정적인 개혁 드라이브는 러시아 경제를 빠르게 정상화시켜 성장의 물꼬를 텄다. 이로써 러시아는 20세기의 침체를 벗어나 세계무대에서 신흥국으로 다시 일어서게 된다.

신생 러시아 초기 경제개혁 실패로 옐친 정부 마지막 해 1999년의 러시아 대외부채는 1,458억 불로 GDP의 51%까지 급등했다.

1 2023년 기준 소득세는 소득에 따라 13~15%까지 차등세율로 적용되고, 법인세는 20% 수준까지 추가 감소했다.

이후 푸틴 정부가 들어서면서 정치와 경제가 빠르게 안정되어 푸틴 정부 1~2기 8년간의 평균 경제성장률은 7.0%, 2기 말인 2008년 말 대외채무는 GDP의 29%까지 급감했다. 그 후에도 지속적인 경제 성장으로 2022년 러시아 대외부채는 전시 상황에서도 GDP의 16.6% 수준까지 감소했고, 최근 2023년 1분기에는 15.5%까지 감소세를 보이고 있다. 인당 GDP를 보더라도 옐친 정권 말기 1999년 1,427불에서 푸틴 2기 말 2008년 12,464불로 10여년 사이 8배 가까운 빠른 증가세를 보였다. 2022년 현재 기준으로 인당 GDP는 15,444불, 구매력평가지수(Purchasing Power Parity; PPP) 기준 인당 GDP는 33,263불을 보이고 있다.[2] 국가신용등급도 S&P 기준 2000년 디폴트(D)에서 2008년까지 14단계를 빠르게 뛰어올라 2008년에는 BBB+(투자적격 중간등급)까지 회복되어 국채 가치도 안정되었다. 이후 국가신용등급은 계속 투자적격 상태를 유지해오다 이번 우크라이나 전쟁으로 초강경 대러 제재가 도입되면서 외환보유고가 동결되어 러시아는 순식간에 기술적 부도(Technical default)선언을 받게 된다.

World bank에 따르면 우크라이나 전쟁이 시작된 **2022년 러시아 PPP 기준 GDP는 5.3조 달러로 세계 5위**까지 올랐고(명목 GDP는 8위), 4위를 한 일본의 5.7조 달러와 큰 차이가 없는 수준이다. 2014년 크림 병합 이후 본격화된 서방의 강도높은 대러 제재 영향을 감안할 때 이러한 러시아의 성장은 이례적인 것이라 볼 수 있다. 미국의 제재를 받은 국가들(이란, 베네수엘라, 시리아, 쿠바, 북한 등)

---

2 IMF WEO 2023, APR data base. 한국의 2022년 기준 인당 GDP는 32,250불, 구매력평가지수는 53,736불이다.

이 나타내는 전형적인 경제 폭락 사이클을 벗어나 빠른 적응을 하면서 오히려 이를 기회로 수출산업을 강화해 구조적 성장의 기반을 조성해가는 저력을 보여주고 있다. 물론 이 성적에는 2022년의 에너지 가격 상승도 일조했고, 2023년에는 러시아 루블 평가절하로 순위가 밀릴 것으로 예상되나, 러시아의 강력한 성장 저력에는 반론의 여지가 없어 보인다. World bank는 2030년 러시아의 PPP 기준 GDP는 5.9조 달러로 일본과 거의 대등한 수준에 이를 것으로 전망했다.[3]

소련 붕괴 전후 정부 정책의 혼선과 잇단 개혁 실패로 오랜 기간 고통받아 왔던 민중들에게 강력한 푸틴 정부가 주는 안정감과 빠른 성장은 20년 이상의 장기집권을[4] 가능하게 만들었다. 우크라이나 전쟁이 진행 중인 현재까지도 푸틴의 지지율은 80% 안팎에서 유지 중이다.

저자는 20년 이상 러시아에서 생활하면서 소련 붕괴 이후의 러시아의 발전상을 실생활에서 체험해 왔다. 한국 인터넷 망이 ADSL을 넘어 초고속 인터넷으로 진입했던 2000년대 초까지 러시아는 전화선에 저속 모뎀을 연결해 사용하고 있었고 무선통신망도 구축 초기 단계였다. 하지만 현재는 세계 어느 나라에도 뒤쳐지지 않을 수준의 인터넷 망과 온라인 산업이 구축되어 있다. 2010년대 후반

3 '2022, 2023 AND 2030 ESTIMATES FOR GROSS DOMESTIC PRODUCT (GDP) IN PPP', World Economics Research, London, 2023.

4 2008~2012년까지는 푸틴의 러닝메이트 메드베데프가 대통령으로 있었으나, 당시 푸틴은 총리로서 사실상의 국가 수반의 실권을 행사했다.

부터 본격화된 러시아의 전자 정부 사업으로 현재 유럽을 넘어서는 수준의 온라인 인프라(금융, 쇼핑, 교통, 통합 민원서비스, SNS 등)가 구축되어 있고 2023년 현재 디지털 루블화까지 도입 완료해 시범운영 중인 상황이다. 지금 러시아는 그동안의 공백기를 만회하기 위해 발 빠르게 움직이고 있다.

반복된 초기화-역경지수(AQ)

우리가 대중 매체에서 접하는 러시아의 이미지는 구 소련의 전체주의적 분위기가 그대로 남아있는 가난하고 시대에 동떨어진 듯한 회색의 관료주의적 국가이다. 하지만 러시아는 소련 붕괴와 경제 폭락의 충격을 빠르게 극복하고 모든 구 소련의 채무를 성실히 이행해 1997년에 이미 선진 채권국가 모임인 파리클럽의 정회원으로 들어갈 정도로 빠르게 경제를 회복시켜 왔다(한국은 2016년에 가입). 이듬해인 1998년, 누적된 정부예산 적자와 아시아금융위기 여파로 한시적 모라토리엄을 선언했지만 그 후 푸틴 정부가 들어서면서 2~3년만에 이를 극복하고 다시 빠른 경제 성장을 이뤘다.[5]

혹자는 석유가스 자원이 이를 가능케 한 원동력이라 평가하지

5 1998년부터 IMF가 러시아에 공여한 88억 불의 여신을 상환만기 3년 전에 이미 다 청산하고 IMF의 5대 채무국 지위를 완전히 탈출, 'Russia pays off IMF debt early' IMF Survey, vol 34, FEB 2005.

만, 이것만으로는 러시아의 놀라운 회복탄력성을 설명하기 어렵다. 2020년 러시아 통계청 기준 러시아의 석유가스 산업 규모는 GDP의 15.2%로 노르웨이(14%)와 비슷한 수준에 불과하며, 타 석유 강국들(사우디아라비아 50%, 아랍에미리트 30%)과 비교해 보더라도 러시아의 석유가스 산업 의존 비중은 예전처럼 그렇게 높지 않다. 그리고, 에너지 자원이 풍부함에도 불구하고 정치/경제 타격에 그대로 무너져 일어서지 못하는 나라들도 있는 것을 볼 때 자원의 유무만으로 회복 탄력성을 판단하기는 어렵다.

러시아는 앞서 살펴보았던 20세기 경제구조조정 실패의 영향으로 중산층 비중이 20% 미만에, GDP 대비 시중 유동성이 선진국 대비 절반 수준인 열악한 경제구조를 현재까지 유지해오고 있다. 이와 더불어, 러시아는 구 소련의 전체주의적, 호전적인 이미지로 지금까지도 국제사회에서 강한 견제를 받고 있어 같은 사건이라도 러시아와 관련된 경우 세계는 더 민감한 반응을 보여 국제사회에서의 핸디캡을 기본값으로 지니고 있는 나라이다.

거듭된 혁명과 화폐/경제개혁, 페레스트로이카 실패로 인해 고착화된 경제 구조적 취약성, 그리고 모라토리엄으로 국가 기반 시스템과 국민들의 자산이 수차례 초기화 되는 악조건을 겪으면서도 곧바로 세계 열강에 뒤쳐지지 않는 수준으로 다시 회복해온 원동력은 먼저, **국민들의 높은 교육수준과 문화적 자존감**에서 찾아볼 수 있다. 러시아는 높은 교육열[6]로 문해율이 99.7%(문맹률 0.3%)에 달

6 GDP에서 차지하는 교육비 지출 비중도 4.6%(2020년 기준)로 한국과 비슷한 수준을 보이고 있다.

해 세계 16위의 문해율 국가이다(한국은 69위, 97.9%)[7].

이와 더불어 러시아는 제국 시절 번영했던 문화에 대한 자존감을 현재까지 이어오며 국민들의 자긍심과 정체성 확립을 위해 전통 문화와 가치관을 계승하는 노력을 아끼지 않고 있다. 소련 시절에도 자본주의 국가들에 대한 상대적 빈곤을 극복하기 위해 문화 자긍심을 고취시키는 정책들로 독특한 사회주의 문화가 발전했고 이는 냉전 시절의 선전 도구로 활용되기도 했다. 전 러시아 박람회장(ВДНХ)에서는 소련 시절부터 구성 민족들의 문화적 성취를 전시하고 계승하는 활동들을 해왔다. 이러한 문화적 자존감은 러시아의 정체성을 설명하는 키워드 중 하나이며, 이 배경에서 러시아의 국가적 행사나 의전에 문화 프로그램이 수반되는 이유도 설명이 된다.

러시아는 수많은 어려움 가운데서도 꺾이지 않는 자존감을 지키고 있는 나라다. 역경지수(Adversity Quotient, AQ)[8]라고 불리는, 역경을 돌파해 성과를 창출해내는 능력은 고난에 부딪히고 이를 극복해 낸 횟수가 많을수록 더 높아진다고 알려져 있다. 러시아인들은 세계에서 유일하게 70여 년간의 전체적 사회주의 체제에서 장기간 억압받고, 반복된 정치/경제/사회적 초기화를 극복해 오면서 이 역경지수 AQ가 강화되어온 것으로 보인다.

근현대사에서 러시아가 지나온 대표적 초기화 사건들은 아래

---

7 "CIA The World Factbook Country Comparison; Literacy". Central Intelligence Agency. 2013.

8 미국의 커뮤니케이션 이론가 Paul Stoltz의 이론으로 스트레스에 생산적으로 대응할 수 있는 능력수준을 의미한다.

와 같다.

- 1917년 프롤레타리아 혁명: 공산혁명의 파괴적 여파로 러시아 제국의 자산 초토화, 이 후 70여 년간 사회주의 체제에서 탄압과 억압
- 1928년 신경제정책(NEP) 폐지: 시장경제 폐지로 사유재산은 국가로 귀속되고 다시 사회주의 계획경제 체제로 초기화
- 1991년 소련 붕괴: 연방은 와해되고, 경제는 폐허의 빚더미로 전락
- 1991, 1993년 화폐개혁(몰수)과 1992년의 국민 예금 증발: 소련 시절 축적된 개인 자산 초기화
- 1993~1994년 제1차 사유화: 국민들이 함께 만들어낸 국가기간 자산들을 기득권층에 분배
- 1998년 모라토리엄: 하이퍼인플레이션과 루블환율 폭등으로 경제는 다시 부도 상태로 전락
- 2014년 이후의 대러 제재: 우크라이나 사태에 따른 서방의 강력한 제재 발동으로 경제 고립 시작

역경지수가 높은 사람이나 조직은 실무 역량, 생산성, 혁신 수준이 높다. 그러다 보니 기업들도 성과를 예측하는 변수로 역경지수에 대한 관심을 보이면서 기업면접에서도 지원자들에게 스트레스를 주고 반응을 살피는 압박면접이 유행하기도 했다.

러시아인들과 함께 일하다 보면 심하게 낙관적이라고 생각될 정도로 업무 스트레스를 받지 않는 모습을 흔히 볼 수 있다. 잘못된 것이 있으면 '다시하면 되지'라는 태도로, 한편으로는 답답해 보이

고 무책임해 보이기까지 하는 이 태도가 결국 좀 느리더라도 성과를 도출해내는 것을 본다. 러시아인들의 이 높은 역경지수가 현재 러시아의 높은 회복탄력성을 설명해 줄 수 있다고 생각한다.

러시아가 회복탄력성이 낮은 사회였다면, 70여 년간의 사회주의 체제하에서의 침체와 그 뒤를 이은 소련의 붕괴, 그리고 모라토리엄과 대러 제재에 무너져 다시 일어서지 못하고 이미 역사의 뒤안길로 사라졌을지도 모른다. 보통 이 정도의 변혁을 연거푸 겪은 국가들은 대부분 과거의 번영에서 멀어진 모습들을 보여주고 있기 때문이다.

서방의 글로벌 인프라까지 무기로 총 동원된 대러 제재와 최근의 초강경 제재에도 빠른 적응을 해내고 다시 일어서는 것은 근현대사에서 이 이상의 고난들을 수없이 극복해온 저력 덕분이 아닐까 감히 평가해 본다.

> 우리나라도 근현대사에서 러시아인들과 비슷한 고난들을 겪은 탓으로 높은 회복탄력성을 갖추게 된 것으로 보인다. 35년간의 일제강점기를 벗어나자 곧 6.25전쟁으로 나라가 초토화되었고, 이를 극복하고 빠른 경제성장을 이뤘지만 다시 1997년 IMF 사태로 리셋되었다. 하지만, 다시 일어나 2021년에는 선진국으로 공식 진입한 저력은 참으로 놀랍다. 러시아도 우리나라와 유사한 놀라운 회복탄력성을 보이고 있다.

실무 엘리트들의 부상

러시아의 고위급 공무원들이나 기업의 임원들과 대화를 하거나 인터뷰 내용들을 보면 러시아 엘리트들에 대한 우리의 편견이 얼마나 견고하게 소련의 관료주의 시절에 머물러 있는지 절감하게 된다. 배 나오고 거드름 피면서 수동적 태도로 일관하는 꽉 막힌 관료적 분위기를 상상하지만 현실은 전혀 다르다.

푸틴 대통령은 이미 오래전부터 러시아 공무원 사회에도 본격적으로 KPI(Key Performance Indicator; 핵심성과지표)를 도입해 정량화 된 숫자 중심으로 인사평가를 해 오고 있다. 중앙정부의 고위급 관료에서부터 주지사를 포함한 지방정부 관료들에 이르기까지 대통령령으로 구체적 KPI항목들이 도입되어 이를 통해 객관적으로 평가하는 체제가 가동되고 있다. 이런 평가구조에서는 안일한 관료주의는 점점 사라지고, 전문가들과 실적을 위주로 한 관료들이 채워질 수밖에 없다. 현재 다수의 러시아 관료들은 기업 실무자 수준의 실무지식과 태도를 보이고 있다. 장관이라고 예외는 아니다. 실제로 그들과 대화할 기회가 있거나 인터뷰를 보면 실무적 감각과 지식, 그리고 성과를 도출해내려는 열정에 놀라게 된다.

대다수 관료들과 기업의 임원들이 페레스트로이카 혹은 그 이후의 세대로 교체되어 **러시아의 엘리트 사회는 젊다**. 일선의 영업사원과 같은 실무지식과 열정으로 무장해 업무에 임하고 상대방을 대한다. 러시아 대기업들과 함께 프로젝트를 해봐도 대표나 임원들의 전문성과 적극적인 태도에 놀라게 된다. 국영기업의 임원들도 소위 낙하산 인사는 줄어들고 실무 전문가들로 채워지고 있다. 세계 최대 원자력 기업으로 알려진 러시아의 국영기업 로사톰(ROSATOM)의 예를 들면, 현장 임원들뿐만 아니라 경영진 대부분도 해당 부문의 전문적 커리어를 가지고 있는 사람들이다. CEO는 방사능 전문가로 경제학 전문박사학위(Доктор, 일반 박사학위 취득 후 학문적 성취를 이룬 사람에 한해 부여)까지 보유하고 있고, CFO는 대학교재로 사용되는 금융 교과서까지 몇 권 낸 금융통이다. 현재 러시아는 이런 엘리트들이 일선에서 미래를 준비해 나가고 있다.

정부차원의 구체적 비전 제시, 실무 지식으로 무장한 정부와 기업의 엘리트들, 높은 역경지수(AQ)를 가진 국민들, 이들이 현재 러시아의 성장을 이끌어가고 있다.

하지만, 서방은 러시아의 성장을 좌시하지 않았다. 글로벌 민주주의를 내세워 모든 국가들의 자결권을 주장하며 미국의 헤게모니에 맞서고 있는 러시아의 빠른 성장은 탈냉전 이후 다시 **서방 주도의 세계 질서에 위협**이 되었다. 이에 서방은 NATO의 팽창으로 이를 견제하려 했고, 이 무리한 팽창 정책은 러시아에 극단적 선택지만 남겨놓아 서방 주도의 세계 질서를 본격적으로 흔드는 촉매로 작용하게 된다.

한 많은 우크라이나

심화되는 민족주의

'러시아 제국을 이류 국가로 전락시킬 수 있는 방법은 두 가지뿐이다. 러시아 사회를 혼란스럽게 만들어 내부적으로 와해시키거나 우크라이나를 제국으로부터 분리시키는 것이다.'

–독일 총리 베른하르트 폰 뷜로 후작, 1906년.

19세기 말~20세기 초반 유럽에서는 제1차 세계대전 이전에 두개의 대립된 정치 진영이 형성되고 있었다. 러시아는 영국과 프랑스와 함께 삼국협정인 안탄트(Triple Entente)를 결성했고, 그 상대 진영은 독일, 오스트리아, 이탈리아가 연합한 삼국동맹을 결성해 정치/군사적으로 대립했다. 안탄트의 중심에 있던 러시아 제국은 독일을 주축으로 한 삼국동맹의 잠재적 위협이었고 삼국동맹은 러시아를 약화시키기 위해 우크라이나의 민족주의를 부추기기 시작했다. 당시 우크라이나는 러시아 제국의 경제에서 중요한 역할을 하고 있었으므로 우크라이나를 흔들 경우 제국의 국력도 약화될 것으로 예상했던 것이다. 이 당시 힘을 받은 우크라이나의 민족주의는 러시아 볼셰비키 혁명 이후의 적백내전에서도 부르주아 임시정부와 유럽 국가들을 주축으로 한 백군 세력의 지지를 받아 러시아로부터의 분리운동을 감행했다.

역사적으로 러시아와 우크라이나 양국 간의 갈등은 첨예하게 이어져왔고, 현재 양국은 전쟁으로 완전한 적국이 된 상태다. 키예프 공국으로부터 시작된 동일한 동 슬라브계의 뿌리를 가지고 하나의 소비에트 연방에 속했던 형제국이 왜 이렇게 서로 반목하게 된 것인지 역사를 통해 살펴보자.

입장 차이

러시아어에서 공간을 표현할 때 우크라이나 앞에 붙는 전치사는 B(in)가 아닌 Ha(on) 이다. 다른 모든 나라나 지명 앞에는 B(in)를 쓰는데 유독 우크라이나에 대해서만 표면이나 개방된 공간에 쓰는 전치사인 Ha(on)를 쓰는 이유는 무엇일까? 영어로 표현해 보면 '벨라루스에 산다' 라는 표현은 live in Belarus인데 '우크라이나에 산다'라는 표현은 live on Ukraine이라고 표기되는 것이다. 이에 대해서는 1993년 우크라이나 정부가 공식적으로 B(in)를 사용하도록 요청한 적이 있을 정도로 우크라이나에게는 불쾌한 문법이다. 마치 우크라이나를 동등한 국가로 보지 않고 속국으로 보는 듯한 느낌을 받기 때문이다.[1] UN에서도 2014년 크림 병합 사태 당시 우크라이나에 대한 러시아어 전치사 변경 요청을 한 적이 있으나, 러시아는 역사적으로 사용해 온 고유언어에 대한 정치적 접근으로 보고 이를 거부했다.

이 용법에 대한 러시아 언어학자들의 해석은, 우크라이나는 키예프 공국 시절부터 러시아와 운명공동체적 역사를 갖고 있어 러시아와 연결된 어감으로 예로부터 관용적으로 이 전치사를 써 왔다는 것이다. 소위 '우리가 남이가'라는 친밀감을 강조하는 표현이라는 것이다. 러시아 입장에서는 친밀을 내포하는 용법이 우크라

1 러시아 연방내 소속 공화국들이나 주에도 B(in)를 사용하는 것을 볼 때 Ha(on)를 속국의 어감으로 사용하는 것 같지는 않다.

이나에게는 차별로 다가온다는 것은 두 나라의 입장이 참 많이 다르다는 것을 느끼게 한다.

이 전치사 용법 사례는 우크라이나가 러시아에 반감을 느끼는 많은 요소들 중 하나에 불과하다.

러시아 제국의 지배를 받고 있던 우크라이나는 1917년 볼셰비키 혁명으로 제국이 무너진 기회를 틈타 볼셰비키 정권으로 들어가지 않고 독립을 주장했다. 1917년 우크라이나 의회는 자체적으로 비공산 우크라이나 인민 공화국을 선언하고 민족주의자들을 중심으로 1921년까지 독립 투쟁을 이어갔다. 이를 저지하려는 소비에트 군대의 우크라이나 침공에 대항하면서 우크라이나 의회는 러시아와 공식적 결별을 선언한다. 하지만 오랜 기간의 러시아 제국의 지배로 인해 민족의 정체성이 약해진 상태에서 소비에트군의 침공을 끝까지 막아내지 못하고 결국 1922년 소비에트 연방으로 편입된다. **이 내전 기간동안 우크라이나가 보여준 치열한 독립투쟁과 반소 성향은 소비에트 중앙정부를 긴장하게 만들었고, 이 기억은 소비에트 정권이 유지되는 기간동안 오래 남아 우크라이나를 견제하게 만든다.**

인재로 발생한 우크라이나 대기근 - 홀로도모르

홀로도모르(Голодомор)는 우크라이나어로 기아를 뜻한다.

스탈린 정권이 실시한 대대적인 산업화와 함께 농장의 집단화는 우크라이나의 강한 반발에 부딪히게 된다. 우크라이나의 토양은 비옥한 흑토가 주를 이루어 전통적으로 농사가 발달했는데 이로 인해 우크라이나인들의 농토에 대한 자부심과 집착은 아주 강했다. 우크라이나 농민들은 스탈린의 집단농장 노선에 강하게 반발했지만 스탈린은 우크라이나 민족의 근간이 되는 농민 세력을 무력화시키기 위해 농장 집단화를 더 가속화했고 농민에 대해 가혹한 수탈 정책을 폈다.

대기근 사건은 앞서 1부에서 언급된 것과 같이 1932~1933년의 가뭄으로 곡물 수확이 감소된 기간 동안에도 수출 실적을 유지하기 위해 내수로 공급되어야 할 곡물까지 수출로 반출되면서 대규모의 기아가 발생한 것인데, 특히, 우크라이나는 농업의 비중이 높아 극단적인 피해를 입었다.

우크라이나 사회연구소의 추산에 따르면, 1932~1933년의 대기근으로 발생한 우크라이나 인명 피해는 3.9백만 명(총 인구의 13%)으로 소비에트 연방 전체 아사자의 45% 정도가 우크라이나에서 집중 발생했다.

당시 우크라이나 농촌뿐만 아니라 도시 길거리에도 아사자들의 시체가 즐비했고, 이를 치울 여력조차 없어 이 당시 생존자들의 트라우마는 전시 상황을 넘어선 극단적 수준이었다고 서방 조사단들이 밝혔다.

2006년 우크라이나 의회는 이 대기근을 소련 스탈린 정권이 우크라이나에 자행한 보복성 인종청소(Genocide)로 규정했고 이를 조사한 10여개 국가들도 인종청소로 결론을 내리기도 했다. 하지만 이 당시 러시아 남부에서도 3백만 명 이상의 아사자가 발생했고, 카자흐스탄은 국민의 20% 이상이 기아로 사망했다는 사실을 볼 때, 강한 독립 성향을 가진 우크라이나인에 대한 의도된 인종청소의 가능성과 함께, 실적을 채우기 위한 경제적 수탈로 발생한 무차별적 기아 가능성도 생각해 볼 수 있다. 어떤 쪽이든 스탈린의 비인간적인 정책으로 인해 수백만 명의 국민이 비참하게 굶어 죽었다는 사실은 부인할 수 없다. 이 사건은 이후 페레스트로이카 시기에 글라스노스트(개방)의 일환으로 민중에게 대대적으로 공개되어 공화국들의 와해에 일조했고, 2004년 우크라이나 오렌지혁명으로 친 러시아 정권을 전복시키고 친 서방 빅토르 유센코 정권의 출범을 이끈 선거유세 여론전에 사용되기도 했다.

스탈린의 대숙청

앞서 1부에서 스탈린의 대숙청에 대해 다루었는데, 이 당시 스탈린이 유독 심하게 탄압한 지역이 바로 우크라이나였다. 러시아 제국 붕괴 후 우크라이나가 보여준 치열한 독립 투쟁과 반소성향은 스탈린의 의심병을 자극시키기에 충분했다. 외부와 전쟁이 일어나게 되면 우크라이나가 내부의 적으로 돌아서게 될 것이라는 두려움이 스탈린을 사로잡았다. 이로 인해 대숙청 기간 동안 진행된 '제5열'에 대한 색출 작업에서 우크라이나를 유독 더 심하게 탄압한 것으로 보인다. 우크라이나에서의 숙청작업은 대숙청 전부터 시작된다. 대기근의 충격이 가시기도 전에 맨 먼저 우크라이나 중앙당 간부들부터 대규모로 숙청 대상에 올라가기 시작했다. 우크라이나 비밀경찰(NKVD) 지서에서 초기 숙청 대상을 모스크바 본부로 보고했을 때 모스크바는 숫자가 너무 적어 우크라이나 지서의 혁명정신을 의심하게 된다는 경고를 했고, 그 후부터 숙청 대상은 수십 배로 불어나기 시작한다. 우크라이나의 드네프로페트롭스키 주에서 처음으로 보고된 숙청 대상 인원은 234명이었으나, 모스크바 본부의 경고 후 다시 보고된 인원은 2,500명으로 급증했다는 사례는 이 당시의 광적인 분위기를 잘 말해준다.

숙청이 본격화되면서 모스크바의 비밀경찰 본부에서 아예 할당량을 지시해 채우게 할 정도로 노골적인 인종 청소가 자행되었다. 1937년에 때마침 실시된 인구조사에서 정교회 신자가 전체 인구의 57%라는 통계가 나온 후 우크라이나 NKVD는 종교인들을 사상적 불순세력으로 몰아 숙청 할당량을 초과 달성할 수 있게 된다. 비밀경찰들도 할당량을 채우지 못할 경우 사상에 대한 의심을 받아 숙청당하는 당시 상황에서 윤리적인 고민은 사치였다. 비밀경찰 각 부서 내에서도 실적이 떨어지는 부서장은 숙청 대상에 오를 수 있어 서로 간에도 경쟁적으로 할당량을 올리거나 서로 고발하는 상황이 연출되기도 했다. 숙청 대상은 아무도 모르게 사라질 때가 많아 심지어 가족들까지 행방불명으로 알고 있다가 나중에 1980년대 후반 글라스노스트(개방)로 대대적으로 정보가 공개되면서 숙청이 된 것을 알게 된 경우도 허다했다고 한다.

우크라이나 NKVD의 집계 자료에 따르면 이 대숙청 기간동안 27만 명의 우크라이나인들이 체포되어 이 중 16만 명이 사형당한 것으로 나오지만, 이 숫자에는 민병대들에 의해 체포된 인원이나 비공식 체포 인원은 포함되어 있지 않다. 집계된 숫자 기준으로 대숙청 시기 사형당한 인원의 대략 1/4이 우크라이나에서 발생한 것으로 보인다.

체르노빌 원전 폭발 사고

1986년 소련 말기 우크라이나 북부와 벨라루스 국경부근에 위치한 우크라이나 프리피야티의 체르노빌 원자력 발전소에서 일어난 폭발로 인해 다량의 방사능이 유출되는 사고가 발생했다.

인류 역사상 최악의 재앙 중 하나로 기록된 체르노빌 원전 폭발 사고는 분명한 인재였다. 체르노빌 원자력 발전소는 1978년에 가동을 시작해 사고 당시는 4호기까지 원자로를 증설한 상태였다. 사고가 일어난 4호기는 1983년에 가동을 시작했는데 당시 공산체제의 성공적 발전상을 선전하기 위해 테스트도 완전히 거치지 않은 상태로 급하게 원전 완공을 공표하고 가동에 들어갔다. 이후 원전이 정상 가동되고 있는 상황에서 미처 마무리하지 못했던 테스트를 동시에 진행하면서 예기치 못한 변수를 통제하지 못해 사고가 발생한 것이다.

사건관련 재판에서 나온 증언에 따르면 사고 이전에, 체르노빌 발전소에서는 기술적 문제나 직원들의 실수로 인한 원자로의 긴급 정지가 1980년부터 1986년 사고 당시까지 6년간 총 71건이 일어난 것으로 집계되었다. 하지만 대부분의 사건은 적절히 조사되지 않았고 사고 기록으로 남기지도 않아 또 다른 사고의 여지를 남겼다. 소련 중앙정부는 이러한 결함과 사고를 감추고 폭발 직전까지 체르노빌 발전소를 세계에서 가장 안전한 원자력 발전소 중 하나로 선전하고 있었다.[2]

사고 직후에도 소련 정부의 늑장 대응과 사고규모 은폐 노력으로 방사능 유출이 오랫동안 지속되면서 피해지역이 광범위하게 확대되어 원자력 사고 최고등급인 7단계의 인류 역사상 최악의 원자력발전소 사고로 기록되었다.

이 사고는 유럽 전역을 방사능으로 오염시켰는데, 특히 우크라이나, 벨라루스 그리고 러시아의 오염이 가장 심각했다. 우크라이나는 체르노빌 원전이 위치한 프리피야트 도시를 중심으로 우크라이나 북부지역 오염이 가장 심했고, 우크라이나 삼림의 40%가 방사능에 오염된 것으로 스위스 조사단이 밝혔다. 인명 피해는 이 사고와의 연관성을 명확히 증명하기가 어려운 경우가 많아 정확히 집계되지 않았지만, 현재까지도 해당 지역들에서 유아 갑상선암의 발병률이 높고 방사능 후유증에 시달리는 사람들이 많다는 사실로 미루어 볼 때 이 사고의 여파가 아직도 진행중인 것은 확실한

2 Zhores A. Mendev, 'The Legacy of Chernobyl', New York: W.W. Norton & Company, 1990.

것으로 보인다.

이로 인해 소비에트 공산 정권은 자존심에 큰 타격을 입었다. 소련 전역에서 사고 수습에 동원된 대규모 인력(25만 명 이상)이나 비용들로 고르바초프의 페레스트로이카 노선에도 저항이 걸렸고, 나아가 소련의 붕괴까지 앞당긴 것으로 평가된다.

고개 드는 민족주의

1917년의 우크라이나 독립 시도 좌절 이후 유독 우크라이나에 가혹했던 대기근과 대숙청을 겪으면서 우크라이나인들의 반소감정은 더 심화되었다. 이 소련 지도부에 대한 깊은 적대감은 1941년 2차대전 당시 나치 독일이 독소 협정을 위반하고 소련을 침공했을 때, 우크라이나인들이 자국으로 진입한 독일군을 해방군으로 반길 정도였다. 당시 우크라이나 민족주의자들은 나치의 러시아 침공을 자발적으로 돕기도 할 정도로 소련과 그 종주국 러시아에 대한 반감이 컸다.

이제는 반러 감정으로 바뀐 당시의 반소 감정은 우크라이나 내부에서 민족주의 운동을 심화시킨 하나의 계기가 된 것으로 보인다. 우크라이나 서부에서 주로 보이고 있는 보수적 민족주의 성향은 러시아 제국 시절과 소련 시절에 받았던 탄압들과 깊은 연관이 있는 것으로 볼 수 있다. 이들이 러시아와 반목하고 친 서방 행보를 보이는 것은 어쩌면 당연한 본능적 반응일 수도 있고 러시아에 대한 그들의 분노는 어느 정도 정당해 보인다.

하지만, **이 우크라이나의 보수적 민족주의 성향이 이를 악용한 극단적 민족주의, 즉 네오나치의 준동과 혼동되어서는 안 된다**. 우크라이나의 네오나치 주의자들은 그 태동 자체가 독일의 나치와 결을 같이 했고, 독일의 나치와 함께 유태인이나 폴란드인들까지 잔인하게 탄압하면서 인종 범죄 집단화 되어 위에서 언급된 반러 감정과는 그 인과성을 찾기 어렵다. 이 네오나치 세력은 친러 성향의 돈바스 지역을 탄압하면서 **우크라이나의 보수적 민족주의 성향을 자신의 인종차별주의 범죄를 합리화하는 데 악용**해 러시아와 우크라이나와의 관계를 더 악화시키고 있다.

◐ 우크라이나의 네오나치

돈바스 내전에 투입되어 친 러시아계를 핍박한 Azov 부대는 2014년 유로마이단 혁명에서 극단적 민족주의 민병대로 활동하다가 그해 11월에 우크라이나 정규군으로 편입된 후, 2015년 1월 우크라이나 특수부대 '아조프 연대'로 승격된다. 부대마크나 강령까지 네오나치 성향을 노골적으로 드러내고 있어 러시아 포함 여러 국가들에서 이 부대를 인종주의적 테러조직으로 분류하고 있다. 이 부대가 돈바스에 투입되어 러시아어를 사용하는 돈바스 지역 주민들을 미개한 슬라브족이라는 이유로 학살 만행을 자행했다.

2016년 UN 인권보고서에서도 이들의 잔인한 돈바스 탄압에 대해 규탄하고 있고, 국제 엠네스티의 보고서에서도 아조프 연대가 2014년 돈바스 지역에서 발생한 광범위한 학살에 연루되어 있다고 평가했다.

당시 우크라이나 정규군이었던 아조프 연대를 미군이 직접 훈련시킨 사실이 알려지면서 미국이 네오나치를 지원한다[3]는 비난이 일자 2017년 미 의회는 이 부대의 훈련 예산을 끊기도 했다. 하지만 2022년 2월 우크라이나 전쟁이 발발하자 미국과 서방 언론은 돌연 아조프 연대를 정의의 수호자로 변신시켜 이들과 싸우는 러시아 군대를 악의 축으로 몰아갔고 러시아 군인들의 죽음에 환호했다.

2010년 우크라이나 친 서방정권의 빅토르 유센코 대통령이 우크라이나 민족주의자단 OUN(파시즘 그룹)의 창설자 스테판 반데라에게 탄생 100주년을 기념하여 사후 영웅훈장을 추서했다. 2차대전 당시 OUN은 나치 침공군과 협력해 우크라이나 서부의 유태인 학살에 적극적으로 가담했고, 그 후로도 폴란드인과 슬라브계 학살 등 나치 독일 최후의 날까지 자발적으로 테러를 자행한 극단적 민족주의자들이었다. 이 조직 창설자의 탄생을 우표까지 발행해 축하하고 영웅훈장까지 추서한 것을 볼 때 우크라이나 친 서방 정부가 얼마나 네오나치에 깊이 연관이 되어 있는지 알 수 있다. Azov 연대도 이 반데라를 추종하고 계승하는 것으로 공언하기도 했다. 2004년 우크라이나 오렌지 혁명 직후 OUN의 직계 후예임을 자처하고 나치 상징으로 쓰였던 볼프스앙걸을 사용하는 자유당(Svoboda; Свобода)이 등장했고, 이 정당 출신의 몇몇 인사들은 현재까지 우크라이나 정계의 요직에서 우크라이나의 보수적 민족주의 성향을 악용해 극단적 민족주의 기조를 확대해가고 있다. 이로 인해 우크라

3 'U.S. to train alleged neo-Nazi Azov Battalion in Ukraine', Ken Hanly, JAN 31, 2016. Digital Journal.

이나에서는 극단적 민족주의를 표방하는 극우파 연합인 프라뷔 섹토르(Правый Сектор) 등의 세력들도 공식적으로 활동할 수 있는 분위기가 조성되었고 이들이 우크라이나 내 친러 지역에 대한 탄압에 앞장서고 있다. 푸틴이 우크라이나 특별군사작전을 개시하면서 내건 명분 중의 하나가 나치주의 정부세력 척결이었다는 것에는 이런 배경이 있었다. 우크라이나 대통령 젤린스키도 Azov 연대와 친밀한 관계를 맺고 있어 국제회의나 연설에서까지 이들과 동행하다가 이스라엘 등 국제사회의 뭇매를 맞기도 했다.

러시아의 이번 우크라이나 전쟁의 명분 중 하나가 이 네오나치 세력의 준동에 맞서 친러 돈바스 지역을 해방하는 것이었는데, **이것이 우크라이나 민족주의에 대한 공격으로 확대되어서는 안 된다**. 우크라이나 민족주의의 정당한 반러 감정에 대해서는 러시아가 폭력이 아닌 과거에 대한 적절한 청산 절차를 통해 해소해 나가야 할 것으로 보인다.

일본이 과거에 한국에 저지른 만행에 대해 적절한 사과와 청산 활동을 하지 않아 아직도 한국에는 반일감정이 남아있고 이로 인해 양국은 아직까지 반목하고 있는 것을 교훈삼아 러시아는 더 나은 선택을 할 수 있기를 바란다.

스탈린 시절의 탄압에 대한 사과와 화해의 제스처로 1954년 흐루쇼프 서기장이 러시아의 크림반도 관할권을 우크라이나로 이양했다. 하지만, 이 결정은 소련 붕괴 후 러시아와 우크라이나가 다시 반목하게 만드는 갈등의 씨앗이 된다.

상생으로의 노력이 필요할 때

앞서 우크라이나와 러시아의 관계를 우리나라와 일본의 관계로 비유했는데, 차이점은, 우리나라는 한때 일본의 압제 하에 고통을 당했지만 이제는 세계 무대에서 당당히 일본과 겨룰 수 있는 국가로 성장해 그동안의 울분을 스스로 만회할 수 있는 기회를 가지게 된 반면, 우크라이나는 그 모진 역사를 지나 아직도 국력의 격차로 위협을 받고 있어 서방에 구원의 손길을 요청할 수밖에 없는 상황이라는 것이다.

러시아를 이해해보려 노력하는 제3자의 입장에서 현재의 갈등 상황을 볼 때, 양국이 화해하기 위해서는 구 소련을 계승한 러시아가 먼저 적절한 방식으로 우크라이나의 울분을 해소하는 과정이 우선되어야 할 것 같다.

현재 러시아는 중립국 우크라이나가 러시아를 등지고 NATO에 가입하려는 것과 우크라이나의 돈바스를 포함한 동남부지역의 러시아계를 탄압한다는 이유로 우크라이나에서 특별군사작전을 진행 중이다. 하지만, 러시아가 위협할수록 우크라이나는 더욱 더 러시아를 등지고 서방에 구원을 청할 것이고, 러시아계에 대한 탄압도 더 심해질 것이다. 러시아는 또 이에 대한 대응으로 우크라이나를 더 위협하게 되는 악순환을 끊임없이 반복하게 될 것이다. 이에 대해 서방은 대러 제재를 더욱 더 강화할 것이고, 이로 인해 글로벌 경제도 지속적 타격을 입게 될 것이다. 누군가 이 양국 관계의 악순환의 고리를 끊어야 한다면 우크라이나가 아닌 러시아가 먼저 나서야 한다고 생각한다. 우크라이나의 행동 배경에는 앞서 서술했던 청산되지 않은 깊은 울분의 역사가 있음을 러시아가 인정하고 화해의 악수를 먼저 청하는 것이 패권국이 보여줄 수 있는 합당한 처신이라 생각된다. 물론 여기에는 **우크라이나 네오나치 주의자들의 준동과 이에 동조하는 우크라이나 정부의 정책과 같은 화합을 가로막고 있는 난제들도 분명 있으나 이를 우크라이나의 정당한 요구와 한데 묶어 처벌해서는 안 된다**.

우크라이나와의 화해와 그에 합당한 정치·경제적 지원은 우크라이나를 우방으로 만들어 러시아가 그토록 원하던 유라시아 경제블록의 완성을 가능하게 해 줄 뿐만 아니라 NATO의 동진도 자연스럽게 억제할 수 있는 방법이 될 수도 있었다. 이번 특별군사작전도 돈바스를 탄압한 정부를 끌어내리고 친러 정부와 다시 관계를 개선하려는 시도였으나 NATO의 개입에 따른 확전으로 이 계획도 무산되어, 우크라이나와의 화해는 이제는 돌아오지 못할 강을 건넌 것처럼 느껴지기도 한다. 하지만 언제든 돌이킬 수 있는 기회는 있다. 이번 사태가 있기 전 우크라이나 인구의 절반 이상은 러시아에 우호적이었다. 부디 우크라이나가 품고 있는 깊은 울분을 러시아가 이해하고 포용해 주는 화해를 시작으로 형제국이었던 양국이 Win-Win하며 발전하는 역사가 새롭게 열리기를 진심으로 바란다.

03

흑해함대

갈등의 씨앗을 심다

'우크라이나와 크림 공화국 간의 경제적 단일성, 영토적 근접성, 사회 문화적 연관성을 감안하여, 러시아 소비에트 사회주의 공화국 최고의회는 크림주를 러시아에서 우크라이나로 양도하기로 결정한다.'

-러시아 소비에트 사회주의 공화국 최고의회, 1954년 2월 5일.

이 결정은 소련 붕괴 후 러시아와 우크라이나 간의 영토 분쟁을 촉발시키는 계기가 되고 결국은 참혹한 결과를 가져오게 된다.

흑해함대와 크림반도 분쟁

소련 해체 이후 크림반도에 주둔하고 있던 흑해함대의 소유권에 대해 러시아와 우크라이나는 장기적 갈등 관계를 지속해 왔다. 흑해함대는 1783년 러시아 제국 예카테리나 2세가 포템킨 군사작전을 통해 크림반도를 병합한 직후 세바스토폴을 모항으로 설립되었다. 그 후 러시아를 중심으로 소비에트 연방이 출범하면서 흑해함대도 재정비를 거쳐 소비에트 연방의 직속군사조직으로 재편된 후 냉전시기 지중해에 배치된 미국의 제6함대에 맞서 보강되면서 현재와 같은 전력을 갖추게 되었다. 흑해함대는 흑해의 중심에 자리잡은 크림반도를 기점으로 보스포루스 해협을 통해 지중해로 진출 가능한 최단루트의 전략적 입지를 확보했는데, 모항이 위치한 크림반도는 영유권 문제로 갈등이 끊임없었던 곳이다.

크림반도는 공산혁명 이전에는 러시아제국의 영토였다가 소련 출범 후에는 러시아 소속의 크림 자치 공화국으로 편성되었다. 이후, 1954년에 당시 소련 공산당 서기장이었던 니키타 흐루쇼프의 제안에 따라 페레야슬라프 조약 체결 300주년 기념으로 러시아와 우크라이나의 우호 증진을 위해 우크라이나에 크림주로 양도된 바 있어, 소련 붕괴 후 러-우크라이나 양국간의 영토 점유권에 대한 갈등이 지속적으로 발생해 왔던 곳이다. 소련 시절에는 러시아의 크림반도를 우크라이나에 양도한 소비에트 중앙정부의 결정이 큰 저항을 불러일으키지 않았다. 하나의 국가인 소비에트 연방 내에서 행정구역이 이전되는 수준의 조치로 받아들여진 것이다. 하지만,

소련이 붕괴되고 각 공화국들이 별도의 주권국으로 독립해 나눠지면서 이 크림 양도 결정은 국가 간의 영토분쟁 문제로 비화되었다.

이 곳에 위치한 흑해함대 또한 소련 붕괴 후 자연스럽게 양국간의 갈등의 중심에 놓이게 된다. 러시아는 크림반도가 원래 러시아 영토였고, 러시아가 구 소련의 의무와 권한도 계승했으므로 흑해함대에 대한 소유권도 러시아에 있는 것으로 주장했다. 이에 대해 우크라이나는 소련 해체 시 크림반도에 대한 영유권을 우크라이나가 가져왔으므로 해당 지역에 주둔하는 군사조직도 그 국가의 관할로 편입되어야 한다는 명분으로 대립하게 된다.

수차례의 협상결과 1992년 1월에 흑해함대를 두 당사국이 분할하여 관리하는 것으로 합의했지만, 분할의 비중이나 주둔 형태에 대한 입장차이로 갈등 상황은 유지되었다. 그러다가, 1992년 8월에 양국간 정상회담을 통해 향후 3년간 1995년까지 과도적 러-우크라이나 통합군 형태로 공동 관할하기로 합의하면서 잠시동안 갈등은 소강상태에 머물렀다.

그 후 다시 흑해함대 관할권 문제가 수면으로 올랐고, 여전히 서로의 입장은 좁혀지지 않은 상태로 또 다시 분쟁이 재개되었다. 그러다가, 1997년 5월, 러시아-우크라이나 정상회담에서 흑해함대의 모항인 세바스토폴항과 인근지역의 군사 인프라를 러시아가 20년간 임대 사용키로 하는 구체적인 조항들에 합의하게 된다. 이를 시작으로 양국간의 우호 친선 조약도 체결되어 크림을 둘러싼 갈등도 어느 정도 수그러드는 듯했다. 하지만, 임대 조약의 만기가 다가오면서 크림반도는 다시 분쟁의 중심에 놓이게 된다.

크림반도 주민의 대부분은 러시아인의 정체성을 가진 러시아계로 이미 **소련 붕괴 이전부터** 우크라이나로부터 독립된 공화국으로서의 지위를 되찾기 위한 노력들을 해 왔다. 1991년 1월, 크림 자치공화국은 자체 국민투표에서 93%의 압도적 찬성으로 소비에트 연방의 독립된 주권공화국으로 우크라이나 공화국과 동등한 지위로의 주권 회복을 결정했다. 하지만 당시 소비에트 중앙정부의 혼란으로 이 결정은 실현되지 않았다. 소련 붕괴 직후인 1992년에는 우크라이나로부터 분리된 주권국으로서의 헌법을 통과시키기도 했으나, 우크라이나 중앙정부는 이 결정을 부정했다. 결국 1994년 3월, 크림 자치공화국은 절충안으로 두 가지 사안에 대해 동시에 국민투표를 붙였다. 러시아와 우크라이나 이중 시민권을 갖는 것과, 1992년 통과된 주권국 헌법을 재확정하는 것에 대한 국민투표는 각각 82%와 78%의 찬성으로 가결되었다. 하지만, 우크라이나 정부는 이번 투표 결과도 불인정하고 이에서 더 나아가, 그동안 크림 공화국에 부여되어왔던 자치권한도 대거 회수했다. 그리고 크림 내의 친러 세력을 와해시키기 위해 러시아계 인사들을 탄압하고 크림과 우크라이나간 대대적 주민 이주도 실시했다. 이후로도 중앙정부의 견제가 지속되었고 당시 남오세티야 독립 영향까지 받아 크림 자치공화국의 분리 성향은 점점 더 강해져 갔다. 결국 우크라이나 유로마이단 혁명을 기점으로 크림 공화국으로 독립을 결의하게 되고 그 직후 러시아로 병합되기에 이른다.

크림 공화국 병합

러시아의 입장에서는 흑해함대와 함께 지중해 진출 최단루트의 전략적 요충지이자 원래 자국의 영토였던 크림반도를 그냥 그대로 포기하기는 쉽지 않았다. 하지만, 우크라이나가 중립국과 우방의 자격으로 러시아와 교류하는 동안은 굳이 무리하게 크림을 되찾아야 할 필요성을 느끼지 않았다. 그렇게 러시아는 소련 붕괴 후 20년 이상을 '내 것 아닌 내 것 같은' 느낌으로 크림을 우크라이나 영토로 인정해오면서 관계를 원만하게 유지해왔다. **하지만 우크라이나가 러시아를 등지고 서방의 편에 선다면, 그래서 흑해함대가 서방의 군사 인프라로 편입된다면 문제는 달라진다**.

모든 것은 2013년 11월 우크라이나 수도 키예프의 유로마이단 광장에서 일어난 반정부 시위로부터 시작되었다. 당시 우크라이나 대통령이었던 러시아계 빅토르 야누코비치는 우크라이나와 EU의 통합을 위한 유럽연합 위원회 조약과 자유무역협정(DCFTA)의 서명을 무기한 연기하고 러시아와의 경제협력을 천명하고 나섰다. 이 정책은 그동안 탈 러시아와 유럽으로의 진출을 갈망해 왔던 친서방 성향의 우크라이나 서부 지역의 반발을 일으켜 반정부 시위를 발발하게 만든다.

러시아와 우크라이나는 키예프 공국의 고대사를 공유하는 구 소련의 주요 멤버이자, 동일한 슬라브인종, 국경을 접한 이웃나라로 표면적으로는 밀접한 유대관계를 형성하고 있는 것으로 보이나, 내부적으로는 반목의 역사를 이어왔던 탓에 감정의 골이 깊은 상태로 대치해 왔다.

역사적으로 13세기 키예프공국의 멸망을 출발점으로 양국의 민족성이 분리되었고, 우크라이나 지역에서 일어난 카자크 반란을 기회로 러시아가 우크라이나 동부를 차지하면서 우크라이나는 러시아 제국의 지배를 받기 시작했다. 러시아를 종주국으로 한 소비에트 연방에 편입된 후에도 소비에트 중앙정부로부터의 압제로 인해 러시아에 대한 감정이 좋을 수는 없었다. 앞서 살펴보았던 우크라이나 대기근 홀로도모르, 우크라이나에 유독 가혹했던 스탈린의 대숙청, 체르노빌 원전사고 등이 그것이다. 소련 시절 흐루쇼프가 러시아 공화국 영토였던 크림반도를 우크라이나에 양도한 것도 이렇게 쌓여가는 우크라이나의 불만을 해소하고 연방의 결속을 공고히 하기 위한 화해의 제스처였다고 볼 수 있다.

유로마이단 혁명은 이런 역사적 배경에서 또 다시 친러를 표방하고 러시아의 그늘로 편입하려는 친러 성향의 정부에 맞서 유럽으로의 통합을 지지하는 우크라이나 민족주의 여론을 그대로 반영한 시위로 출발했다. 하지만 평화적으로 시작되었던 시위는 극우정당인 자유당을 중심으로 한 극우파 Azov 민병대가 시위 통제 경찰을 공격하면서 유혈사태로 번졌고 정부도 무력으로 시위진압에 들어가기 시작했다. 이로 인한 민중들의 반감으로 시위는 점점 확대되어 급기야는 정부를 전복시키고 헌법을 바꾸는 반정혁명으로까지 치닫게 된다. 결국 2014년 친 서방 야권이 주도권을 잡은 우크라이나 최고의회가 야누코비치 대통령을 탄핵하고 과도정부를 수립하기에 이른다.

이를 기점으로 우크라이나 과도정부는 탈 러시아·친 서방 노선과 NATO 가입까지 본격화하기 시작했다. 극우 정당인 자유당(Свобода)이나 프라뷔 섹토르(Правый сектор)의 주도로 친 러시아 지역에 대한 우익단체들의 탄압이 심화되었고, 급기야 극우파 정치인들의 주도로 과도정부는 우크라이나 전역에 러시아어 공식 사용 금지령을 발표한다. 이에 대한 반발로 크림반도와 돈바스를 포함한 우크라이나 동남부 친러 지역들이 과도정부에 맞서 각각 독립적인 자치 공화국을 선포하고 나섰다. 이로서 우크라이나는 친 서방을 표방하는 서북부와 친 러시아를 표방하는 동남부로 분열되기 시작했는데, 이와 함께 러시아와 우크라이나 정부간의 관계도 완전히 틀어지게 된다.

이 상황에서, 특히, 소련 시절부터 꾸준히 우크라이나로부터의 독립을 시도해왔던 크림 자치공화국은 과도정부의 노골적 탄압에 반발해 2014년 3월 11일, 크림 공화국으로의 독립을 선포한다. 그와 함께 3월 16일 러시아와의 병합을 위한 주민투표를 실시해 찬성 96.6%라는 압도적인 결과로 러시아 병합을 결의하게 된다. 그 이튿날인 3월 17일 러시아 의회는 공식적으로 크림 공화국의 독립국가 지위를 승인했고, 3월 18일 푸틴 대통령이 독립국가인 크림 공화국의 지도자들과 크림 공화국의 러시아 병합에 대한 조약에 서명했다. 그리고 그 다음날인 3월 19일 러시아 연방 헌법 재판소가 만장일치로 병합조약을 합헌으로 판결을 내리고, 3월 21일 러시아 의회 통과, 대통령 서명으로 일사천리로 크림 공화국의 러시아 병합은 마무리된다.

이에 대해 유엔 총회는 2014년 3월 27일 우크라이나 포함 5개국의 주도로 제출된 러시아의 크림반도 병합 승인 반대를 골자로 한 유엔총회 결의안을 통과시켰으나 크림은 현재까지 러시아가 실효지배하고 있다. 러시아는 크림반도 병합 결정은 최종적이며 불가역적으로 이에 대한 번복은 결코 없을 것으로 확정한 상황이다.

유로마이단 혁명으로 우크라이나에서 러시아계 대통령이 탄핵되고 과도정부가 출범할 당시 러시아는 과도정부를 부정하고, 반헌법적인 신 나치주의 정부의 러시아계 탄압에 대응할 것을 경고했는데, 이에 대해 서방도 러시아에 우크라이나 내정 간섭을 중단할 것을 요구하면서, 러시아와 NATO와의 관계도 급격히 냉각되기 시작했다.

러시아가 크림반도를 병합하기 전 크림반도의 흑해함대 러시아 주둔군과 러시아계 주민들을 극단적 민족주의자들의 테러로부터 보호하기 위한 명분으로 러시아 의회가 크림반도에 군대 파견을 결정했을 때 서방의 움직임도 긴박하게 전개되었다. 서방은 거의 반세기를 끌어온 동서간 냉전의 트라우마가 다시 고개를 드는 듯한 반응으로 이 사건을 받아들였다. 러시아의 독단적 무력행사를 저지하기 위해 부다페스트 안전보장각서[1]를 근거로 우크라이나에 대한 군사 개입을 즉각 철회할 것을 경고했고 이때부터 러시아 고립을 위한 본격적인 서방의 대러 제재가 시작된다.

1 1994년, 우크라이나의 핵무장을 포기시키는 대신 UN 안보리가 우크라이나 영토 주권을 지켜주기로 보장했다.

서방의 대리 제재

러시아의 크림 병합 이후 서방의 대리 제재는 본격화되고 제재 참여국도 늘어났으나 아직까지는 국제사회의 호응을 얻지 못하고 국지적, 외교적 수준의 제재에 그쳐 러시아의 타격은 크지 않았다. 서방의 제재가 국제 사회의 전폭적 지지를 받지 못하고 제재 부작용의 역풍까지 맞으면서 이를 주도한 미국의 오바마 정부가 오히려 난처한 상황에 처하게 되었다.

하지만, 2014년 7월 17일, 우크라이나 동부 내전지역 근처 영공을 통과하던 말레이항공 MH17편이 피격되어 탑승객 전원이 사망한 사건으로 서방의 대리 제재는 완전히 새로운 국면을 맞게 된다. 당시 그 항공기 탑승객의 다수가 국제 AIDS 컨퍼런스 참석을 위해 비행길에 오른 의료분야 전문가들이었는데 이들을 포함한 민간인들의 죽음이 국제사회의 여론을 급속도로 들끓게 만들었다. 네덜란드 주도의 연합 조사단이 우크라이나 동부 반군지역에서 발사된 로켓에 의해 항공기가 격추된 것으로 예비 조사결과를 보고하면서 그 배후 세력으로 지목된 러시아가 본격적으로 국제사회의 제재 타깃이 된다. 이 사건을 기점으로 미국의 대리 제재가 국제 사회의 전폭적인 지지를 받아 러시아 경제는 빠르게 고립되기 시작했다. 러시아 루블환율도 급속도로 절하되어 2014년 연말 루블화 가치는 연초 대비 최고 50% 이상 폭락했고 중앙은행이 기준 금리를 17%까지 기존의 두 배 이상 인상할 정도로 심각한 단기적 경제 타격을 받게 된다.

미국이 난처해진 시점에 절묘하게 발생하여 미국을 구원해 준 말레이항공 격추 사건에 대해서 러시아는 지금까지 여러 정황과 증거들을 제시하여 혐의를 부인해 오고 있다. 하지만 서방 언론은 초기 예비 조사결과 발표 이후 더이상의 관심을 보이지 않았고 러시아의 이의 제기에 귀를 기울이지도 않고 있다. 그 이후, 독일 조사원이 국면을 전환할 수도 있는 새로운 증거를 네덜란드 법원에 제시하기도 했으나 증거 채택이 기각되기도 했다.

이렇게 본격화된 서방의 대러 제재는 그 후로도 계속 강화와 연장을 되풀이해 러시아를 압박했으나, 러시아 경제는 국제적 고립에 빠르게 적응했고 경제도 다시 회복되기 시작했다. 국제 신용평가 기관들도 러시아 국가신용도를 강등시키지 않고 투자적격수준으로 유지했다.

국제 고립과 루블 평가절하로 자연적인 무역장벽이 형성되면서 러시아는 오히려 자국 산업 경쟁력을 갖출 수 있는 기회를 얻게 되었다. 그동안 주요 국정과제로 추진해 왔던 수출중심의 산업 구조조정이 본격 궤도에 들어설 수 있는 환경이 조성된 것이다. 특히, 유럽의 농산물 공급 중단 제재를 극복하기 위해 러시아는 빠르게 농산물 자립 구조를 갖추면서 단기간에 농산물 주요 수출 국가로 자리매김하기 시작했다. 유럽의 대러 제재 부메랑 효과로 오히려 유럽 농산업 분야가 수출 부진으로 큰 타격을 입게 된다. 결국 불같이 일어난 서방의 대러 제재 기조는 한풀 꺾이고 있었고, 서방은 돈바스 내전을 이유로 대러 제재를 지지부진 계속 연장해 왔다. 그리고 NATO는 러시아의 서진 야욕을 막는다는 명분으로 동유럽 국가들에 전략 무기 인프라를 본격 전진 배치하기 시작했다. 우크라이나에 대해서도 군현대화 지원 등으로 군사적 영향력을 노골적으로 확대하고 NATO 회원국 가입이라는 무리수까지 던져가며 러시아를 자극했다. 그리고 우크라이나는 서방의 부추김에 힘을 받아 돈바스의 자치권을 인정한 Minsk-2 협약까지 어기면서 우크라이나 동부 돈바스를 포함한 친러 지역에 대해 보다 적극적인 공격과 탄압을 강행하기에 이른다.

이것이 러시아가 우크라이나 특별군사작전을 개시하기 직전까지의 상황이었다. 흑해함대를 포함한 크림반도 문제를 해결하지 않고 영토가 나눠지면서 그 갈등의 씨앗은 20년이 넘게 자라나 결국 비극적 열매를 맺기 시작한 것이다.

지켜지지 않은 약속들

자기실현적 예언

"미국이 독일에서 NATO의 활동범위 내에서 주둔하는 한 NATO의 관할권은 동쪽으로 1인치도 더 확장되지 않을 것이라는 보장은 소비에트 연방 뿐만 아니라 유럽국가들의 입장에서도 중요하다는 사실을 이해하고 있습니다."

- 1990년 2월 9일, 동서독 통일 전 미국이 동독에 주둔중인 소련군의 철수를 요청한 자리에서 "더이상의 NATO의 확장은 허용할 수 없다"고 주장한 고르바초프에게 미국무장관 Baker가 한 약속. 이 약속을 근거로 소련은 동독에 미군의 주둔을 허락하고 소련군을 철수시키면서 동서독 통일에 대한 합의를 갖는다. 이로 인해 냉전은 사실상 종료된다.

이 장을 시작하기 전에 먼저 밝혀 두는 것은, 전쟁은 개인과 사회가 쌓아온 모든 것을 파괴하는 행위이며 비윤리적 행위가 지배하는 야만의 사건으로 어떤 이유에서도 합리화될 수 없다는 것이다. 그럼에도 불구하고 우크라이나 전쟁을 일으킨 러시아의 입장에 대한 이 글을 쓰는 이유는 '전쟁은 나쁘다'라는 정언명령(定言命令)적 비판을 넘어서 이 전쟁이 촉발된 배경과 누가 왜 지금 이 전쟁을 심화시키고 있는지를 살펴보기 위함이다.

서방의 언론들이 일제히 러시아를 악의 축으로 몰아가고 러시아 군인들의 죽음에 환호를 올리고 있는 지금, 누군가는 역지사지의 공정함으로 그 당사자의 입장에서도 이 사건을 볼 수 있어야 한다. 국제 관계에서는 절대악도, 절대선도 없고, 오직 자국의 이익에 따라 움직이는 냉철한 이해관계만 있기 때문이다.

서방의 도를 넘은 러시아 견제 이유

현재 진행중인 러시아-우크라이나 전쟁은 표면적으로 자유 민주 세계에 대한 러시아의 침략과 도전이라는 냉전시대의 프레임으로 서방 언론에 의해 보도되고 있다. 냉전 이후 처음으로 무력에 의한 지정학적 현상 변경이 일어나고 있는 가운데 그동안 누려왔던 평화와 질서가 깨질 것으로 서방은 경고하고 있다.

서방국가들은 이를 근거로 우크라이나에 대한 대규모 군사 지원 개입과 러시아와의 대리전(Proxy war)을 합리화하고 있다. 냉전시대 소련에 대한 서방 세계의 트라우마와 그 소련을 계승한 러시아의 정형화된 이미지로 인해 서방의 이 프레임은 국제사회의 공분을 무리 없이 이끌어 내고 있는 것으로 보인다. 하지만, 오늘의 러시아는 명백한 민주정체를 갖춘 국가이며, 냉전시대의 진영 이데올로기 혹은 푸틴의 전체주의적 리더십과 팽창야욕에 대한 견제로 단순히 이 대리전을 해석하기에는 무리가 있다. 러시아는 공산주의로의 회귀를 누구보다도 경계하는 국가 중 하나이며, 현재 러시아 공산당은 유럽의 여느 동구권 국가의 공산당과 같이 세력이 약해져 있다. 그리고 팽창야욕은 냉전 이후 NATO가 꾸준히 실행에 옮기고 있고, 러시아는 오히려 이를 경계하고 있는 입장이다. 서방도 이 사실을 명백히 인지하고 있다. 이에 대해서는 이후에 좀 더 상세하게 살펴보겠다.

그렇다면, 서방이 이렇게 자국의 경제침체와 안보공백을 감수해가면서까지 대리전에 뛰어들어 무리하게 러시아를 견제하는 이유는 무엇일까? 아마도 서방과 미국 중심의 헤게모니에 대한 집착에서 그 이유를 찾을 수 있을 것이다.

소련 붕괴 후 20년 이상을 러시아와 미국은 우호관계를 맺고 협력해왔다. 정확히는 소련의 붕괴 여파로 약해진 러시아가 미국의 헤게모니를 일부 인정하고 그 범위 내에서 상호 발전을 이루어 온 것이라 볼 수 있다.

하지만 우호적 협력이 진행되고 있는 동안에도 양국간의 관계는 시간이 지날수록 다시 벌어지기 시작했다. 2003년, 미국이 사담 후세인 정권을 전복시키기 위해 동맹국들과 함께 이라크를 침공했을 때 러시아는 이에 반대했다. 후세인 정부가 대량살상무기를 만들고 있다는 확인도 되지 않은 정보에 미국은 주권국을 침공했고, 후세인의 독재에서 국민들을 해방시킨다는 명분도 내걸었다. 미국의 이해관계에 반한 국가를 서방 연합군과 함께 국제법을 초월해 응징하는 모습에 러시아는 반발했다. 이때 러시아는 미국의 헤게모니에 거부감을 갖기 시작한 것으로 보인다.

2007년 Times의 올해의 인물 인터뷰에서 푸틴은 미국의 독주에 대해 가감 없이 비판했다. “미국은 친구를 원하지 않고 말 잘 듣는 충실한 봉신들을 원한다. 미국 이외의 국가는 스스로 문명화 할 능력이 없어 미국이 나서서 이를 문명화 시켜야 한다는 의무감을 갖고 있는 것으로 보인다.” 여기서 푸틴은 미국의 헤게모니에 맞서겠다는 의도를 공개적으로 내비친 것으로 보인다.

2008년 조지아 내전에서 러시아가 압하지야와 남오세티아를 독립시키면서 미국과의 갈등은 심화되었고 2014년 우크라이나 크림반도가 독립을 선언하고 러시아로 병합되면서 미국은 러시아를 직접적 위협국으로 지명했다.

푸틴이 미국과 서방의 헤게모니에 맞서 주장하는 바는 모든 국가가 공평한 기회를 갖는 **글로벌 민주화**로 미국의 일국 패권 노선과는 정면으로 배치되는 방향이다.

러시아는 말만으로 끝내지 않고 누구의 눈치도 보지 않고 실행에 옮길 수 있는 군사력과 주위 국가들을 결집 가능한 정치력을 지니고 있다. 특히, 서방의 헤게모니로 불이익을 당해온 중동과 아프리카, 남미, 아시아 국가들이 러시아의 주장에 공감하고 미국과 거리 재기를 시작하고 있다. 러시아에 자극을 받은 사우디아라비아는 그동안 불변의 법칙으로 여겨졌던 페트로달러를 벗어나 다중 통화로 원유 거래를 시도하고 있다.

사상적 측면에서도 인본주의적 자유를 확산시키려는 미국에 맞서 러시아는 전통적 가치관을 고수하려는 움직임으로 제3세계를 규합하고 있다. 동성 가족을 합법화한 미국을 공개적으로 비판하고 러시아는 전통적 가족관을 고수해 나갈 것을 천명했다. 이에 대해서는 제6장에서 좀 더 상세히 다루겠다.

미국과 대립각을 세운 러시아가 제2의 군사대국에 풍부한 자원과 에너지까지 보유하고 그동안 다른 나라에서는 잘 작동해왔던 미국의 초강경 제재도 극복해 내고 있다. 미국의 입장에서는 이 러시아라는 존재가 앞으로 시간이 지날수록 패권 유지에 큰 걸림돌이 될 수도 있다.

이번 우크라이나 전쟁은 서방에게 있어 악의 축에 대한 응징이라는 대의를 가진 대리전을 통해 러시아의 경제력과 군사력을 서방 중심의 헤게모니에 위협이 되지 않을 수준까지 퇴화시킬 수 있는 기회가 될지도 모른다.

전쟁 촉발의 원인

작금의 우크라이나 사태는 2008년 NATO 정상회담에서 서방 정상들이 우크라이나를 NATO에 가입시킬 의지를 공식적으로 표방하면서 그 불씨가 시작된 것이라 볼 수 있다.

서방 중심의 군사동맹 NATO에 대항하기 위해 1955년에 소련의 주도로 창설되었던 동구권 군사동맹인 바르샤바 조약기구가 소련 붕괴 직전인 1991년 7월 해체되었다. 이후 1999년부터 러시아를 제외한 구 바르샤바 조약기구의 모든 회원국들이 연이어 NATO에 가입을 시작했고, 결국 2004년 러시아의 이웃이자 구 소련 공화국이었던 발트 3국까지 NATO에 가입하게 된다. NATO의 중추가 되는 유럽연합국 최고사령부 SHAPE(Supreme Headquarters Allied Powers Europe)는 사실상 **소련의 위협에 맞선** 집단안보체제로 군사 대응 체계가 구축된 만큼 소련의 붕괴 이후 해체하거나 대응 체계를 완화시켜야 했다. 하지만 주적이 사라진 상태에서도 군사 인프라를 오히려 더 강화하고 확대해 가고 있는 상황을 군사적 팽창의도가 아닌 다른 말로 어떻게 설명할 수 있을까?

1990년 동서독의 통일을 앞두고 소련의 동독 주둔군 철수 등과 같은 광범위한 이해관계 충돌을 해결하기 위해 제임스 베이커 미국무장관은 모스크바에서 소련 공산당 서기장 고르바초프에게 “독일에 NATO의 일원인 미군을 배치하더라도, NATO 관할권은 동쪽으로 1인치도 더이상 확장하지 않겠다."[1]라는 약속을 구두로 수차례 했고, 이를 근거로 고르바초프는 동서독의 통일과 미군의 주둔까지 합의하고 소련군을 철수시켰다. 이 구두 약속은 이후 2017년 12월 미 조지워싱턴대의 미 국가기록원이 대화록을 공개하면서 증명되었다. 국가기록원의 분석에 따르면, 당시 미국뿐만 아니라 영국·독일·프랑스 지도자들도 소련의 안보 우려를 불식시키기 위해 비슷한 약속들을 한 것으로 보인다. 서방 지도자들은 중·동부 유럽국가들의 NATO 가입을 배제하기로 했고 부시 대통령은 동독에서 소련군이 철수하더라도 소련의 이익을 해치는 행동은 하지 않겠다고 약속했다.

하지만, 바르샤바 조약기구 해체와 소련 붕괴 이후에도 NATO는 존치되었고, 이에 더해 1994년 브뤼셀 정상회담에서 동유럽까지 NATO의 영향력을 확대할 것을 공식 선언한다. 이에 위협을 느낀 러시아는 1997년 5월 NATO 정상들과 'NATO와 러시아의 협력과 안보에 관한 기본협정'을 맺고 서로를 적으로 규정하지 않고 상호간 영토주권을 위협하지 않는 평화 조약에 서명해 안보를 보장받

---

1 "We understand that not only for the Soviet Union but for other European countries as well it is important to have guarantees that if the United States keeps its presence in Germany within the framework of NATO, not an inch of NATO's present military jurisdiction will spread in an eastern direction." - from Memorandum of conversation between Mikhail Gorbachev and James Baker in Moscow. Feb 9, 1990, U.S. Department of State, FOIA 199504567 (National Security Archive Flashpoints Collection)

는다. 그리고 2개월 후 열린 NATO 정상회담에서는 우크라이나의 NATO 가입에 대한 어떠한 시도도 없을 것으로 러시아-NATO-우크라이나간 재확인했다. 이 협정을 위해 러시아는 구 바르샤바 조약기구 회원이었던 비셰그라드 국가들(헝가리, 폴란드, 체코)의 NATO 가입까지 양보한다. 하지만, 그 이후로도 NATO는 약속을 어기고 수차례의 확장을 더 하면서 러시아와 국경을 맞대고 있는 발트 3국까지 NATO의 회원국으로 받아들였다.

사실, NATO와 안보협정을 맺을 당시까지만 해도 옐친 대통령과 총리였던 푸틴은 러시아도 NATO에 가입할 수 있다는 가능성까지 열어 둘 정도로 NATO에 호의적이었다. 푸틴은 2000년 3월 대통령 후보시절 BBC 인터뷰에서도 NATO 가입 의사를 밝힌 바 있다. NATO가 러시아와의 이해관계를 인정하고 정식 회원으로 받아들일 경우 러시아도 이에 응할 의향이 있는 것으로 밝힌 것이다. NATO의 팽창에 긴장한 러시아는 2002년 로마에서 열린 NATO 비상설 회의에도 잠재적 파트너 자격으로 참여해 공동결정과 행동에 대한 협력관계를 재확인하는 성명을 발표했다.

러시아가 NATO에 가입하려는 것을 저지한 것은 NATO 회원국(특히 동구권 구 바르샤바 조약기구 회원국)들이었다. 러시아만 제외하고 전 유럽 국가들을 NATO에 가입시키면서 러시아 앞마당까지 확장하고 있는 이유는 자명하지 않은가? **우호적 관계를 요청한 러시아를 적으로 규정한 것은 바로 NATO이며, 러시아가 마지노선으로 거듭 경고한 중립국 우크라이나까지 무장시켜 결국 러시아의 목 앞까지 칼을 들이밀었다. 몇 번이나 약속을 깨고 결국 선(Redline)을 넘은 것은 러시아가 아니라 서방이다.** NATO가 1997년의 NATO-

러시아 평화조약과 2002년의 협력 재확인 성명을 깨고 '위기대응을 위한 포괄적 접근' 명목으로 2004년에 발트 3국을 접수할 때까지 만해도 러시아는 경고 조치만으로 넘겼다. 서방은 러시아의 팽창정책을 우려하고 있다고 주장하지만 냉전 종식 이후 약속을 어기고 지금까지 실질적으로 꾸준히 팽창정책을 취하고 있는 쪽은 바로 NATO를 앞세운 미국이었고, 러시아는 이를 긴장하며 지켜보고 있던 쪽이었다.

러시아는 서방의 도를 넘은 팽창정책에 대해 수차례 경고했고, 우크라이나에도 '자국 안보를 위해 타국 안보를 위협해서는 안 된다'라는 안보불가분 원칙을 강조하며 중립국의 지위를 지킬 것을 경고했으나 모두가 러시아의 경고를 묵살했다. 이번 우크라이나 특별군사작전은 이에 맞선 러시아의 자위권 발동이라 해석해도 무방할 것이다. 상대방이 내 목에 칼을 들이미는 실질적 위협 상황에서 '폭력은 나쁘다'라는 윤리적 원칙만 내세워 아무런 방어행동을 취하지 않는 것은 자살행위이다. 특히, 국가 간의 문제라면 국민의 안전 문제까지 개입되어 더 그렇다. 러시아는 그 칼만 치우기 위해 특별군사작전을 시작했으나 NATO가 본격적으로 개입하면서 전황은 전면전으로 확대되어 우크라이나 전역이 초토화되기 시작했다.

뉴욕 타임즈는 NATO의 팽창정책이 우크라이나 전쟁의 원인 중 하나라고 분석했다.[2] 미국의 주요 정책결정자들과 전문가들도 예전부터 NATO의 팽창정책이 러시아의 반발과 심각한 갈등을 불러

2 Dan Bilefsky, Richard Perez-Pena and Eric Nagourney, "The Roots of the Ukraine War: How the Crisis Developed," The New York Times, 24 March 30, 2022.

올 것으로 예견하고 이를 경고해 왔다. 냉전시기 미국의 대러 봉쇄 전략을 주도해 냉전의 설계자로 불리는 조지 케넌은 NATO의 팽창정책을 강하게 비판하면서 **탈냉전시기 미국의 가장 치명적인 실수**가 될 것이며, 이로 인해 러시아의 외교정책을 미국이 원치 않았던 방향으로 틀어버릴 것이라 경고했다. 그는 비셰그라드 국가들의 NATO 회원 자격을 승인하기로 한 워싱턴의 결정과 우크라이나와의 군사 협력에 대해 심각한 우려를 표했다. 석학 노엄 촘스키 교수도 NATO가 1인치도 확장하지 않겠다던 약속을 깨고 **너무 멀리 확장해 버린 결과가 이번 전쟁**이라고 서방의 팽창정책을 비난했다. 미국의 유력한 정치학자 존 미어샤이머는 2014년 우크라이나 위기와 2022년의 우크라이나 전쟁이 **미국과 동맹국들의 놀랍도록 어리석은 팽창정책의 결과**라고 비난했다. 그는 **우크라이나 전쟁은 다차원적 재앙으로 가까운 장래에 훨씬 더 악화될 가능성이 있고 서방은 이에 대한 책임을 져야 할 것**으로 주장하면서 서방으로부터 강력한 비판에 직면하기도 했다.

1962년 냉전 당시 소련 서기장 흐루쇼프가 쿠바에 미사일 기지를 배치했을 때 미국 케네디 대통령은 이를 미국에 대한 선전포고로 규정하고 즉각 핵 보복을 준비했다. 3차대전의 카운트다운이 시작된 일촉즉발의 상황에서 소련은 미사일 기지를 철수했다.

쿠바에 미사일 기지를 배치할 당시 흐루쇼프는 "미국은 적의 미사일이 자신을 겨냥하는 것이 어떤 느낌인지를 배우게 될 것이다."라고 말했다. 이때 실제로 미국은 코앞에서 적의 미사일이 자신을 겨냥하는 것이 어떤 느낌인지, 그리고 이에 맞서 자신이 어떤 선택까지 불사할 수 있는지를 분명히 배웠다. 존 미어샤이머도 쿠바 사태에서 미국이 취했던 극단적인 대응을 예를 들면서 우크라이나는 평화를 위한 완충지대로 남겨두어 러시아의 극단적 대응을 피해야 한다고 경고했다.

그럼에도 불구하고, 미국은 쿠바 사태와 동일한 방식으로 우크라이나를 통해 러시아를 도발했다. **러시아가 어떤 대응을 하게 될지 뻔히 알면서도 말이다.** 그 후의 사건들은 지금 우리가 보고 있는 그대로이다.

서방은 전쟁을 일으킨 러시아의 팽창야욕을 비난하고 있지만, **이 전쟁의 배경이 서방의 팽창에 따른 지정학적 긴장 포화로 촉발된 사건인 만큼 러시아는 전쟁의 윤리적 책임에서는 자유로울 수 없겠지만 최소한 팽창야욕의 비난과 국제적 견제를 받아야 할 당사국은 아닌 것으로 보인다.**

우크라이나의 도발

우크라이나는 소련 붕괴 후 1994년 부다페스트 안보 각서를 근거로 중립국의 지위를 유지해 왔다. 하지만 2004년 오렌지 혁명으로 친 러시아 정권을 몰아내고 친 서방 정권이 들어서면서 NATO 가입을 추진하게 되었고, 러시아는 이에 대해 엄중히 경고하고 중립국의 지위를 유지할 것을 요청했다. 하지만 10년 후 2014년, 유로마이단 혁명에서 다시 친러 정권을 전복시키고 정권을 잡은 친서방 정권이 EU 가입과 NATO 가입을 본격화하면서 러시아와 정면으로 대치하게 된다. 2008년, 부카레스트에서 열린 NATO 정상회담에서 미국과 유럽이 우크라이나를 회원국으로 받아들일 의지를 공식 천명하면서 우크라이나는 NATO 가입이 현실화될 수 있음을 느꼈던 것이다. 급기야 2019년 우크라이나는 헌법을 개정하면서 NATO 가입을 국정과제의 최우선 목표로 헌법상에 명시했고, 그 후 대통령에 당선된 젤린스키가 헌법을 근거로 NATO 가입을 구체화해 나가면서 NATO 주도의 군사재편을 시작했다. 미국은 우크라이나를 비공식적으로 NATO의 영향권에 포함시켜 우크라이나 군사체계를 NATO 표준과 일치시켰다. 군 현대화 작업과 군사교육에 이르기까지 미국과 NATO가 주도하면서 중립국인 우크라이나에 NATO의 군사 인프라를 확대시켰다. 이제 NATO의 미사일 인프라만 배치되면 모스크바는 에스토니아에서 우크라이나까지 서쪽 180도 반경 전체에서 6분거리 이내의 미사일 타격권에 노출될 수 밖에 없는 상황에 놓이게 된다.

2015년 민스크-2 협정에서 이해당사국들이 모여 내전이 진행중인 돈바스에 자치권을 부여해 이를 해결하기로 결정했으나 그 후에도 우크라이나는 돈바스 지역에 대한 정치적, 군사적 도발을 멈추지 않고 러시아를 자극해왔다. 우크라이나 대통령 젤린스키의 공약이 돈바스 탈환이었던 만큼 우크라이나 정부는 돈바스 공화국들이 순조롭게 독립 수순을 밟도록 내버려둘 수 없었다. 네오나치(신나치주의)로 분류된 Azov 연대를 돈바스 내전에 투입해 친 러시아계에 대한 테러로 핍박 수위를 높여가면서 계속 푸틴을 자극해왔다. 서방은 이 사실을 알면서도 우크라이나를 러시아의 대항마로 키우기 위해 우크라이나를 계속 지원했다.

프레임을 우리에게 익숙한 서방이 아닌 러시아의 입장으로 전환해서 한번 상상해보자. NATO가 안전보장 약속을 깨고 불필요한 확장으로 지속적으로 도발을 해오다 급기야는 Redline으로 그어 놓은 선을 넘어 우크라이나까지 NATO의 무기로 무장시킨다. 이에 용기를 얻은 우크라이나는 네오나치 세력을 앞세워 친 러시아계 돈바스 지역을 테러하면서 푸틴을 계속 자극해간다. 서방은 돈바스 내전을 러시아의 탓으로 돌리면서 대러 제재를 계속 유지하면서도 우크라이나에는 어떠한 제재도 가하지 않고 오히려 이 기회를 틈타 본격적인 우크라이나 재무장에 돌입한다. 돈바스 주민들은 우크라이나 정부가 허용한 인종주의자들의 핍박에 못 이겨 러시아로 대거 이주하며 구원의 손길을 요청하지만 러시아는 타국에 대한 직접적 군사개입을 할 수 없어 비공식적으로 이들을 지원하면서 우크라이나 정부에 돈바스에 대한 공격을 중단할 것을 재차 촉구할 뿐이다. 이 러시아의 요청에 대해서는 우크라이나도 서방도 무시로 일관하고 있다. 서방 주류 언론들도 돈바스에서 행해지는 비인간적인 테러에 대해 침묵하고 오히려 돈바스를 지원하는 러시아를 내전의 배후세력으로 비난한다.

NATO의 확장으로 북쪽에서 남쪽까지 다 자신을 향한 미사일 전진 배치가 임박해진 상황에서 러시아는 더이상 상황이 개선될 것만 기다리고 있다가는 안보도 국민도 지키지 못하게 될 것을 깨닫고 무장해제를 위해 우크라이나를 공격한다. NATO는 도리어 화를 내면서 '내 이럴 줄 알고 그동안 우크라이나를 무장시켜왔다'며 자신의 도발을 합리화하고 서방전체가 연합해 본격적으로 러시아와 맞선다. 그것도 자신의 손에는 피 한 방울 묻히지 않고 우크라이나의 손을 빌려서. 이로 인해 우크라이나와 러시아 국민들은 사지로 내몰리고 형제국가에서 돌이키기 힘든 적대국이 돼 버린다. 그동안 거듭되는 팽창 위협과 도발을 참아온 것은 러시아 자신인데, 모든 세계가 사실상 전쟁을 촉발시킨 NATO와 우크라이나의 극단적 민족주의자들을 평화의 수호자로, 러시아를 악의 축으로 몰아간다.

NATO는 자신의 무리한 팽창정책의 결과로 러시아가 특별군사작전을 시작한 것을 보면서도 팽창정책을 재고하지 않고 오히려 긴장의 끈을 더 당겼다. 주변국으로의 팽창을 실체화하고 대규모의 대리전으로 우크라이나에 개입해 전황을 전면전으로 심화시켜 우크라이나와 러시아 양측에 수많은 사상자를 내고 있다. 이 와중에도 서방은 우크라이나의 구원자 역할을 자처하고 있고 세계는 러시아만 맹렬하게 비난하고 있다.

일부 정치 전문가들이 푸틴의 참을성을 높게 평가했다. 러시아의 입장에서 볼 때 이 억울한 상황에서 홧김에 핵무기를 쓰지 않고 용케 참고 있는 것은 아직 냉정함을 잃지 않은 덕분이라고. 그러나 그 냉정함이 언제까지 유지될지는 아무도 알 수 없다.

젤린스키가 그 이전 친 서방 대통령들과 달리 이렇게 노골적으로 러시아를 적대할 수 있었던 자신감의 근원은 바로 NATO였다. **NATO는 우크라이나가 NATO에 가입하는 것은 지정학적 리스크**

를 감안할 때 불가능한 것임을 인지하면서도 계속 가능성을 내비치면서 우크라이나와 러시아 간의 갈등을 부추겼다. 애초에 NATO가 적당선에서 동진 한계선을 긋고 우크라이나에 바람을 불어넣지 않았다면 위의 모든 사건들은 시작되지도 않았고, 우크라이나는 중립국의 지위로 부다페스트 안보각서를 근거로 안전을 보장받고 있었을 것이다. 물론 러시아도 우크라이나와 전쟁까지 불사할 명분이나 이유가 없었을 것이고.

하버드 국제관계학 교수 스티븐 월트는 NATO의 지원에 따른 우크라이나의 군사적 성공이 그들을 더 용감하게 만들었고, 미국 정치인들은 장기적으로 러시아를 약화시키거나 결정적 패배를 안길 때까지 전쟁을 끌어가려 한다고 분석했다. 하지만 이 경우 우크라이나는 더 많은 피해를 입고 더 많은 우크라이나인이 죽게 될 것으로 우려하면서, 핵무장 국가를 밀어붙이는데 한계가 있음을 인정해야 한다고 경고했다. 러시아가 자국 안보에 위협을 느낄수록 핵전쟁의 리스크도 상승한다는 사실을 알면서도 끝이 정해진 전쟁에 우크라이나를 계속 희생시키는 것은 누구에게도 득이 되지 않는다고 경고했다.

자기실현적 예언

위에서 NATO의 무리한 팽창과 러시아의 극단적 대응 원인들을 대략적으로 살펴봤지만, 여전히 수긍하기 어려운 의문이 남는다.

'러시아의 성장과 대외정책이 무리하게 NATO를 팽창시키고 사상 초유의 대규모 대리전까지 감수해야 할 정도로 서방에게 위협적으로 다가온 것인가?' 혹은, 'NATO의 팽창과 우크라이나의 재무장이 주권국에 대한 전쟁을 불사하게 만들 정도로 러시아에게 위협적이었나?'

제3자의 입장에서 서방의 무리한 팽창정책과 이에 대한 러시아의 과도한 대응, 그리고 다시 이에 맞선 서방의 무리한 대리전 개입은 모두 합리적으로 수긍하기 어렵다.

미국의 미네소타 대학교 연구팀이 실행했던 하나의 심리 실험이 현재 서방과 러시아의 과도한 대립 상황을 일부 설명해 줄 수 있을 것으로 보인다.[3] 실험의 내용은 대략 아래와 같다.

> 연구팀은 피험자들을 두 그룹의 남성으로 나누고 첫 번째 그룹에는 매력적인 여성의 사진을 보여주고 그 여성이라 여겨지는 이성과 전화통화를 하게 했다. 두 번째 그룹에는 매력적이지 않은 사진의 여성과 똑같이 전화통화를 하게 했다. 그리고 그 통화내용 중 여성들의 통화내용만 녹음해서 제3자에게 들려주고 그 여성들의 성품과 매력도 등을 평가하게 했다. 이 통화 내용을 들은 사람들은 대부분 첫 번째 그룹과 통화한 여성들을 높게 평가했다.

---

3 Snyder, M., Tanke, E, Bersheid E. (1977). 'Social perception and interpersonal behavior; On the self-fulfilling nature of social stereotype'. Journal of Personality and Social Psychology, 35th.

사실 피험자들과 대화했던 여성들은 사진상의 인물이 아니었고 첫 번째 그룹과 통화했던 여성들이 두 번째 그룹의 여성들보다 성품이나 매력이 뛰어나지도 않았다. 하지만, 첫 번째 그룹의 남성들은 상대방이 매력적일 것이라 기대하고 그 기대에 맞춰 상냥하고 매너 있게 여성을 대했고, 상대방도 이에 상냥하게 대응했다. 상대방의 반응을 본 남성들은 '역시 매력적인 여성이 성격도 좋아' 라는 평소의 편견을 확증해가면서 상대방과의 대화는 더 좋은 분위기로 흘러갔다. 반대로 두 번째 그룹의 남성들은 통화상대와 퉁명스럽게 대화했고, 상대방도 당연히 이에 대해 부정적인 반응을 보여 그 대화는 점점 차가워졌다.

이 통화 내용 중 여성의 대응만 제3자의 입장에서 들은 사람들은 당연히 첫 번째 그룹과 통화하는 여성들을 높게 평가할 수밖에 없었다.

위 실험과 같이 편견에 따른 행동과 이에 대한 상대방의 반응으로 그 편견이 현실화되어가는 위험한 순환 현상을 심리학에서는 자기실현적 예언(self-fulfilling prophecy)이라는 용어로 정의한다. 편견이 그에 부합하는 현실을 만들어낸다는 의미로 만들어진 용어이다.

내가 갖고 있는 신념이나 상대방에 대한 편견은 먼저 상대방을 대하는 나 자신의 행동에 영향을 미친다. 그리고 그 행동은 그에 맞춰 반응하는 상대방의 행동을 불러온다. 나는 상대방의 행동이 나의 행동에 대한 반응이라는 사실을 간과한 채 '그렇지, 그럴 줄 알

았어, 내 생각이 맞았네'라고 자신의 신념 혹은 편견을 정당화하고 더 강화시켜 상대방의 대응 수준을 더 심화시켜가는 악순환에 빠진다. 우리가 뉴스에서 접하는 평범한 이웃들 간의 층간소음으로 시작된 극단적 사건들도 보통 이런 위험한 순환으로 강화되어 현실화된 결과라 볼 수 있다. '층간소음을 유발하는 사람은 무례한 사람'이라는 편견을 가진 피해자의 대응이나 '층간소음을 불평하는 사람은 예민한 사람'이라는 편견을 가진 가해자의 대응이 상대방을 더 방어적으로 만들면서 시작되는 이 악순환의 끝에 층간소음에 대한 대응이라고는 생각하기 어려운 참혹한 결과가 나타나기도 한다.

현재 대리전에 뛰어든 양 세력들도 앞서 살펴본 팩트에 더해 서로에 대한 선입견을 바탕으로 상호간 형성된 편견의 악순환을 거쳐 이 상황을 비합리적인 수준으로 심화시켜가고 있는 것으로 보인다.

미국은 냉전 이후 러시아가 다시 미국을 적대하고 팽창야욕을 재개할 것이라는 선입견에 먼저 팽창을 시작했고, 이를 본 러시아는 미국을 견제하는 행동에 들어가게 된다. 이 러시아의 행동을 보게 된 미국은 자신의 편견을 사실로 확정하면서 본격적으로 팽창을 시작하고 이 순환의 반복 끝에 러시아는 이를 심각한 위협으로 인식하고 더 늦기 전에 극단적 행동에 들어간다. 서방은 이를 그동안 주장해왔던 팽창야욕의 실현으로 보고 이를 막기 위해 대리전에 뛰어든다…

지금 서방과 러시아는 서로가 만들어낸 환영(Illusion)에 총부리를 겨누고 있는 것으로 보인다. 더 나아가 공멸로 끝날 것이 확실한 핵전쟁까지 불사하겠다는 엄포를 놓고 있다.

저자는 국제관계 전문가도 아니고 양측이 대립하는 보다 민감한 정치적 배경이 어떤 것인지도 잘 알지 못한다. 하지만, 평범한 제3자의 눈에 비친 현재 상황은 어떠한 정치적 배경으로도 합리적 해석이 어려울 정도로 자신의 희생을 감수해가면서까지 상대방의 끝을 보려 하는 불합리한 상황으로 밖에 보이지 않는다. 특히 NATO의 개입으로 시작된 대리전은 러시아가 극단적인 상황에까지 몰려 핵무기를 사용하기 전까지는 끝나지 않을, 서로의 자존심을 건 치킨게임으로 격화되어가고 있는 것 같아 두렵다.

섬망 상태에 빠져 환각을 보는 환자와 같이 평범한 상대방을 괴물로 간주하고 과도한 행동으로 상대방의 극단적 대응을 유발하는 자기실현적 예언의 악순환에 빠진 불안한 국제정세에서 서로가 한발 물러서 이 악순환을 벗어나지 못하면 이 예언은 더 참혹한 모습으로 실현될지도 모른다. 편견을 가지고서는 진정한 관계에 이르지 못한다. 편견을 내려놓은 소통의 노력이 절실한 상황이다.

05

특별군사작전

진실게임

"30년간 우리는 유럽의 안보에 대해 NATO와 풀어가려 노력했다. 하지만 그에 대한 응답으로 NATO는 팽창을 멈추지 않았고, 이제는 우크라이나 영토로까지 군사적 영향력을 확대하고 있다. 미국의 대외 정책이 NATO를 움직여 러시아의 바로 앞에서 러시아를 적대하는 군사동맹의 현대적 무기들이 배치되고 있다. NATO가 정치적으로 러시아를 압박하려는 분명한 의도와 위협을 보이는 이 상황은 과장이 아니며, 러시아의 주권에 대한 실질적 위협이다. 그들은 그동안 러시아가 수차례 경고해왔던 선을 넘었다. 그동안 러시아는 돈바스 내전이 평화롭게 해결되기를 노력해왔으나 2014년에 우크라이나 친러 정부를 전복시켰던 세력들은 결국 평화적 해결을 거부해 우리의 노력을 허사로 만들었다. 이에 돈바스 공화국들과의 우호조약을 바탕으로 특별군사작전을 실시한다. 이 작전은 러시아를 위협하는 세력에 대한 방어작전이며, 우크라이나의 점령을 위한 것이 아님을 재차 확인한다."

– 2022년 2월 24일 러시아 대통령 푸틴의
특별군사작전 개시 연설 내용 중 일부 발췌.

결국 러시아의 무력개입이 시작되었다. 2022년 2월 24일 러시아는 우크라이나로 군대를 파견해 '특별군사작전'을 개시했다. 작전목표는 NATO로부터의 중립화, 나치주의 정부세력 척결, 우크라이나 내 러시아 문화말살 정책 중단, 돈바스 해방 등이었다. 러시아의 입장에서는 돈바스 지역 주민들을 우크라이나 정부의 비호를 받은 신나치주의자들의 탄압으로부터 해방시키고 NATO의 팽창을 저지하려는 군사작전이었으나, 우크라이나 입장에서는 주권영토에 대한 명백한 침략 행위였다. 이 사건은 국제적 공분을 샀고, 전쟁의 명분에 관계없이 러시아는 그동안 유지되어온 평화로운 세계질서를 흔드는 악의 축으로 비난받기 시작했다.

NATO의 개입으로 전쟁이 장기화되면서 발생한 많은 참사들에 대해서도 러시아는 비난을 면치 못했다. **여론의 프레임은 '침략자 러시아'에 맞춰졌다**.

부차 사건과 그 파장

개전 후 한달이 조금 넘은 시점인 2022년 4월 초, 우크라이나 수도 키예프주의 변경도시 부차를 점령했던 러시아군이 민간인들을 대량학살한 사건이 보도된다. 러시아군이 떠난 곳에 우크라이나군이 진입했을 때 마침 동행했던 서방 언론의 취재진들이 수많은 민간인의 주검이 곳곳에 놓여 있는 것을 취재해 러시아군이 저지른 인종말살(genocide)로 보도했다. 이 사건으로 NATO가 본격적으로 개입을 시작해 우크라이나 전쟁은 장기국면으로 전환된다.

부차 사건이 있기 2주 전 우크라이나는 키예프로부터 북쪽에 위치한 체르니고프(Chernigov)시의 테러에 대해서도 보도했다. 빵을 사러 줄을 선 시민들을 향해 러시아군이 무차별 발포를 했다는 기사에 시신으로 보이는 모자이크 처리된 장면을 보도했다. 하지만 러시아국방부의 일일 브리핑에 따르면 당시 러시아군은 체르니고프 시로 진입하지도 않은 상태였다. 이 보도는 큰 반향을 일으키지 못했고, 4월 초, 부차 사건이 터지게 된다. 이 사건으로 국제여론은 들끓었고, 반러 감정(Russophobia)이 급속히 확산되기 시작했다. 그 직후, 4월 7일, NATO는 대규모의 무기지원 결의로 우크라이나 사태에 본격적인 개입을 시작한다.

UN 안보리에서 러시아 대표는 부차 사건이 우크라이나와 서방 언론의 잘 연출된 드라마라는 여러 가지 증거[1]를 제시하면서 서방 언론이 이 사실을 인지하면서도 거짓된 정보를 퍼트린 것으로 주장했다. 부차 학살 사건이 본격적인 NATO 개입의 트리거가 된 만큼 이 사건의 진실은 반드시 규명해야 한다는 것이 러시아의 입장이었다. 그 직후 터진 크라마토르스크 기차역 폭격[2] 테러에 대해서

1 부차 민간인 사망자들 대부분이 총상이 아닌 폭격 파편으로 사망한 것, 우크라이나군이 도시에 진입하기 전에 이미 퍼진 SNS 등에서는 학살의 정황이 없었던 점, 러시아군이 점령했던 주변 도시들에서는 학살이 없었다는 점 등이다.

2 크로마토르스크 폭격 지점에서 발견된 '아이들을 위하여(За детей)'라는 글씨가 쓰여진 Точки-У 모델의 미사일 잔해 사진으로 러시아의 잔혹성을 보도했다. 러시아 국방부는 이 모델은 러시아가 아닌 우크라이나군이 운용 중인 것으로 반박했다.

도 우크라이나 측의 조작의 증거를 러시아가 제시했으나 서방 언론은 우크라이나 측의 보도를 그대로 전했다.

이러한 일련의 사건들로 우크라이나를 침공한 러시아의 명분은 잔혹한 참상에 의해 가려졌고 여론은 러시아에 대한 부정적 확증 편향을[3] 강화하게 된다. 이후 세계는 러시아에 대한 부정적 프레임으로 우크라이나 측의 정보를 받아들이게 된다. 프레임은 생각을 정형화시켜 우리가 지각하는 것과 생각하는 방식에 영향을 준다.

> 저자는 부차 사건 당시 러시아 소재 한국기업 법인에서 앞으로의 러시아 사업 방향성에 대한 판단의 근거로 서방이 제시한 자료들과 러시아의 자료들을 가능한 편견없이 분석하려 애썼다. 서방과 한국 언론에는 러시아의 만행으로 단정된 사건이었으나, 사실상 여러 증거자료가 나오며 진실공방이 치열했던 사건이며, 러시아는 서방 언론 보도내용에 대해 공식적으로 강하게 부인했다. 저자도 접근가능한 정보 내에서 이 일의 사실관계를 따져 진실을 도출해보려 노력했지만 수많은 정보들에 대한 진위분별의 한계로 결국 결론은 나지 않았다. 하지만, 확실한 한가지는, 이 일련의 사건들을 기점으로 여론은 완전히 러시아를 떠났고, NATO는 개입명분을 얻었으며 이후의 수많은 우크라이나의 정보 공작들 앞에서 러시아의 입장과 해명은 여

3 확증편향(Confirmation bias): 원래 가지고 있는 생각이나 신념을 강화시키는 방향의 정보만 선택적으로 받아들이려는 경향성을 말한다. 이와 상반되는 정보는 의식적으로 수용을 거부하게 되어 객관적 판단을 어렵게 만든다.

론의 지지를 받지 못하게 되었다는 것이다.

러시아는 개전 초기 속전속결로 이 군사작전을 마무리 짓기 위해 우크라이나의 군사 인프라만 정밀타격하면서 신속히 수도 키예프 앞마당까지 진격했다. 인명 피해를 줄이기 위해 수도로 진입하지 않고 외곽에서 무력시위를 하면서 젤린스키 정부의 탄핵과 돈바스 내전의 종결을 요구했다. NATO의 개입을 최소화하고 국제 여론을 최대한 자극하지 않으려 노력했던 러시아가 개전 초기 보란듯이 잔인한 범죄를 곳곳에 자극적으로 터트리고 다니면서 일부러 국제사회의 공분을 사고 NATO에 개입 명분을 제공했다는 사실은 상식적이지 않다. 개전 초기라 군율도 제대로 서 있던 상황에서 개별 부대의 일탈로 보기에도 무리가 있다. 범죄 수사의 제1원칙은 이 범죄로 이익을 얻게 되는 쪽이 누구인가 의심하는 것이다. 이 일련의 사건들로 국제적 공분을 불러일으키고 개입 명분이 부족한 NATO를 본격 개입시켜 러시아군을 수도에서 물러나게 한 쪽은 우크라이나였다. 물론 진실은 전쟁의 비윤리속에 가려져 있고 많은 참상들이 이해관계 속에 뒤섞여 있어 상식적 판단만으로는 단언할 수는 없다.

어쨌든, 이로 인해 러시아는 초기 전략을 수정할 수밖에 없어진다.

대화에서 확전으로 - 장기전 전환

앞서 언급한 것과 같이 푸틴이 특별군사작전을 개시하면서 목표로 한 것은 우크라이나 영토도, 우크라이나 국민도 아니었다. 돈바스 지역을 자치공화국으로 승인한 민스크 협정-2를 준수하지 않고 네오나치를 천명한 Azov 부대를 앞세워 돈바스를 탄압하면서 계속 러시아를 자극해 온 젤린스키 정부의 전복과 이로 인한 돈바스 지역의 자치권 인정, 그리고 NATO의 팽창정책으로부터의 우크라이나 중립화였다.

이를 위해 특별군사작전 개시 다음날부터 러시아는 우크라이나 정부에 대화를 요청했고, 부차 사건이 터지기 직전까지 한 달간 평화회담은 6차 이상 진행되면서 아래와 같은 협상 초안을 끌어냈다.

1) 우크라이나 정부는 크림을 무력으로 수복하는 노력을 포기한다. 하지만 외교적 수복 노력은 계속 할 것이다.
2) 우크라이나 영구 중립화 조건으로 러시아를 포함한 관련국들이 우크라이나 안보를 법적으로 보장해야 한다.
3) 우크라이나 영토 내에서의 군사 훈련은 상기 국가들의 합의하에서만 진행될 수 있다.

하지만 부차 사건이 터지고 NATO의 본격적 개입이 시작되면서 우크라이나는 평화회담을 중단해 협상은 사실상 원점으로 돌아갔고 러시아는 초기 전략을 수정할 수밖에 없어진다. 플랜 B로 전선을 뒤로 물려 돈바스 지역과 크림 회랑을 연결하는 마리우폴과 헤르손 지역으로 작전 반경을 좁혀 장기전에 돌입하게 된다. 러시아 정부의 공식 입장에 따르면 우크라이나의 젤린스키 정부는 공식적으로 러시아 언어와 문화를 말살해 러시아계를 탄압했고[4] 비공식적으로 신나치주의를 표방하는 Azov 부대 등을 지원해[5] 돈바스 지역을 지속적으로 분쟁지역으로 만들어 서방의 대러 제재를 유지시켜 러시아를 자극해 왔다.[6] 이제 NATO의 개입으로 젤린스키 정부 전복이 어려워진 러시아는 친러시아계 지역을 하나하나 해방시켜 나가는 지지부진한 전술을 구사할 수밖에 없다. 전쟁 개시 후 우크라이나의 도네츠크, 루한스크, 헤르손, 자포로즈 4개 지역이 러시아 병합 투표를 거쳐 러시아로 공식 편입되었다. 하지만 이 지역은 대부분 아직 교전 중으로, 러시아군이 완전히 점령하지는 못한 상태다.

2023년 현재 우크라이나에서 진행되고 있는 전쟁은 바로 이 지역들에 대한 공방전이다. 아마도 러시아는 이 4개의 친러 지역을 완전히 점령한 시점에 우크라이나와 강화조약을 맺고 전쟁을 일단락 지을 것으로 보인다. 이 의도를 알고 있는 NATO와 우크라이나도 이 지역들에 대한 공방전에 필사적으로 임해 강화조약 전 최대한의 영토를 지켜내려 하고 있다.

---

4 우크라이나 정부는 2019년 국정언어 사용법을 통과시킨 이후 지속적으로 각 부문(예술분야 포함)에서 러시아어 사용을 금지시켜오고 있다.

5 젤린스키는 공식석상에도 신나치주의를 표방하는 Azov 간부들을 자주 대동해오고 있고, 이에 대해서는 이스라엘 등 다수 국가에서 비판을 해온 바 있다.

6 2014년에 체결된 민스크 협정에 따라 돈바스 지역의 분쟁이 지속되는 한 서방의 대러 제재가 유지될 것으로 보인다.

이러한 치열한 공방전 가운데 수반되는 인명 피해는 불가피한데, 특히, 민간의 피해는 더 민감한 사안이 된다. 여기서도 러시아가 점령지역의 주민을 탄압하고 인프라를 파괴해 도시기능을 마비시키는 반 인륜적 행동을 하고 있는 것으로 보도되고 있다. **러시아가 점령 중인** 자포로즈 원전을 러시아가 공격해 유럽 전역을 공포에 떨게 만들고, 러시아가 점령 중인 헤르손 지역의 카후오카 댐도 러시아가 파괴해 수많은 인명피해와 환경재난을 발생 시킨 것으로 보도되면서 NATO의 무기지원 확대는 급물살을 타고 급기야 미국은 2023년 7월, 무차별 살상력으로 금지된 무기인 집속탄을 우크라이나에 지원하기로 결정했다. 우크라이나는 집속탄을 지원받은 즉시 격전지인 바흐무트에 실전 투입해 그 살상력을 증명했다.

이에 더해 2023년 9월 미국 블링컨 국무장관이 우크라이나를 방문한 당시 마침 동부 **친러 지역** 도네츠크시의 시장에 폭격이 일어나 수십명의 사상자가 발생했는데, 우크라이나는 이 사건도 러시아의 소행으로 비난했다. 여론은 이번에도 사실관계 규명없이 바로 러시아의 잔혹성으로 보도했고, 이 여론에 편승해 이날 바로 미국은 우크라이나에 추가적인 대규모 무기지원과 함께 방사능 피폭 논란으로 외부지원을 금지했던 열화우라늄탄까지 지원하기로 결정하게 된다.

상식적으로 생각해보자. 일반적으로 국지전의 결말이 공격자의 승리로 확정되는 시점에 방어자와 공격자의 전술교범은 180도 역전한다. 방어자는 퇴각하기 전 그동안 지키려 애쓰던 것들을 최선을 다해 파괴하게 된다. 남겨둘 경우 자신에게 위협이 될 것이나 적을 이롭게 할 것들을 철저히 파괴하고 퇴각하는 것이 방어 전술의 최후행동지침이기 때문이다. 청야전술로도 불리는 이 퇴각 작전은 적군에 필요한 정보와 물자를 제거해 공격자의 작전한계점을 최대한 단축시키는 것이 그 목적이다. 반대로, 공격자는 승리가 확정되는 순간 그동안 자신이 공격하던 것을 지키려 애쓰게 된다. 지금부터는 그것이 공격자의 자산이 되기 때문이다.

따라서, 공격자의 승리가 확정된 후 점령지를 파괴하는 것은 공격자가 아니라 패배가 결정된 방어자의 행동으로 보는 것이 합리적이다. 특히 이번 전쟁의 목표 중 하나가 우크라이나 동남부 러시아계 지역에 대한 해방이었므로 그 지역을 러시아군이 탈환 시 러시아는 해당 지역을 영구 점령할 가능성이 높다. 따라서, 우크라이나군 입장에서는 방어선이 무너진 순간 이 지역을 파괴해 러시아군의 보급을 어렵게 만들고 친러 지역의 재건도 방해할 것이라는 합리적 추정이 가능하다.

실제로 러시아는 점령된 지역에서 국방부와 건설부 주도로 즉시 재건 프로젝트를 실시해 병합된 친러 지역의 황폐화를 막고 주거단지도 새롭게 조성해 주민들의 피해를 줄이려 노력하고 있다.

> 지난 2022년 5월 말, 러시아 건설부는 돈바스 재건부서를 신설해 전쟁으로 파괴된 인프라와 주택들을 재건해오고 있다. 푸틴 대통령은 지방정부와 러시아 중앙정부가 협력하여 돈바스 등 새롭게 러시아 영토로 편입된 지역을 복구해 갈 것으로 약속했고, 현재 전쟁이 진행 중인 상황에서도 복구를 병행하고 있다. 예외적으로 러시아가 재건을 잠정 중단한 도시들은 심각한 인프라 파괴로 복구가 불가능한 지역들이다. 예를 들어, 루한스크 공화국의 빠파스나야 지역의 경우

> 황폐율이 96%로 사실상 모든 인프라가 붕괴된 상황이므로 복구의 의미가 없어 주민들을 이웃 도시로 이주시키고 이 도시는 당분간 재건 사업에서 제외하기로 결정했다. 이외의 인프라 복구가 가능한 지역들은 몇 년이 걸리더라도 모두 재건해 나간다는 계획이다.

이런 러시아가 전장에 쓸 포탄도 부족한 상황에서 민간지역, 그것도 러시아에 병합된 친러 지역을 폭격해 여론을 들끓게 만들고 미국과 서방의 무리한 무기지원 명분을 계속 만들어줄 이유가 있을까? (그것도, 미 국무장관이 추가 무기지원을 위해 방문한 날짜에 딱 맞춰서?) 러시아 수중으로 넘어온 원전이나 댐[7]과 같은 귀중한 기간 인프라도 러시아가 파괴해 굳이 여론을 악화시키고 재건을 어렵게 만들 하등의 이유가 없다.

네오나치주의 부대로 알려진 Azov 연대와의 최후의 결전이 이루어졌던 마리우폴의 아조우(영어명 Azov) 철강 단지는 Azov 본대 주둔지였다. 개전 초기 아조우 철강단지 공방전 당시 러시아군은 인적·물적 피해를 줄이기 위해 이곳에 대한 폭격을 최소화하고 장시간 포위하는 작전으로 2,400여명 전원의 자발적 투항을 이끌어내고 점령작전을 종료하기도 했다. 러시아는 점령지를 최대한 보존하는 전략을 유지해 오면서 민간인들의 희생과 전후 복구비용을 줄이기 위해 노력하고 있지만, 서방의 프레임에서는 이 같은 내용들은 편집되어 사라진다. 같은 상황이라도 이를 조명하는 프레임이

---

7 카후오카 댐은 헤르손 주변 지역뿐만 아니라 러시아가 병합한 크림반도에까지 물을 공급하는 중요한 수로 역할도 한다.

다르면 서로 다른 것을 보게 된다.

Azov 연대는 이 곳에서의 대패 후 네오나치 이미지 쇄신을 위해 기존 나치 상징 부대마크를 새로운 마크로 바꾸고 부대도 크게 재편해 돈바스와 헤르손 전선으로 재배치되었다.

유럽향 가스관 차단의 실상

'개전과 함께 서방의 초강경 대러 제재가 도입되었고, 러시아는 이에 대한 보복으로 유럽향 가스공급을 끊어 2022년 유럽은 에너지 대란에 살인적인 물가인상률에 시달렸고, 유럽 국민들은 춥고 어두운 겨울을 보내야 했다.' 이것이 주류 언론들의 획일화된 보도였다. 에너지를 무기화 하고 이웃국가들을 경제위기로 몰아넣는 러시아의 국제사회에서의 무책임함이 강조되어 침략국 이미지에 믿지 못할 경제 파트너라는 악명까지 더해졌다.

문제는 러시아가 가스관을 차단할 하등의 동기가 없다는 것인데, 대러 제재를 강행한 유럽에 대한 경제 보복이라고 하기에는 러시아 경제에 **영구적 피해를 입히게 될** 대응이기 때문이다. 2020년 기준 러시아 GDP에서 석유·가스 산업이 차지하는 비중은 15.2%, 러시아 연방예산의 28.0%, 러시아 수출액의 44.6%(이중, 가스 19.6%)이며 이 중 유럽향 가스 수출 비중은 러시아 전체 가스 수출의 절반이 넘는 57%[8]에 달한다. 즉, 유럽향 가스 차단 시 러시아 전체 GDP의 약 4% 혹은 러시아 무역 수지의 11%를 희생하게 된다는 것인데, 전시 국가에서 경제 보복에 이만한 희생을 치를 여유는 없다. 무엇보다, 천연가스 무역에는 대규모 인프라가 필요하고, 무역 루트를 변경하는데도 막대한 투자가 필요하다. 러시아는 그동안 대규모 투자를 통해 유럽향 가스관을 설치했고, 최근에 '노드스트림-2'라는 독일로 직접 공급되는 가스관까지 설치를 완료해 가동을 기다리고 있는 상황이다. 유럽향 가스를 차단하게 될 경우 유럽은 필연적으로 가스 무역루트를 변경하게 될 것이고, 대규모 투자로 한번 변경된 루트는 사실상 다시 러시아로 돌아올 가능성은 없기 때문에 러시아는 이런 악수를 둘 이유가 없다.

유럽향 가스에 대해 러시아가 능동적으로 대응한 것은 단 한 가지였다. 바로 가스 대금 결제를 기존 달러화에서 루블화로 전환한다는 것이었다. 초강경 대러 제재의 일환으로 서방은 러시아 외환보유고의 절반인 3천억 불을 동결시킨데 이어, 국제송금 프로토콜인 SWIFT를 차단하면서 사실상 러시아는 달러 결제 가능성이 제한된 상황에 몰렸다. 이로 인해 국채 이자도 달러가 아닌 루블로 상환하면서 서방으로부터 기술적 부도(Technical default) 선언까지 받았다. **서방이 러시아의 채무상환 가능성을 막아 두고 이에 대해 기술적 부도를 선언한 것이다.** 이 상황에서 러시아도 자국 경제를 보호하기 위해 가스 수출 대금을 루블화로 결제하기로 규정하고 한 달 이상의 유예 기간을 둔 후 시행했다. 사실, 기축통화가 동결된

---

8 European Council on Foreign Relations, 2021.

상황에서 자국의 상품을 팔면서 자국 화폐로 결제받겠다는 것은 지극히 상식적인 발상이다. 공은 유럽으로 넘어갔다. 자존심을 꺾고 루블화로 결제할지는 유럽 국가들의 결정에 달려있었다. 유럽 각국은 자국의 자존심과 이익을 저울질하면서 서서히 루블화 결제로 넘어오기 시작했다.

하지만, 하나의 복병이 더 도사리고 있었다. 바로 가스관을 돌리는 터빈이 대러 제재 대상이 된 것이다. 유럽향 러시아 가스 공급의 40% 이상을 담당해 왔던 Nord Stream-1의 터빈은 독일 Siemens Energy사의 제품으로, 정기 점검을 위해 캐나다의 지멘스 서비스 공장으로 보낸 터빈들이 대러 제재를 이유로 반환되지 못해 유럽향 가스 공급이 점진적으로 감소되었다. 독일정부가 가스터빈을 한시적으로 제재 대상에서 제외시켜 조속히 러시아로 반환할 것을 캐나다 정부에 요청했지만 이는 곧바로 받아들여지지 않고 사태는 빠르게 악화되었다. 그나마 남아 있는 터빈으로 무리하게 작동한계를 넘어서는 가스를 공급했으나 결국 2022년 9월에 마지막 남은 가스 터빈까지 작동오류로 중단되면서 러시아는 저장능력을 넘어선 4백만 입방미터(1.3천만 유로 상당)의 여분의 가스를 **매일** 태워 없앨 수밖에 없는 상황에 봉착하게 된다.

이런 사실들은 다 무시하고 서방과 한국 언론들은 러시아가 유럽에 가스 공급을 하지 않기 위해 매일 가스를 태워 없애는 만행을 저지른 것으로 단순 보도했다. 장기화되고 있는 전쟁으로 한 푼이 아쉬운 상황에 대러 제제로 인해 매일 천만 유로 이상의 가스를 태워 없앨 수밖에 없는 러시아의 입장에서는 기가 찰 노릇이었다. 대안으로 러시아 정부는 이미 완공된 Nord Stream-2를 가동해 가스를 공급할 수 있도록 독일에 제안했으나, 이 가스관은 이미 크림병합을 이유로 미국의 제재를 받아 완공과 함께 운영 허가가 취소된 상태였고, 독일 숄츠 총리는 노드스트림-2의 가동은 러시아에 대한 굴욕적 백기투항이라 선언하고 이 제안도 받아들이지 않았다. 결국 유럽은 자신이 도입한 대러 제재와 자존심으로 러시아 가스를 받지 못하게 된 것이다.

이로 인해 러시아도 유럽도 큰 경제 손실을 보게 되지만[9], 러시아산 가스 공급 중단 효과로 미국의 유럽향 가스 수출이 증가하면서(유럽향 가스 수출 비중이 69% 수준까지 증가) 지난해 2022년 미국은 세계 2위 천연가스 수출국으로 부상하게 되었고, 올해 2023년에는 최대 수출국이 될 가능성이 클 것으로 보인다. 또 다른 수혜국은 러시아의 우호국들인 중국, 인도, 튀르키예 등이다. 유럽향 루트가 막히면서 러시아의 가스는 주로 이 세 국가로 할인된 가격으로 우회해 들어갔다. 특히, 중국은 러시아와 가스관 사업(시베리아의 힘-2)을 대규모로 진행 중이고, 튀르키예는 러시아 가스를 유럽에 우회 공급하는 대규모의 가스 허브 프로젝트 투자를 시작했다. 유럽은 앞으로 러시아 가스를 튀르키예를 통해 더 비싼 가격에 구입하게 될 것으로 보인다.

더 황당한 사건은 이 다음 터졌다. 2022년 10월, 노드스트림-1, 2 해저 가스관이 동시에 폭파 테러를 당한 것인데, 이 사건도 유럽에 가스 공급을 원치 않은 러시아의 소행으로 우크라이나가 비난했고 언론들도 이를 그대로 전했다. 세상 어느 국가가 자신의 기간

9 EU 전체 가스 수입에서 러시아 가스가 차지하는 규모는 2021년 기준 45%에 달한다. 러시아 가스 공급 감소로 2022년 유럽의 가스가격은 크게 상승했고, 이에 연계해 물가도 빠르게 상승했다.

인프라에 복구가 어려운 테러를 저지른단 말인가? 결국, 이듬해인 2023년 2월, 전 퓰리쳐상 수상 언론인 시모어 허쉬가 노드스트림 테러 주범으로 미국정부를 고발했다. 바이든의 지시에 따라 해군 잠수요원들이 NATO 해상 훈련을 위장해 노드스트림 파이프라인에 원격 폭팔물을 설치한 것으로, 이로 인해 유럽은 4배 이상의 가격으로 미국 가스를 수입하게 되었다고 고발했다. 그리고 이를 방조한 언론들도 동일한 책임에서 자유롭지 못할 것으로 비난했다(이 기사는 워싱턴 타임즈에 실렸는데, 현재 기사가 내려진 상태다[10]). 이 사건은 아직도 공방 중이고, 러시아는 자신의 자산임에도 불구하고 피의자로 사고 지점 조사에서 배제되어 있는 상황이다.

개전국에 씌워진 부정적 프레임의 무게는 그 많은 해명과 사실 규명에도 불구하고 아직까지도 건재하여 러시아의 고립을 심화시키고 러시아를 공격할 무기를 전세계가 거리낌 없이 지원하도록 종용하고 있다.

대리전으로 개입한 NATO

현재 러시아는 우크라이나와 싸우는 것이 아니라 NATO를 앞

10 https://www.washingtontimes.com/news/2023/feb/15/what-is-bidens-goal-in-russia-ukraine-war/

세운 서방 전체와 대리전을 벌이고 있다. 러시아가 우크라이나 전쟁에서 압도적 우위를 점하지 못하는 것을 보는 사람들은 러시아가 생각했던 만큼의 군사강국은 아니라고 속단할지도 모르지만(언론에서도 그런 프레임으로 보도하고 있고), 우크라이나에 투입되고 있는 NATO 무기의 실제 물량을 본다면 생각이 달라질 것이다. 서방이 우크라이나 전쟁 개시 후 1년 동안 우크라이나에 지원한 규모만해도 1,385억 유로를 넘어섰는데[11], 이 중 절반이 군사 지원이었다.

> 개전 후 1년간 최소 650억 유로(약 93조 원, 우리나라 연간 국방예산의 1.7배)가 우크라이나에 군사적으로 지원된 것으로 추산되며 이는 대략 **6천 대 정도의 최신예 전차를 구매할 수 있는 금액**이다. 세계 최대의 전차 보유국인 러시아의 전차 보유 규모가 구형전차 포함 대략 12,500대 정도로 알려져 있다는 것을 감안 시 서방의 무기 지원 규모를 짐작 가능하다. 최신예 전차 6천 대 이상에 맞먹는 추가 화력이 개전 후 1년 내 전장에 투입되어 러시아와 맞섰고, 현재까지는 훨씬 더 많은 무기들이 추가로 투입되고 있다.

유럽은 이번 우크라이나전 무기지원으로 안보공백이 생길 정도로 가용 무기와 탄약 대부분을 우크라이나에 투입하고 있다. 유럽의 앞마당으로 불리며 유럽의 안보를 최일선에서 담당하고 있는

---

11 독일 KIEL 세계경제 연구소, Ukraine Support Tracker(https://www.ifw-kiel.de/topics/war-against-ukraine/ukraine-support-tracker/), 2023년 2월 기준 데이터.

군사 강국 폴란드의 경우 최근 한국과 FA-50 전투기, K2 흑표전차, K9 자주포 등 21조 원 이상 규모의 기록적인 대규모 무기 공급 계약을 체결할 정도로 심각한 무기 공백에 직면하고 있다. 2023년 여름에 폴란드에 긴급 납품된 FA-50 초도 물량의 제식명이 FA-50GF(Gap Filler; 전력 공백을 메우는 역할)일 **정도로 신속한 무기공급이 필요한 상황에 직면하고 있다.** (이번 폴란드의 대규모 전력 보강에는 우크라이나에 지원한 무기 공백을 보충하는 의미에 더해 앞으로 재편될 지정학적 대립구도의 균형을 위한 재무장의 의미도 있다)

이번에 서방이 우크라이나에 군사적으로 지원한 총액의 절반 이상은 미국에서 나왔는데 사상 최대의 무기지원으로 이미 2022년 중반부터 미 의회에서 수차례 전력공백 리스크에 대해 지적한 바 있다. 현재 유럽과 미국의 포탄 비축분은 바닥을 친 상태로 안보공백을 메우기 위해서는 최소 3년 이상은 걸릴 것으로 군사전문가들은 분석하고 있다. Financial Times에 따르면 미국이 한 해 동안 생산한 155미리 포탄은 우크라이나 전장 격전기의 2주 소요분에 불과할 정도로 우크라이나 전쟁은 물량전이 되어가고 있다.

타국에 대한 군사적 개입을 헌법으로 금지하고 있는 **한국에 미국이 무리하게 무기와 포탄 지원을 요청하는 배경에도 이런 피치 못할 사정이 있다**. 2023년 상반기에 한국정부가 미국으로 우회수출한 것으로 알려진 포탄은 미국의 전력 공백을 메우는 동시에 미국이 포탄을 추가적으로 우크라이나에 지원할 수 있는 여건을 조성해 준 것으로 다수 언론들이 보도하기도 했다. 2023년 하반기로 들어서면서 우크라이나의 반격이 재개되었지만 포탄 부족으로 진전이 더딘 상황에서 2023년 9월, 미국은 급기야 방사능 피폭 문제로 논란이 되고 있는 열화우라늄탄 비축분까지 풀어 우크라이나에 연내 지원하기로 결정했다. 러시아는 미국이 이에 대한 책임을 전적으로 지게 될 것으로 경고하기도 했다.

사실상 3차 세계대전은 대리전의 형태로 이미 시작되었다고 볼 수 있다. 우크라이나 대통령 젤린스키는 자국의 영토와 국민 그리고 국고를 희생시켜 대리전의 전장을 제공하고 있는 상황이다. 그리고 이 전쟁에 동원된 NATO의 무기들은 대부분 우크라이나의 국가부채가 되어 우크라이나의 다음 세대들이 감당하기 어려운 규모의 빚으로 축적되어가고 있다. 전쟁 직전 2021년의 우크라이나 GDP는 2천억 불로, 전쟁이 1년 반 지속 중인 2023년 중반 기준 우크라이나 사태로 지원된 누적 재정 규모는 이미 우크라이나 GDP를 웃돌 것으로 추산된다. 이 중 인도적 지원 일부를 제외한 대부분은 우크라이나의 국가 부채로 쌓여가고 있다.

NATO는 우크라이나를 보호한다는 명목 하에 우크라이나의 미래를 희생시켜 그토록 눈에 가시와 같던 러시아의 국력을 손에 피 한 방울 묻히지 않고 소진시키고 있는 것인지도 모른다.

이후의 전개

전쟁의 윤리 문제를 떠나 이 전쟁은 어떻게 마무리되어야 할까?

만약 이 전쟁에서 러시아가 승리해서 돈바스를 독립시킬 경우,

러시아는 서방의 우려와 같이 이 기세를 몰아 우크라이나 전역과 이를 넘어 유럽을 넘보고 세계평화를 흔들게 될까?

특별군사작전 개시 전까지 러시아는 돈바스 병합에 대해 미온적 태도를 보였다. 이로 인해 득보다는 실이 많을 것이 확실했기 때문이다. 크림 병합에 찬성했던 러시아 국민들도 돈바스 병합에는 반대의 여론이 더 많았다. 푸틴도 돈바스가 국민투표를 통해 병합을 제안해 왔을 때 민스크-2 협정에 따른 자치권만 인정하는 수준에서 마무리 지었다. 하지만, 특별군사작전이 NATO의 개입으로 전면전으로 확대되고, 자치권 인정이 무의미해진 시점에 이르러서 결국 돈바스를 병합하게 된다. 2008년에 러시아의 개입으로 조지아에서 독립한 남오세티아가 러시아로의 병합을 원했을 때도 러시아는 이를 거부했고 우크라이나 전쟁이 진행 중인 최근에 다시 러시아와의 병합을 제안해 왔지만 러시아는 국제 여론을 감안해 이에 대해 소극적 태도로 일관하고 있다.

민스크-2 협정 이후에도 계속 우크라이나가 돈바스의 자치권을 인정하지 않고 내전을 지속시켜 왔을 때도 러시아는 7년간을 부당한 대러 제재를 버티며 현상유지를 애썼다. 무엇보다 러시아에 팽창의 의도가 있었다면 애초에 발목을 잡히게 될 NATO 가입 제안이나 수차례의 평화협정은 시도하지도 않았을 뿐만 아니라, 팽창의 제1선이 될 발트 3국이나 비셰그라드 국가들의 NATO가입도 애초에 허용하지 않고 강력하게 반대하고 나섰을 것이다.

그런 러시아가 국제 여론을 등지고 대러 제재의 역풍을 맞으며 NATO와의 전면전으로 전선을 다중화시켜 가면서까지 무리하게 팽창을 시도할까? **특별군사작전 개시 직전인 2022년 2월 초까지**

러시아는 미 대사관을 통해 NATO의 팽창을 중단할 것과 러시아에 대한 안전을 보장해 줄 것을 요청하고 이를 명문화하려 했다. 하지만 미국과 NATO는 그해 1월부터 이미 러시아가 우크라이나를 2월 중에 침공할 것이라는 첩보와 구체적 침공 시나리오까지 공유하면서도 이 사태를 방지하려는 노력을 하지 않았고, 러시아의 안전보장 요청도 묵살되었다. 미국은 상황이 악화되어가는 것을 보면서도 오히려 NATO의 Open door 정책을 그대로 유지할 것을 천명하고 NATO 회원국을 계속 늘려가겠다고 러시아를 자극했다. 그리고 미국은 전쟁 개시 전인 2월 초에 이미 우크라이나에 거주하는 미국인들에게 즉각적인 대피를 권고하기도 했다. NATO는 이 모든 사태를 예견하면서도 러시아의 안전보장 요청을 무시한 팽창정책을 강행하고 사태를 격화시켜 러시아를 전장으로 끌어냈다.

결국 우려했던 사태는 터졌고, 특별군사작전 개시 2주내에 러시아는 우크라이나의 주요 군사시설들만 정밀 타격해가면서 수도 키예프 앞마당까지 파죽지세로 들어갔다. 주변도시들은 점령하지 않고, 신 나치주의자들을 앞세워 러시아계를 탄압한 젤린스키 정부만을 목표로 삼았다. 희생을 줄이기 위해 **우크라이나 군부에 쿠데타를 공식 요청**하기도 했을 정도로 러시아의 목표는 우크라이나 점령이 아닌 네오나치와 결탁한 젤린스키 정권교체와 돈바스 자치권 보장에 집중되어 있었다. 이후 NATO가 본격 개입하면서 특별군사작전은 러시아가 원치 않았던 전면전의 양상으로 확산되었다. 우크라이나 군대가 러시아의 공격을 어렵게 하기 위해 민간인 밀집시설들을 중심으로 방어선을 구축하면서 민간인들의 피해도 속출했고, 러시아는 전범국가로 전세계의 공분을 사게 된다.

돈바스를 포함한 우크라이나 내 친러 지역 입장에서는 이 전쟁이 우크라이나의 승리로 끝날 경우 끔찍한 미래만이 남아있다. 지난 2022년 5월 22일, 젤린스키 대통령의 정보정책 참모는 헤르손, 돈바스 등 러시아군에 점령된 친러 지역을 **최대한 과격하게 해방시켜 '러시아인'이라는 단어가 완전히 잊히도록 해야 한다고** 우크라이나 주요 방송 TCH TV를 통해 극단적 민족주의자들의 친 러시아 지역 탄압을 선동한 바 있다. 우크라이나가 승리해서 친러 지역을 탈환할 경우, 중앙정부와 극우세력들의 탄압은 더욱 거세질 것이고, 이 지역 주민들은 언어를 잃은데 이어 민족문화와 자주성까지 박탈당할 것이 자명하다.

NATO가 승리해서 러시아를 제기 불능상태로 꺾을 경우 핵전쟁 리스크는 급증하게 될 것이고, 그렇지 않더라도, NATO를 견제 가능한 결집된 무력이 더이상 존재하지 않는 세계에서 미국의 헤게모니는 더욱 더 힘을 받게 될 것이다. 서방이 우려하는 평화와 질서에 대한 현상변경은 다르게 말하면 미국의 헤게모니에 대한 도전을 의미하는 것이다. 즉, 이 평화와 질서가 유지되는 한 미국의 상대 진영과 제3세계 국가들은 지금까지와 같이 서방의 독주에 밀려 기울어진 운동장에서 경기를 할 수밖에 없다. 이것이 바로 BRICS를 중심으로 한 미국의 비동맹국들이 러시아를 지지하고 대러 제재에 동참하지 않는 이유 중 하나다.

전쟁을 일으킨 것은 러시아가 분명하다. 그리고 이로 인해 러시아와 우크라이나가 복구하기 어려운 인적·물적 피해를 입고 있는 것도 숨길 수 없는 현실이다. 하지만 배후에서 이 전쟁을 촉발시키고, 이 전쟁을 빌미로 우크라이나의 미래와 국민의 희생을 담보하여 러시아를 철저히 파괴하려는 세력은 러시아도 우크라이나도 아니다.

코미디언 시절의 젤린스키가 공연하는 극장에서 당시 국빈으로 우크라이나에 방문한 푸틴이 유쾌하게 웃으며 그 공연을 관람하는 영상을 유튜브에서 본 적이 있다. 두 사람이 치열하게 반목하고 있는 지금, 그 평화롭던 시절이 사무치게 그립다.

곰과 독수리의 시간

춤추는 헤게모니

"오늘날 절대다수의 국제사회가 특정국가나 국가집단의 권위주의적 독재에 맞서 국제관계에서의 민주화를 요구하고 있습니다. 하지만, 민주주의를 내세운 서방은 국제 사회의 자연스러운 요구를 받아들이지 않고 있습니다. 서방 정치인들과 사상가들은 오래전부터 서방이 이룩한 자유민주주의 외에는 대안이 없다고 주장해 오고 있습니다. 이러한 방식은 식민지 시대부터 오랫동안 지속되어 왔습니다. 자신들을 제외한 그 외의 국가들은 2등 시민으로 여기고 이들의 요구를 오만하게 거부해 왔습니다.

-블라디미르 푸틴, 2022년 10월
러시아 싱크탱크 Valdai 클럽, 글로벌 민주화 연설 중.

서방은 미국을 중심으로 한 헤게모니를 유지하기 위해 이에 대립각을 세운 러시아를 자신들이 주도하는 인프라를 총 동원해 압박하고 있지만, 이 상황을 곱지 않은 시선으로 주시하고 있는 많은 국가들이 있다는 사실을 잊고 있었다.

그동안 미국의 헤게모니에 피해를 받아왔으나 대항할 시도조차 해 보지 못했던 국가들이 BRICS와 중동, 아프리카를 중심으로 이 기회를 통해 뭉쳐 일어나고 있다. 우크라이나 전쟁에 따른 초강경 대러 제재 여파로 미국의 비동맹국 중심으로 서방과 달러에 대한 신뢰가 추락하면서, 미국의 헤게모니가 심각하게 위협받고 있다. 이제 세계는 돌이킬 수 없는 매크로 블록화로 치닫고 있고, 분산된 헤게모니는 정치, 군사, 경제와 더불어 가치관에 이르기까지 각자의 색깔로 춤추게 될 것이다.

세계화의 종식과 블록화

세계화에 따른 경제 요소들의 효율적 투입으로 인해 소련 붕괴 이후 거의 30년 가까이 세계 경제는 지속적인 성장세를 보이면서 동시에 물가와 금리는 안정되는 이상적인 상태가 유지되어왔다. 일반적으로 경제 성장기에는 투자 증가에 따라 재화 가치가 상승하면서 물가 상승이 수반되게 마련이고, 이를 적절히 통제하기 위한 금리 상승도 이어지게 된다. 하지만 최근 30년간 미국이나 유럽은 꾸준한 경제성장 속에서도 물가 안정으로 거의 제로에 가까운 금리를 유지할 수 있었는데, 이는 그동안 각국의 보호무역장벽에 갇혀 있던 경제 요소들이 세계화 기조를 통해 효율적으로 글로벌 시장에서 제자리를 찾아가기 시작하면서 발생한 현상이다. 비효율적으로 산재되어 있던 노동이나 재화가 적재적소에서 경제 활동에 투입된 덕분에 생산성이 개선되면서 비용이 장기간 적정 수준으로 유지될 수 있었다. 단, 재화의 효율성이 포화 상태에 이르기 전까지는 말이다.

이러한 호의적인 경제 환경 덕분에 이 기간 동안 서방 국가들은 일시적 불황에도 양적완화 정책으로 어렵지 않게 경기 침체를 극복해 낼 수 있었다. 양적완화에 필연적으로 수반되는 물가상승 부담이 앞서 언급한 세계화의 효율성으로 희석되면서 미국을 포함한 유럽과 일본 등 자본 주도 세력들은 그동안 마음껏 유동성 잔치를 누릴 수 있었다. 이렇게 팽창된 유동성이 재화의 효율성을 점점 포화 상태로 만들어가는 와중에 최근에 터진 우크라이나 전쟁은 세계화의 종식과 더불어 급격한 물가상승을 가져왔다.

2020년 COVID-19 사태와 2021년 수에즈운하 사고로 인해 발생한 일시적 글로벌 물류 제한이 어떻게 세계 경제를 흔들었는지 우리는 잘 알고 있다. 이제 이런 제한 요소들이 곳곳에서 발생하게 될 것이다. 영국의 핵심 싱크탱크 채텀하우스는 이번 우크라이나 사태에 대해 '30년간의 세계화와 이를 가능케 한 모든 국제 협력의 갑작스러운 종식을 의미하는 글로벌 쇼크'로 평가하면서 이 전쟁이 세계를 변화시킨 양상을 분석했다. 가장 극적인 변화는 '동맹의 재편성'과 'NATO의 재무장' 그리고 '핵전쟁의 현실화'였다.[1]

우크라이나 전쟁 발발 후 러시아의 침략을 비난하는 유엔 총회 결의안이 압도적 다수의 찬성으로 통과되었다. 하지만, 현재 실제 대러 제재에 참여하고 있는 국가들은 글로벌 인구 비중의 1/5 미만이며, 미국의 동맹국을 제외한 대부분의 국가들, 특히, 중국, 인도, 남아공 등 각 지역의 떠오르는 강자들과 대부분의 아프리카, 아시아 국가들은 대러 제재 참여를 유보하고 있다. 그동안 패권국가로서 자국의 이익만 추구해 온 미국에 동조해 러시아를 적대하는 것이 국익에 도움이 되지 않을 것이라는 이해관계가 영향을 미치고 있는 것으로 보인다.

NATO는 이번 전쟁을 계기로 팽창과 재무장의 명분을 확보해 핀란드를 회원국으로 추가하고 동유럽 국가들에 NATO의 미사일 기지 인프라를 전진 배치하고 있다. 이에 긴장한 미국의 비동맹 국가들도 자체적인 결속과 재무장을 다지는 추세가 완연히 나타나고 있다. 무엇보다 냉전시절 이후 실질적인 핵위협이 고개를 들고 있

1 채텀하우스, '우크라이나 전쟁이 바꾼 7까지 양상', 2023. 2.

다. 미국도 러시아도 공공연히 핵무기 사용 가능성을 언급하면서 서로의 신경을 자극하고 있고 전쟁의 양상에 따라 이 협박은 경고로 끝나지 않을 가능성도 있는 것으로 각국의 싱크탱크들이 분석하고 있다.

이번 사태를 계기로 NATO 내부에서도 권력 재편의 흐름이 보이고 있다. 독일이 전범국가의 제한을 풀고 자체 재무장을 선언하면서 그동안 미국에 전적으로 의존해온 NATO 안보체계가 유럽 주도의 자주적 방어체계로 미국과 균형을 맞춰갈 것으로 보인다.

이와 함께, 유럽과 미국간의 경제협력 관계도 크게 변화될 것으로 보인다. 이번 러시아 가스 공급 중단 사태에서 미국은 유럽에 기존 대비 몇 배 높은 시장가격으로 가스를 공급했고 2022년 세계 제2위의 천연가스 수출국으로 부상했다. 하지만 이로 인해 유럽은 추운 겨울을 보내야 했고 물가는 급등했다. 유럽은 미국의 노선에 동참해 대러 제재를 강화한 탓에 경제 역풍을 맞았지만, 미국은 동맹국의 피해에 공감하지 않고 오히려 이를 자국 경제 회복의 기회로 삼아 유럽 국가들로부터 비난을 받았다.

서방의 초강경 대러 제재 여파로 그동안 명맥만 유지해오고 있던 BRICS의 결속력도 점점 더 강해지고 있다. BRICS는 글로벌 경제 신흥국들 중 미국의 비동맹국으로 구성된 그룹으로 미국과 G7에 맞서는 경제 블록을 형성해 나가고 있다. 브라질, 러시아, 인도, 중국, 남아프리카공화국, 이 다섯 국가들은 각각의 지역에서 큰 경제적 비중을 차지하는 지역의 맹주들로 이들의 결속은 유럽연합과는 또 다른 파장을 가져올 것으로 예상된다. 산업 수준이나 자원 분포가 비슷한 유럽국가들의 연합인 EU와는 달리 BRICS는 회원국의 인구가 전 세계 인구의 40%를 차지하고, 자원과 산업 특징이 다양하게 분포되어 있어 회원국간의 무역만으로도 자급자족이 가능한 독립적 경제 구조를 갖출 수도 있다. 중국과 인도의 안보 이해관계 상충 등과 같은 회원국간 지정학적 이슈가 결속의 가장 큰 과제이기도 했으나, 이번 사태로 서방에 맞서 보다 긴밀히 결속되는 움직임이 보이고 있다. IMF에 따르면 2022년 BRICS 국가들의 구매력 평가(PPP)기준 GDP는 이미 선진 7개국(G7) 수준을 넘어선 상태로, 전세계 경제 규모의 1/3을 차지하고 있고 앞으로 이 비중은 더 커질 것으로 예상된다. 우크라이나 사태로 회원국간 유대가 강화되고 교역도 증가세를 보이면서 회원국 내의 교류만으로도 서방의 대러 제재 영향이 약화되는 것을 증명했다. 이에 이란, 아르헨티나에 이어 이집트, 사우디아라비아, 튀르키예까지 적극적 참여 의사를 보이면서 BRICS+ 회담 참여 희망 국가는 20여개국으로 증가했다.[2]

2 'Brazil-Russia-India-China-South Africa BRICS Bloc Grows with U.S. Left Out'; Tom O'Connor, Newsweek, 2022.7.11.

전통적 가치관의 대립

톰 홀랜드의 저서 '도미니언'에 따르면 서양적 세계관은 기독교의 역사 위에서 생겨나고 발전해 왔다고 볼 수 있다. 르네상스를 거치면서 종교적 지배력에서 벗어나 인간과 이성 중심의 사고로 전환하려는 노력은 있었으나 여전히 그 기초는 기독교라는 사실은 부인할 수 없다는 것이다.

하지만, 현재 서방을 중심으로 새롭게 도래하고 있는 2차 르네상스는 자유와 평등이라는 인본주의적 가치만을 앞세워 전통적 기독교 세계관을 빠르게 와해시켜가고 있다. 미국 연방 대법원의 동성결혼 합법화 결정과 미 의회의 '결혼 존중법'의 통과도 그 움직임 중 하나라 볼 수 있다. 성경이 명백히 죄로 규정하는 동성간의 연애를 넘어 동성 가족의 구성을 합법화시킨 것은 미국의 건국이념인 기독교적 세계관의 근간을 흔든 결정이라 볼 수 있다. 미국의 주류 기독교 교단들이 빠르게 세속화되면서 동성결혼까지 지지하고 있는데, 이 법의 통과는 단순히 동성 가족을 허가한 것에 그치는 것이 아니라, 이에 대한 비판이 불법으로 규정되어 성경에 대한 근본적 재해석이 불가피해진다는 의미이다.

비슷한 흐름들이 유럽을 포함한 대다수의 서방국가들에서도 빠르게 확산되고 있는데, 러시아는 이에 대해 서방과는 정반대의 입장을 고수하고 있다. 전통적 가족 개념이 무너지게 될 경우 우리 사회는 정신적 퇴보를 겪게 될 것이므로 이를 보존하고 자녀들에게 전해야 할 책임이 기성세대에 있다는 것이 러시아의 입장이다.

지난 2023년 2월에 있었던 푸틴 대통령의 대국민 담화에서도 이 세계관이 그대로 투영되었다. 그는 서방의 방만한 자유주의를 경계하고 우리 자녀들을 이러한 퇴보적 풍조로부터 보호해야 한다고 주장했다. 사회 기반을 지탱하고 있는 전통적 가족개념에 대해서는 어떠한 타협도 있을 수 없다는 입장을 재차 강조했다.

> 지금 서방의 국가들이 자국민들에게 자행하고 있는 것을 보시기 바랍니다. 가족과 문명과 민족성을 파괴하고 있습니다. 서방의 성직자들은 동성결혼을 축복할 수밖에 없는 상황에 몰렸습니다. 물론 성인들은 자신들이 원하는 대로 살 수 있는 권리를 가지고 있고, 러시아도 개인적인 성향에 대해 강제하지 않고 앞으로도 개인의 자유를 존중할 것입니다. 하지만, 세상의 모든 정경에서 가족은 남자와 여자의 연합으로 규정하고 있습니다. 이 진실이 왜곡될 위기에 처했습니다. 서방이 어떻게 가르치든 우리는 우리 자녀들을 서방의 무분별한 방종으로부터 보호할 의무가 있고 우리 다음 세대가 온전한 가정을 이루게 할 책임이 있습니다. - 2023년 2월, 푸틴 대통령 대국민 담화 중

지난 2022년 10월, 러시아 두마(국회)에서는 동성 연애 전파 금지법을 통과시켜, 동성 연애에 대한 공개적 옹호나 홍보 등을 불법으로 규정한 바 있다. 개인의 성향에 따른 동성 연애에 대해서는 국가가 강제하지 않으나, 이런 사상을 주입하고 전파하는 것은 자녀들의 미래와 사회 질서에 악영향을 미친다는 입장을 러시아는 법적으로도 명문화했다.

인도나 중동도 아직 종교적 영향으로 동성결혼까지는 인정을 하지 않고 있고, 동성애에 대해서도 부정적인 입장이다. 서방의 인본주의적 자유를 내세운 이러한 급진적 현상에 맞서 러시아의 노선과 입장을 같이 하고 연대해 나갈 수도 있을 것으로 보인다.

이런 러시아의 전통적 가치 수호 노력도 미국에게는 러시아를 타도해야 할 또 하나의 이유가 되고 있다.

지난 2022년 10월, 미국의 Fox News는 우크라이나 사태에 대한 미국 민주당 중진 의원 Jamie Raskin의 발언을 보도했다. 그중 러시아가 정교회를 기반으로 한 전통적 가치관을 고수하면서 동성연애 등에 대한 인본주의적 자유를 침해하는데 앞장서고 있어 미국은 이에 대적해 러시아를 심판해야 한다는 과격한 주장이 있었다.[3] 이에 동조하는 동료 의원들도 많은 것을 볼 때 이는 한 개인의 일탈이 아닌 미 정계에서 일정 수준 용인되고 있는 의견으로 보이며, 미국의 이례적 규모의 우크라이나 무기지원 배경에도 이 의견이 얼마간 반영된 것으로 보인다.

유물론적 가치관을 표방했던 공산 종주국 구 소련을 계승한 러시아가 이제 인본주의로 급속하게 유물론화 되어가는 서방에 맞서

---

3 "Russia is an orthodox Christian country with traditional social values and for that reason it must be destroyed no matter what the cost to us. So, this is not a conventional war, this is a Jihad. Jamie Raskin said that out loud but many in Washington agree with him." -22.10.27, Fox news 앵커 Tucker Carlson

보편적이고 성경적인 가치를 고수하려는 움직임은 우리에게 익숙하게 다가오지 않을지도 모른다. 하지만 러시아에서 밀레니엄을 맞이하고 지금까지 러시아의 변화를 일부 함께 겪어온 개인의 입장에서 천년 이상 깊이 뿌리내려온 정교회 사상은 쉽게 흔들리지 않을 것으로 보인다. 종교를 부정하고 핍박했던 소련 시절을 지나면서도 수많은 정교회 성당들과 성상화들이 원형 그대로 지금까지 보존되어오고 있다는 사실도 이를 방증한다. 소련 붕괴 후 러시아 정부는 국민들의 정체성 혼란을 이 러시아 정교회를 통해 극복할 수 있도록 정책적으로 정교회를 독려했다. 러시아 연방내 수많은 민족과 인종들을 하나의 러시아 아래 단결하도록 만드는 정치적 매개체로도 러시아 정교회가 활용된 것이다.

러시아 정부의 비호를 받고 있는 러시아 정교회는 정치와 밀접하게 결탁된 성격을 띄기도 한다. 이번 우크라이나 전쟁에서도 러시아 정교회 총주교가 푸틴의 결정을 지지하고 전쟁을 독려하는 듯한 정치적 메시지를 전하면서 세계 종교계의 반발을 사기도 했다. 러시아 정교회 내부적으로도 일부 신부들을 중심으로 이에 대한 반발이 있었다. 총주교의 이 메시지는 그동안 밀접한 관계를 유지해왔던 우크라이나 정교회와의 교류를 단절시키는 계기가 되기도 했다.

탈 달러화

초강경 대러 제재를 통해 서방은 러시아의 외환보유고를 동결시키고, 국제 송금 프로토콜 SWIFT를 부분적으로 차단시켰다. 이로 인해 러시아는 세계 5위의 외환보유고를 가지고도 서방으로부터 기술적 부도를 선고받기도 했다.

그러나 이때까지 미국은 알지 못했다. 달러의 주도적 지위를 등에 업고 달러와 금융시스템을 무기로 돌린 결정이 달러 패권의 뿌리를 흔들 것이라는 사실을.

어느 국가든 하루아침에 국제금융시스템으로부터 고립이 되고 자신의 외환보유고 자산을 쓸 수 없어 부도에 몰릴 수 있다는 사실을 보여준 이번 미국과 서방의 행태는, 달러와 서방을 중심으로 한 금융시스템에 대한 불신을 키워 중동이나 BRICS 회원국들이 자체 통화와 자체 금융 인프라를 도입하는데 박차를 가하게 만들었다.

이전까지는 미국의 보복이 두려워 '탈 달러화'를 감히 생각지도 못했던 나라들도 이번에 서방이 러시아에 가한 금융시스템의 무기화와 이를 성공적으로 극복하고 있는 러시아를 보면서 최소한 두 가지 교훈은 분명히 깨닫게 되었다.

- **첫째, 미국의 달러나 서방 주도의 금융시스템은 서방이 언제라도 타국을 제재하는 공격 무기로 전환될 수 있고,**
- **둘째, 통화자산의 위험분산과 금융 인프라에 대한 준비만 되어 있다면 서방의 보복이 예전과 같이 그렇게 치명적이지 않을 수도 있다**

라는 확신이었다.

이 확신은 '감히' 미국의 달러 패권에 도전할 수 있는 용기를 갖게 해 주었고, 이 효과는 생각보다 빠르게 퍼지기 시작했다. 오랫동안 미국 영향력의 그늘 아래 숨죽이고 있던 남미에서조차 탈 달러화 기조가 나타났다. 2023년 1월, 남미의 1, 2위 경제 대국인 브라질과 아르헨티나는 양국의 통화를 통합한 SUR(수르; 스페인어로 남쪽이라는 뜻으로 남미 공동 통화의 가칭)를 도입해 달러 의존도를 낮추고 양국간 무역도 촉진시키기로 했다. 기존의 양국간 무역 결제 통화는 96%가 달러였지만, SUR 도입 시 달러의 지배력은 눈에 띄게 낮아지게 될 것으로 예상된다. 이후 단일통화 사용을 다른 남미국가에까지 확대할 예정으로 남미에도 단일 통화 블록이 형성될 날이 머지않은 것으로 보인다.

사실 탈 달러화가 시작된 것은 어제 오늘일이 아니다. IMF에 따르면 2000년대 초 글로벌 외환보유고에서 달러가 차지하는 비중은 71.5%에 육박했으나, 2022년 말 기준으로 이 비중은 58.4%까지 축소되었다. 전년대비로는 8.7% 감소로 감소 속도가 가속화되고 있다. 러시아에서는 탈 달러화 기조가 2014년 우크라이나 사태 이후 본격화되었다. 특히 SWIFT 차단 루머가 표면화되었던 2018년부터는 빠른 속도로 러시아 경제에서 달러를 털어내기 시작했다. 러시아 중앙은행에 따르면 2018년 러시아 외환보유고에서 달러화가 차지한 비중은 45.8%로 거의 절반을 달러로 보유하고 있었으나 2022년 우크라이나 전쟁 직전 16% 수준까지 떨어져 3년동안 3배 축소되었다.

탈 달러화를 가장 본격적으로 준비하고 있는 그룹은 BRICS이다. 러시아의 주도로 이미 오래전부터 공동통화 도입이 논의되어왔고, 이제 구체화 과정에 들어섰다. 브라질 대통령 룰라도 최근 달러의 패권을 강하게 비판하면서 BRICS 중심의 달러 대안 통화 도입을 서둘 것을 요청했다. 이를 위해서는 달러를 대신할 무역 결제 통화가 필요한데, 가장 빠르게 도입 가능한 방식은 중국의 위안화를 달러의 대체통화로 먼저 사용하고 점진적으로 공동통화를 도입하는 방식이다. 하지만 이 방식은 BRICS 회원국들과 중국간의 미묘한 갈등을 감안할 경우 실현 가능성이 높지 않다. 가장 완전한 탈 달러화는 회원국간의 새로운 공동통화를 만드는 것인데 2023년 들어 이에 대해 보다 본격적인 논의가 오가고 있다. BRICS 경제 규모 고려 시 공동통화의 출범은 글로벌 시스템을 흔들 수 있는 강력한 대체통화의 등장이 될 것으로 국제관계 전문가들은 예측하고 있다.

이와 함께, BRICS는 이번 대러 제제의 무기로 사용된 국제 송금 프로토콜 SWIFT의 결제망을 대체 가능한 별도의 국제 결제시스템의 구축도 본격적으로 서둘고 있다. 2015년 서방주도 금융 체제에 대항하기 위해 설립된 다자간 개발 금융기관인 BRICS 신개발은행(NDB)을 기반으로 새로운 국제 결제 시스템을 구축하여 회원국들을 시작으로 빠르게 주변국가들을 참여시킬 계획이다.

탈 달러화 경향은 단일통화 도입뿐만 아니라 각 국가간 무역결제에서도 나타나고 있다. 브라질과 중국은 양국의 무역에 달러화 대신 당사국 통화를 사용하기로 했다. 인도와 말레이시아는 무역결제 통화로 인도 루피화를, 중국과 프랑스는 가스 무역에 위안화를 사용하기로 합의했다. 이외에도 ASEAN 국가들은 지역 내 무역과 투자에 당사국 통화를 보다 적극적으로 사용하기로 결정했다.

브레튼우즈 체제 붕괴 이후 달러의 패권을 유지시켜준 것은 사실상 페트로달러(Petro Dollar)로 불리는 사우디아라비아의 오일머니였다. 1974년, 사우디아라비아가 석유 대금 결제를 미 달러로 한정시킨 이래 지금까지 3대 오일 벤치마크(Brent, WTI, Dubai)가 전부 달러화로 고시되고 있다. 이 조치 덕분에 달러는 닉슨 대통령의 금태환 중단 발표 이후 추락하고 있던 패권을 다시 잡게 되었고, 현재까지 그 패권을 유지하고 있다. 하지만 이 페트로달러 체제에도 균열이 가기 시작했다. 최근 사우디아라비아가 석유 대금 결제를 다중통화로 시도하고 있고, 그 첫 걸음으로 중국과 위안화로 석유 거래를 준비하고 있기 때문이다.

초강경 대러 제재 이후 탈 달러화 경향이 가속화되고 있으나 달러 패권이 근시일 내 붕괴되지는 않을 것으로 대부분의 전문가들은 평가하고 있다. 대체통화가 확실히 자리잡기 전까지는 당분간 달러 패권은 유지될 것으로 보인다. 하지만, 분명 그 바닥에는 균열이 생겼고 서서히, 그러나 틀림없이 흔들리기 시작했다.

'최종적 붕괴(1976년)'라는 저서에서 소련의 붕괴를 예견했던 프랑스의 역사인류학자 엠마누엘 토드는 그의 최근 저서 '제3차 세계대전의 시작(2022년)'에서 3차대전은 이미 대리전의 형태로 시작되었다고 공언했다. 국지전으로 시작된 우크라이나 사태가 글로벌 경제 대립으로 확산됐고, 이제 서방과 러시아의 군사 대립에 중국이 지원하는 양상으로 3차대전이 시작된 것으로 평가했다.

이번 우크라이나 사태는 두 가지 예상치 못했던 사건으로 인해 전쟁의 양상이 불확실성으로 빠져들고 있다고 그는 분석했다. 관련 전문가들은 이번 전쟁에서 우크라이나가 패배하는 대신 러시아는 경제적 붕괴를 겪게 될 것으로 예상했으나, 우크라이나는 아직 건재하고 러시아 경제도 선방하고 있다. 이로 인해 전쟁은 장기화 국면으로 접어들었고, 양측 어느 쪽도 물러설 기미가 전혀 없어 불확실성이 확대되고 있다. 이 전쟁이 진행되는 동안은 동맹의 재편과 블록화가 더욱 더 다양한 양상으로 전개될 것이며, 신냉전구도의 고착화도 심화될 것으로 보인다.

존 미어샤이머의 주장과 같이 이번 전쟁은 다차원적 재앙을 이끌어 우리가 그동안 당연하게 누려왔던 많은 것들을 변화시켜 나갈 것으로 보인다.

07

상전이(Phase transition)

러시아의 변화

"우리는 현재 엄청난 도전 앞에 서 있습니다. 일부 전문가들은 세계가 2030년에 기술적 특이점(Technological Singularity)[1]에 도달할 것으로 전망하고 있습니다. 여기에 미국과 중국의 경제대립과 복잡한 유럽의 상황, 그리고 새로운 강자들의 출현도 우리에게 도전으로 다가오고 있습니다. 전략적 주도권을 잃지 않기 위해 우리는 이러한 추세들을 분명히 인식해야 합니다."

– 러시아 부총리 안드레이 벨라우소프,
2023년 페테르부르크 국제 경제 포럼에서.

1 인공지능(AI)의 발전 가속화로 모든 인류의 지성을 합친 것 이상의 강력한 초인공지능이 출현하는 시점을 말한다.

미국의 헤게모니 약화로 본격적인 지정학적 패러다임의 전환이 전세계적으로 광범위하게 감지되고 있고 이는 글로벌 권력구도의 상(Phase)을 변화시키는 상전이(Phase transition)를 이끌어 낼 것으로 보인다. 그 가운데 러시아가 있다.

100년 전 러시아는 전제군주제의 제국에서 사회주의 국가로, 30년 전에는 사회주의에서 자본주의로 정체성이 급격히 전환되는 상전이를 거쳐왔다. 이제 러시아는 또 한번의 상전이를 목전에 두고 있다.

미국이 동맹국인 유럽의 경제위기마저 외면하고 자신의 당면 문제와 이익에 집중하고 있는 지금, 러시아는 대러 제재에 따른 고립에 맞서 서방과 분리된 독자적인 시스템을 구축해 나가는 동시에 대규모 투자로 아시아향 인프라를 빠르게 확충하고 있고 경제파트너로 아프리카, 중동까지 끌어들이고 있다.

이 전쟁 이후의 세상을 준비하기 위해 러시아는 지금 어떤 그림을 그려 나가고 있는가?

매크로 블록의 형성

미국의 국장은 서쪽을 바라보는 독수리인데 반해, 러시아의 국장은 동서를 동시에 바라보며 포효하는 쌍두 독수리이다.

러시아의 푸틴 대통령은 현재 미국 중심의 헤게모니에 대립해 **글로벌 민주주의**를 표방하고 모든 주권 국가들이 자결권을 갖고 글로벌 무대에서 동등하게 설 것을 주장하고 있다. 현재 진행 중인 우크라이나 전쟁 당사국의 주장으로 보기에는 어폐가 있어 보이나, 앞서 살펴본 것과 같이 이 전쟁도 그 과정에서 수반되는 불가피한 기득권 국가들과의 대립으로 촉발된 것으로 볼 수 있다.

서방의 초강경 대러 제재로 강도높은 고립을 거치면서 러시아는 **서방의 시스템에서 분리된 독자적 시스템**을 만들어가고 있다. 그리고 이 과정에 주변국들도 서서히 끌어들이고 있다.

푸틴 대통령은 "정치적 동기의 제재와 경쟁자에 압력을 가하는 메커니즘은 글로벌 비즈니스를 저해하고 상식과 경제 기본 논리에도 어긋난다"며 서방의 독단적 제재를 강도 높게 비판하면서 BRICS 국가들을 포함한 신뢰할 수 있는 국제 파트너들로 무역 흐름의 방향을 바꾸고 있다. 유럽향 에너지 수출 감소분은 중국과 인도 그리고 튀르키예로 돌렸고, 아시아 공급망도 대폭 늘리고 있다.

그리고 이 러시아 주도의 글로벌 공급망에서 점진적으로 달러화를 배제시키고 각국의 당사국 통화 참여를 유도하고 있다. BRICS의 공동통화 도입이나 SWIFT 대안 송금 시스템 도입 계획도 서방 금융 인프라에 맞선 단결된 저항을 보여주고 있다.

대러 제재로 차단된 국제송금 프로토콜 SWIFT의 대안으로 러시아는 독자적 결제 시스템 미르(MIR)를 도입해 글로벌 입지를 확대해 나가고 있다. 크림 병합 후 서방의 본격적인 금융 시스템 고립 경고가 나오면서 2014년부터 러시아는 독자적 결제 시스템을 준비하기 시작했고 MIR는 2023년 6월 기준 러시아 시장에서 VISA와 Master Card를 제치고 전체 카드 발행의 45.6%의 점유율을 보이고 있다. 국제 송금에는 유라시아 경제동맹 국가들과 베트남, 쿠바 등 10여 개국이 MIR 시스템에 참여하고 있고, 국제 결제에는 튀르키예, 아랍에미리트 등 20여개국 이상이 참여하고 있다. 한국에서도 BC 카드와 연계해 일부 시스템에서 결제가 가능한 상태다.

2023년 6월1일 개최된 BRICS 외교장관 회담에서 5개국은 개발도상국을 향한 서방의 억압에 맞서 연대를 강화해 나갈 것으로 공동성명을 채택했고, 핵심 부문에서 협력을 강화하기로 재확인했다. 특히, 이번 회의에서는 중동의 강자들인 사우디아라비아, 이란, 아랍에미리트가 공식적으로 가입요청을 하면서 BRICS의 입지는 더 강화될 것으로 보이는데, 현재까지 20개국 이상이 가입요청을 한 상태다. **2024년 러시아는 BRICS의 의장국이 된다**.

중동국가들과는 OPEC+를 기반으로도 협력을 이어가고 있다. 2022년 미국의 원유증산 요청에도 OPEC+는 사우디아라비아를 주축으로 러시아의 입장을 고려해 원유생산을 유지하면서 미국과의 관계에 분명한 이상징후가 감지되기도 했다. 이를 시작으로 앞서 언급했던 것과 같이 사우디아라비아는 그동안 철칙과 같이 지켜오던 원유의 달러 결제 원칙도 다중통화 결제로 변경하는 행보를 보이면서 달러화의 패권을 위협하고 있다. 러시아는 이란과도 에너지 협력관계를 확대하고, 서방과 틀어진 이란의 핵 협상 문제도 공동으로 해결해 나가기로 했다.

아프리카 국가들과의 협력도 본격화되고 있다. 최근 몇 년간 러시아 고위 관료들이 아프리카 국가들을 수시로 방문해 협력에 대한 논의를 이어온 결실로, 2023년 7월, 러시아 상트페테르부르크에서 러시아-아프리카 정상회담이 열렸다. 러시아와 아프리카 49개국 정상들과 대표단이 모인 자리에서 정치적 이슈를 넘어선 경제협력에 대한 구체적 협의가 있었다. 아프리카는 러시아의 진보된 의료, 지질탐색, 원자력발전 등의 기술 교류와 식량과 산업용품의 공급에 대해 협력을 요청했고, 러시아는 아프리카의 자원, 관광 상품 개발, 시장 개방 등에 대한 협력을 기대했다. 세계 인구의 1/5인 14억의 인구가 살고 있는 아프리카 대륙은 식민지 해방 후에도 그동안 서방과 불공정한 종속관계를 유지해오면서 아직도 대부분 빈곤에서 벗어나지 못하고 있는데, 이번 러시아와의 교류를 통해 도약의 계기를 마련하려는 강한 의지를 보였다.

이번 정상회담에서 러시아는 아프리카에 인도적 식량지원을 시작으로 본격적 식량 수출을 제안했고, 이를 위한 운송 인프라도 함께 구축해 나가기로 했다. 이집트는 수에즈 운하 지역에 대규모 러시아 산업 단지를 구축하기로 했고, 러시아와 자유무역협정을 체결하는 즉시 인프라 건설에 들어가기로 했다. 이곳을 시작으로 러시아는 아프리카 시장 진입을 본격화할 계획이다.

푸틴은 러시아가 아프리카의 문맹률 퇴치에도 앞장설 것을 약속했다. 러시아의 교육기관들을 아프리카에 설립하고 러시아 교과과정들을 적용하는 동시에 러시아 영토 내에서도 5천여 명의 아프리카 차세대 리더들이 무상교육을 받을 수 있는 기회도 부여하기로 했다.

이 밖에도 공동 정보공유, 식수문제 해결 등을 위해 러시아 기업들이 나서기로 했고, 러시아의 우주 개발에도 아프리카 대륙이 공동 참여하기로 했다. 우크라이나 문제에 대해서도 서로 협력하기로 했다. 이로써 아프리카 대륙도 러시아와 공동의 발전을 도모하는 경제 파트너로 자리 잡아가게 될 것으로 전망된다.

그동안 내실에 집중해온 러시아에게 서방의 유래 없는 압박은 오히려 충격요법으로 작용해 적극적으로 국제 사회와 소통에 나서고 리더십을 발휘하도록 만들고 있다.

디지털 정부·디지털 통화

러시아는 2010년대 들어 적극적으로 정부 서비스를 디지털화하기 시작했다. 10년 전만해도 공공기관에서 업무를 보려면 줄을 서서 오랫동안 기다리는 것이 일상이었는데, 러시아 정보통신부 주도로 디지털화가 추진되면서 경찰서, 동사무소, 세무서, 등기소, 이민국, 법원 등 대부분의 공공기관 민원 업무가 통합민원시스템 'My Document(내 문서)'로 통합되어 MFC(Multi-Functional Center) 단일 기관에서 대부분 처리 가능하게 되었다. 동네 어디서든지 쉽게 방문할 수 있고, 오래 기다릴 필요도 없다. 대 고객업무 직원들은 고객처리 관련 KPI로 평가받고 여기에는 고객의 평가도 포함되어 있어 옛날의 무뚝뚝한 러시아 공무원은 찾기 어려워졌고 업무 처리 속도도 현저히 빨라졌다. 이에 더해 MFC의 대부분의 업무가 GOSUSLUGI(정부서비스)라는 스마트폰 어플리케이션과 연동되어 웬만한 민원업무는 스마트폰으로 다 해결된다. 10년 전에 수도원에 들어갔다 나온 사람은 격세지감을 느낄 수밖에 없을 것이다.

2017년부터는 이에서 더 진보된 '디지털 정부'라는 가상 정부의 개념을 도입했다. 정부와 공공기관의 업무들에 적극적으로 신기술들을 적용해 정부 부서간 의사결정을 신속하게 하고 '작은 정부'로 공무원 규모도 감축해 나갔다. 앞으로의 과제는 현재 러시아 정부와 연관된 인터넷 사이트 25만 개(지방정부 포함)를 하나의 정부 포털에 통합하여 체계적으로 관리하고 단일 데이터 베이스에 마이크로 서비스 생태계를 구축하여 각 부처별 연계 정보를 보다 효율적으로 관리 예정이다. 그리고 정부 전자문서, 데이터 베이스 표준화, 생체정보 관리 일원화(은행들을 통해 생체 정보 수집 중)등이 2023년 현재 진행 중이다. 그리고, 그동안 공무원의 주관이 개입될 수 있었던 의사결정 체계도 단순 업무를 시작으로 가능한 많은 부문에서 AI 알고리즘 구축으로 자동화하여 의사결정 지연과 공무원 비리를 최소화할 계획이다.

디지털 정부의 운영을 보다 더 효율적으로 만들어 줄 요소는 바로, **디지털 루블화**이다. 2017년 러시아 정부의 디지털 경제 체제 구축 일환으로 러시아 중앙은행이 디지털 루블화 도입 추진을 시작했고 2021년 구체적 적용 단계에 이른다.[2] 2022년부터 시중 일부 은행들을 통해 성공적으로 테스트 파일럿을 진행했고, 2023년 6월에 국회에서 디지털 루블을 현금과 동일 가치의 공식 통화로 입법을 완료해 8월부터 발효되었다. 이후부터는 실제 가치를 갖는 디지털 루블로 시범 적용을 진행하고 있다.

중앙은행이 발행하고 정부가 공식 통화로 보장하는 디지털 루블은 가상통화와는 전혀 다른 법적 권위를 가지면서 기존의 현금이나 신용결제와도 또 다른 장단점을 가진다. 장점은 확실한 통제 가능성으로 금융범죄나 공직자의 비리를 현저히 줄일 수 있다는 것이고, 단점은 불완전한 관리 시스템 리스크나 과도한 통제 우려, 현금의 디지털 루블 전환 규모만큼의 은행 유동성 감소[3] 등을 들 수 있다.

디지털 루블은 소유자와 자금의 용도까지 다 정의 가능하고 각각의 유통 경로까지 추적 가능하므로 디지털 정부와 연계될 경우 예산 집행의 효율성과 투명성에서부터 자동 의사결정 알고리즘 개선 등에 이르기까지의 다방면의 시너지 효과를 낼 것으로 기대된다.

2 국제결제은행에 따르면 2020년 들어 세계 80%의 중앙은행들이 디지털 통화를 도입하려는 움직임을 보이고 있다.

3 디지털 루블은 중앙은행에서 직접 관리하면서 예금이나 대출에 사용되지 않고 교환가치로만 활용할 계획이다.

통화 이원화 전략 - 금융시스템의 패러다임 전환

디지털 루블화는 초강경 대러 제재하의 경제/금융 고립 상황에서 러시아 경제를 보호하는 금융시스템 개혁의 도구로도 활용될 것으로 보인다.

러시아 안전보장위원회는 현재 **통화 이원화 체제 도입을 본격 고려 중으로** 금융전문가들과 학자들이 동원된 TF팀에서 신중하게 검토 중인 것으로 밝혔다. 100여년 전 공산 혁명 이후 국제사회로부터 고립되었던 소련이 당시 해외 투자자본 고갈을 극복하기 위해 시도했던 통화 이원화 체제(Phase-I의 4장 참조)와 유사한 방식으로, 한 통화에 두 가지의 가치를 동시에 부여하는 것이다.

현재 러시아 정부가 준비하는 통화 이원화 체제는 하나의 가치는 달러와 연동된 현재와 같은 방식의 평가가치로, 또 다른 가치는 러시아의 금과 자원 그룹에 연동시켜 실질적 구매력이 반영된 가치로 양분하는 것이다. 이를 통해 고립상황에서의 비정상적 루블화 평가절하를 막아 서방 금융시스템의 무차별 공격으로부터 러시아 경제를 보호하고 내수 경제 성장 모멘텀을 확보하려는 의도인데, 이는 전통적 경제이론에 반하는 변칙적인 통화 관리 방식이며, 일반적인 시장경제체제 국가에서는 적용 자체가 거의 불가능하다.

하지만 이를 가능케하는 세 가지 조건이 현재 러시아에 충족되어가고 있다. 그 첫 번째는 현재 러시아가 초강경 대러 제재로 인해 글로벌 금융시스템으로부터 사실상 고립된 상태로 자체적 금융 생태계를 조성하고 있다는 것이며, 두 번째는 자국 통화가치를 충분히 보증 가능한 충분한 에너지와 자원을 보유하고 있다는 것이다. 마지막 세 번째 조건은 바로 디지털 루블의 도입이다. 디지털 루블의 용도별 다중 통제 가능성을 활용해 수출부문에는 달러기준 절하된 루블 가치를 적용해 수출 산업을 독려하고, 수입부문은 러시아의 자원그룹과 연동된 향상된 루블가치를 별도 적용하도록 정부가 지원하는 등 국내외 적용 방안에 대해 현재 다양한 방식의 접근법이 검토되고 있다.

자원 강국인 러시아는 그동안 달러를 기반으로 한 서방 금융시스템의 질서에 밀려 이 강점을 제대로 활용하지 못했다. 통화 이원화 체제는 이 잠재력을 끌어내 러시아 루블 위상을 높이고 경제성장률을 현저히 개선시킬 수 있는 대안으로 떠오르고 있다. 아직 전문가들 사이에서 이론이 분분한 상황이지만 이 시도가 성공할 경우 러시아는 세계 유일의 통화 이원화 체제 국가로 국제 제재와 달러의 가치 변동으로부터 자신을 보호할 수 있는 금융시스템을 보유하게 되고, 글로벌 금융/통화 체제에 극적인 패러다임 전환을 이룰 수 있게 된다.

아직까지는 이론적 검토단계이나 현재 적극적인 논의가 이루어지고 있고, 이에 대한 러시아 정부의 높은 관심과 적극성을 감안할 때 조만간 보다 구체적 실행 방안이 도출될 것으로 기대된다.

러시아의 미래전략: Horizon-2040

러시아 주요 여론조사기관 브찌옴(ВЦИОМ)이 2023년 7월 말에 실시한 러시아의 미래 전망에 대한 설문조사에 따르면 응답자의 72%가 앞으로 10년 내 러시아의 상황은 개선될 것으로 답했고, 러시아는 위기에 봉착할 것이라고 응답한 사람은 10%에 불과했다. 우크라이나 전쟁의 장기화와 초강경 대러 제재로 인한 고립으로 러시아 경제는 힘든 시간을 보내고 있고, 앞으로도 당분간 이 상황을 극적으로 개선시키기는 어려울 것으로 전망되지만 국민의 대부분은 러시아의 회복탄력성을 믿고 긍정적인 미래상을 유지하고 있는 것으로 보인다.

러시아는 지난 2022년 11월부터 민관합동 대규모 장기 프로젝트로 2040년까지의 러시아 발전전략을 주도하는 **이니셔티브 그룹 '지평-2040**(Horizon-2040)**'**을 출범했다.

국제사회가 새로운 도전과 국제협력 구도의 전환점을 맞이하고 있는 현시점에서 러시아가 주도권을 잡고 이를 이끌기 위해서는 자신의 미래상과 국제사회에 제시할 수 있는 명확한 비전이 우선적으로 준비되어야 함을 인지하고 이 프로젝트가 출범되었다.

이 프로젝트는 크게 2단계로 진행될 예정인데, 현재 진행 중인 1단계에서는 러시아 부총리 안드레이 벨로우소프를 포함한 정부 관료들과 150명 이상의 각 분야의 민간 전문가들(현재도 계속 전문가 풀 확대 중)이 싱크탱크를 구성해 10개의 키워드–환경, 인구, 기술,

우주, 식량, 보건, 에너지, 경제, 사회문화, 주도적 러시아-를 중심으로 러시아가 앞으로 국제사회에서 담당해야 할 역할들과 러시아의 중장기 발전방안에 대한 비전과 방향성을 도출해 낼 예정이다. 향후 2단계에서는 이를 기반으로 러시아가 주도해 갈 수 있는 전략과 구체적 행동계획들을 수립해 나갈 예정이다. 2023년 중반 기준 이미 70회 이상의 세션을 통해 1단계 전략방향을 잡아가고 있다.

서방 전체를 상대로 한 대리전이 한창 진행 중인 어려운 상황 속에서도 현 상황에 매몰되지 않고 당면 과제들을 해결하는 것에서 나아가 세계질서 재편에 대비한 중장기적 비전을 선행적으로 준비해가고 있는 러시아의 모습에서 패권국의 자신감과 배짱을 느낄 수 있다.

2023년 6월에 열린 제26회 페테르부르크 국제경제포럼(SPIEF)에는 130여개 국으로부터 2,300여 명의 국내외 인사들이 참석했는데 이번 대회에서는 이 '지평-2040' 프로젝트의 중간 진행사항에 대한 보고와 키워드별 전문가들이 참석해 10시간동안 연속진행된 마라톤 회의도 있었다.

여기서 논의된 일부 중장기 전략 방향을 다음에서 간단히 소개하겠다.

◐ 식량

2050년 지구 인구는 100억 명에 달할 것으로 예상되며, 이 경우 필요한 식량은 최소 현재의 1.5배가 된다. 특히 동남아와 아프리카의 식량 수요가 증가될 것으로 보인다. 25년 후의 식량 문제 해결을 위해 기후변화를 극복 가능한 농업기술을 기본으로 최소의 자원투입으로 최대의 식량을 생산 가능한 효율성까지 확보해야 한다. 환경, 유전자조작, 건강 등과 관련된 식량의 안정성 기준들도 정하고, 독자적인 생화학 기술 혁신에 따른 정밀 발효 기술 등으로 수출 주도권을 확보해 나가야 한다. 러시아는 최근 식량산업의 진보를 경험해 식량 자주화를 실현했고, 수출도 증가하고 있다. 이를 더 발전시키기 위해 농축산 기술 주권 확보에도 힘을 기울여야 한다.

◐ 인구

국력의 가장 기본요소는 인구수이다. 인구 감소세를 막고 현 기준의 인구수를 유지하기 위해서는 현재 한 가정당 평균 2.7명의 아이를 출산해야 하는데 이를 위해 더 늦기 전에 구체적인 정책적 지원이 필요하다. 현재 출산 가능한 연령의 여성 중 30~40대에 속하는 그룹은 2008년에서 2015년까지의 출산율에 크게 기여했는데, 이들 중 60%가 2027년에 이르러서는 비출산 인구로 전환될 예정이다. 그 전에 이 그룹의 여성들이 한 명 이상의 자녀를 더 출산할 수 있는 여건을 신속히 조성해야 인구 감소 가속화 사이클 진입을 막을 수 있다. 신혼부부들과 다자녀 가구에 대한 주택 공급지원을 늘리고, 가족을 부양하기 용이한 구조의 주택(저층아파트, 단독주택 등)과 제반 인프라도 신속히 확충하고 아이의 양육 부담을 최소화시키는 지원/보상 체계도 완비해야 한다.

◐ 우주

현재 우주산업은 복합 산업으로 확대되고 있다. 안보, 경제, 의료, 사회, 과학 관련 사업들이 우주산업과 연계되고 있다. 우주 공간 선점 경쟁에 뛰어든 글로벌 추세에서 우선적으로 대기권 밖으로 사람과 물자를 수송할 수 있는 수송체계와 우주 터미널, 달 기지 건설 등에 러시아 독자 기술 적용 가능 범위를 설정해 이에 대한 집중적인 투자, 특히, 민간의 참여를 유도해야 한다. 현재 러시아 우주 프로그램은 점진적 퇴보를 보이고 있어, 브라질, 인도, 중동과 같이 우주 경쟁에 뛰어든 우호국들과 연계한 파트너십 프로젝트로 기존의 서방 우주 기술을 압도해 나가야 한다. 우주산업이 경제의 필수요소가 될 수 있도록 민관의 투자를 매년 6~8% 지속적으로 확대해 전체적인 우주산업 사이클에 대한 경쟁력을 높여 나가야 한다. 현 단계에서는 먼저 원격탐사기술과 거대 우주발사체 개발에 보다 더 집중해 우주궤도 연구·생산 기지와 달 기지 건설을 준비해야 한다.

러시아의 미래를 위한 준비에는 다양한 키워드들이 적극적으로 논의되고 있을 뿐만 아니라 실제 정책으로 하나 둘 입안되어가고 있다.

세계와 러시아의 사회 경제 발전 방향이 제시되고, 이를 기준으로 러시아의 주도적 발전 전략과 구체적 행동 계획들도 논의되고 있다. 확대되고 있는 서방의 영향력에 맞서 러시아는 누구와 어떻게 협력하고 삶의 터전을 보호해 갈 것인지, 서방 주도의 세계화 종식에 이은 새로운 매크로 블록을 어떻게 형성해 나갈 것인지 등에 대한 수많은 청사진들이 각 포럼과 이니셔티브 그룹들을 통해 쏟아져 나오고 있고 정부는 이 제안들을 경청하고 있다.

러시아는 지금 미래의 상(Phase)**을 그려가고 있다.** 팽창야욕, 악의 축, 전체주의 리더십 등 다양한 부정적 프레임으로 국제적 비난과 고립을 겪고 있는 악조건 속에서도 미래 국제사회의 비전과 자신의 역할을 스스로 재정의하고 새로운 질서를 주도하기위해 자신의 페이스를 견고히 유지해 가고 있다.

러시아 수출 센터장 베로니카 니키쉬나가 '지평-2040' 포럼에서 언급한 명제는 우리나라도 귀 기울여 들어야 할 것 같다.

> "주권국가는 스스로 자신의 역할을 정할 수 있어야 한다. 급변하는 국제정세 한가운데서 자신의 역할을 되짚어보고 미리 자신의 위치를 선점하지 않는 국가는 주도권을 잃게 될 뿐만 아니라 세계지도에서 그 존재감이 사라질 수도 있다."

세계질서가 기존과는 또 다른 모습으로 상전이되고 있다. 전이점을 통과하고 있는 급변하는 현 정세 속에서 질서를 주도할 것인지 주도 당할 것인지는 지금 우리가 자신의 역할을 어떻게 정의하고 준비해 나가느냐에 달려있다. 러시아는 능동적으로 주도하는 쪽을 선택하고 새로운 전이점에 들어섰다. 우리가 뉴스에서 접하고 있는, 우크라이나 전쟁에서 고전을 면치못해 경제가 곤두박질치고 정치적 내분의 위험에까지 처해 있는 듯한 러시아의 또 다른 프레임에서는 미래를 위한 그림이 그려지고 있다.

에필로그

사건의 지평선에 서다

세계는 지금 더 넘어서는 안 되는 지점에 서 있다. 인류 역사에서 지금처럼 세계적 공멸의 위험이 경고된 적은 없었다. 예전에는 대수롭지 않게 생각했던 문제들, 즉 환경재앙, 기술적 특이점(Technological singularity)의 도래, 핵전쟁에 이르기까지의 전지구적 차원의 문제들이 지금은 코 앞에 닥친 현실이 되어가고 있다. 지금 세계는 이런 시급한 과제들 앞에서 다시 이념으로 대립하는 공생과 공멸의 경계선에 서 있다. 서로의 환영(Illusion)에 두려워 말고 실체를 마주해야 할 때다. 카운트다운이 시작되기 전에.

2022년 한국 대선에서 기울어진 운동장(Unlevel playing field)이라는 용어가 자주 언급되었다. 운동장이 기울어져 있는 축구경기에서는 한쪽이 불리한 위치에서 경기를 할 수밖에 없는데 이처럼 이해관계가 한쪽으로 편중되어 불공정한 경쟁이 이루어질 수밖에 없는 상황을 의미하는 용어이다. 이번 대선에서 보수 성향의 언론들이 보수 진영의 이익을 대변하면서 상대 진영은 필연적으로 핸디캡을 갖고 경쟁에 임할 수밖에 없었다는 주장이 '기울어진 운동장'이라는 용어로 표현되었다. 공정하지 않은 언론은 여론을 호도해 올바르지 않은 선택으로 이끌어 가기도 한다. 이 '기울어진 운동장'은 이번 러시아-우크라이나 사태에서도 잘 보이고 있다. 2022년 2월, 러시아가 우크라이나에서 특별군사작전을 개시한 당시 그 전후 사정은 배제된 채 러시아는 민주주의의 근간을 흔드는 절대악으로, 침공을 당한 우크라이나는 민주주의를 수호하는 선한 약자로 포장되어 서방의 언론들을 통해 연일 보도되었다.[1] 구 소련의 계승자인 러시아가 기존 질서를 흔들고 세계를 다시 전쟁의 화염 속으로 끌어들일 것이라는 공포가 서방의 언론들을 통해 전 세계에 확산되었다. 덕분에 미국과 유럽 등 NATO를 중심으로 한 서방 진영은 미증유의 초강경 대러 제재를 국제사회의 별다른 저항 없이 만장일치로 도입하기에 이른다. 이후에도 수차례에 걸친 대러 제재 확대로 러시아를 고립시키고 경제적으로 숨통을 조여오고 있다. 이로 인해, 대러 제재 전 러시아 대 달러 루블환율은 70루블 수준에서 개전 초기 제재 도입과 함께 120루블까지 폭등했고, 일시적 혼란이 발생했다.

---

1 2003년 미국이 이라크를 침공한 당시, 서방 언론은 테러와의 전쟁을 이유로 주권국가에 대한 미국의 일방적 침공을 정당화했다.

서방의 초강경 대러 제재 초기 서방 언론들은 일부 러시아 지방 도시들에서 일시적으로 발생했던 사재기 현상과 물자 부족을 러시아 전체적인 현상으로 호도하면서 서방의 대러 제재가 제대로 작동해 절대악인 러시아가 망하고 있으니 더 적극적으로 대러 제재에 참여하자는 여론을 만들어 냈다. 덕분에 많은 친서방 국가들이 하나의 주권국가를 망하게 만들 수도 있는 초강경 대러 제재에 양심의 가책 없이 합류할 수 있었다.

이 당시 모스크바에서 생활을 하고 있었던 저자나 대부분의 한인들은 서방의 보도를 검증없이 그대로 전달하는 한국 언론들의 보도에 이질감을 느낄 수밖에 없었다. 지금 내가 살고 있는 러시아가 평행세계의 또 다른 러시아인지 착각될 정도로 한국 언론이 보도하는 러시아의 참상과 실상은 차이가 났다. 저자는 이 당시 업무 특성상 러시아 시장을 최일선에서 모니터링하고 경제지표 추이를 분석해 왔기 때문에 일반인들보다 러시아의 경제상황 변화를 더 객관적으로 평가할 수 있었다. 러시아 정부와 중앙은행은 루블환율 폭등 상황에서 신속히 시장에 개입했고[2] 사태 한 달 내 루블환율은 정상 수준으로 빠르게 회복되어 서방이 연일 보도하는 경제 혼란은 거의 없었다. 오히려, 대러 제재에 따른 글로벌 에너지 가격 상승으로 유럽이 혼란에 빠졌고, 2022년 러시아 경상수지는 **사상 최**

2 사태 초기 기준금리를 기존 9.5%에서 20.0%로 두 배 이상 인상, 특별 외환관리 규정 도입, 대외 계약 루블화 결제 전환 등으로 대처, 그 후 환율/경제환경 안정과 함께 기준 금리도 빠르게 회복되어 2023년 7월 현재 8.5%로 수준을 보이고 있다.

대의 흑자를 기록했다[3]. 저자가 이 책을 쓰기로 마음을 먹은 것도 서방 언론 위주로 호도되고 있는 한국에 보다 객관적 사실로 이해를 구하기 위함이었다.

이번 사태에서 서방은 러시아의 군사작전을 기회로 우크라이나를 선두에 내세워 러시아와 대리전을 벌이면서 러시아에 초강경 제재를 감행하고 외환보유고까지 동결시켜 기술적 부도까지 유도해 러시아와 돌이킬 수 없는 깊은 골을 만들어버렸다. NATO 의장은 이번 우크라이나 전쟁이 끝난 후에도 러시아와의 관계는 회복되지 않을 것이며, 러시아는 여전히 유럽의 위협으로 남을 것으로 경고하기도 했다. 지금 전후 사정에 대한 고려 없이 도를 넘어선 일방적 조치로 관계를 깨고 핵 전쟁 위협을 부추기고 있는 쪽은 러시아가 아니라 서방이다.

이미 러시아는 유럽에서 눈을 돌려 동방을 향한 에너지, 통상, 인프라 프로젝트들에 대규모 투자를 시작했고, 아시아향 세관 인프라도 확대 재정비에 나서고 있다. 앞서 잠시 언급했던 불곰사업으로 인한 한국 방산기술의 진화나 나로호를 포함한 우주산업 발전 등에 대해 미국보다 러시아가 우리나라에 더 적극적인 기여를 해오고 있다는 사실도 우리나라와 러시아의 협력관계가 주는 시너지

---

3 2022년 러시아 경상수지는 직전 년도 대비 86% 급등한 2.3천억 달러를 기록했다. 서방 금융기관들은 초강경 대러 제재 영향으로 2022년, 2023년 러시아 경제성장률이 두 자릿수로 크게 후퇴할 것으로 전망했으나, 실제로는 2022년 경제성장률은 -2.1% 후퇴에 그쳤고, IMF 2023년 4월 WEO 보고서에 따르면 2023년 전망은 +0.7% 성장으로 상향 조정되었다.

를 다시 한 번 생각해 보게 만든다.

지금 우리는 러시아와의 관계에서 중요한 사건의 지평선(Event horizon)**에 서 있다**. 이 선을 넘어서게 되면 돌이킬 수 없는 반목과 갈등의 블랙홀로 빠져들게 된다. **편견을 가지고서는 진정한 관계에 이르지 못한다**. 우리가 러시아와 미래 지향적인 협력관계를 구축하기 위해서는 더 늦기 전에 서방에 의해 기울어진 운동장이 우리에게 투영한 프레임을 깨고 나와 보다 적극적인 이해와 소통의 노력을 기울여야 한다.

서방과 일본 기업들은 이미 대부분 러시아를 떠나 현재 러시아 시장은 중국 기업들이 무주공산을 누비며 빠르게 잠식해 나가고 있다. 개전 직전까지 러시아 가전시장에서 한국 기업들의 시장점유율은 과반수를 넘어섰으나 대러 제재 참여 여파로 현재 10% 내외까지 떨어진 상태다. 그나마 우리나라 현지법인들의 직접적인 생산·판매는 거의 중단되었고, 러시아 업체들이 병행수입으로 제3국에서 우회 수입하는 물량으로 이 점유율이 근근이 유지되고 있다. 나머지는 대부분 중국 업체들이 직접 혹은 러시아 기업들과의 합작을 통해 점유율을 잠식한 상태다.

중국의 독주와 이에 따른 경제 종속을 우려한 러시아 정부는 그동안 깊은 신뢰관계를 유지해왔던 대한민국의 기업들에게 사업기회를 주기 위해 꾸준히 물밑 접촉을 해오고 있다. 러시아는 고립의 시간에 자신의 곁에 남아준 국가와 기업들을 잊지 않을 것이라 강조해 왔고 실제로 지금까지 그 말을 지켜오고 있다. 1998년 모라토리엄 당시 러시아 시장을 장악하고 있던 서방과 일본 기업들은 러시아를 떠났지만, LG, 삼성, 현대, 한국야쿠르트 등과 같은 우리나라 기업들은 러시아의 가능성에 배팅하고 오히려 러시아향 투자를 늘렸다. 그 결과, 우리 기업들은 러시아인들의 호의를 등에 업고 유럽과 일본 브랜드를 크게 제치고 개전 직전까지 러시아의 나로드나야 마르카(Народная марка; 국민 브랜드)로 불리며 러시아 시장 1위 자리를 흔들림 없이 지켜왔다. **아직 러시아가 우리 기업들에게 협력의 손을 내밀고 있는 동안, 그리고 우리 기업들이 러시아에서 대규모 적자를 감수해가며 힘겹게 버텨주고 있는 동안 하루빨리 새로운 협력관계의 장을 마련해야 한다**.

지금은 러시아뿐만 아니라 우리나라의 미래를 결정지을 순간이기도 하다. **러시아는 지금까지 그래왔듯이 앞으로도 안보, 과학, 우주, 에너지, 식량, 물류, 극동개발 등 수많은 분야에서 우리나라와 든든한 협력관계를 구축해 나가야 할 전략적 파트너이다**. 러시아 이외에 한반도 주변에 신뢰할 만한 상호보완적 파트너십을 구축 가능한 국가가 있는지 살펴보면 답은 의외로 쉽게 나온다. 정치적으로 러시아는 북한에 대한 가장 강력하고 직접적인 견제 카드가 될 것이다. 경제적으로는 대륙을 관통하는 시베리아 횡단철도 연결이나 수에즈항로의 대안으로 떠오르고 있는 북극항로(NSR) 개척과 같은 공급망 프로젝트들의 실현도 이 파트너십에 달려있다. 무엇보다, 러시아가 서방을 등진 후 본격적으로 추진 중인 동방정책과 대륙을 향한 우리나라의 북방정책이 만나 이루어 낼 강력한 시너지는 양국을 새로운 성장의 시대로 이끌어 낼 것이다.

지금은 근거 없는 편견과 적대감이 아닌 보다 적극적인 이해의 노력으로 더 나은 건설적 관계를 모색해 나가야 할 중요한 전환점이다.

부활 *Возрождение*

-알렉산드르 푸시킨

몽매한 화가가 몽롱한 붓으로
천재의 그림을 검정칠로 지우고
엉터리 그림을 그 위에
어리석게 덧칠한다

허나 시간이 흐르면 덧칠한 물감들은
오래된 비늘처럼 떨어져 나가고
천재의 작품은 우리 앞에
예전의 아름다움으로 살아난다

그렇게 나의 오랜 방황도
고통받던 영혼으로부터 사라지고
그 속에 본연의 순수한 날의
소망들이 다시 살아난다

참고문헌

1. 국문 자료

블라지미르 김, '러시아 한인 강제 이주사', 경당, 2000.

신용하, '한국 민족독립운동사 연구', 을유문화사, 1985.

안두환, '조지 F. 케넌과 미·소 냉전의 문명사적 고찰', 서울대 한국정치연구소, 2020.

야콥 부르크하르트, 최성철(역), '혁명 시대의 역사 서문 외', 책세상, 2002.

엠마누엘 토드, 김종완/김화영(역), '3차 세계대전은 이미 시작되었다', 피플사이언스, 2022.

올랜도 파이지스, 조준래(역), '혁명의 러시아 1891-1991', 어크로스, 2017.

이상근, '고려인 중앙아시아 강제 이주과정 및 정착과정', 국사관논총, 2005.

조지 F. 케넌, 유강은(역), '미국 외교 50년: 세계대전에서 냉전까지, 20세기 미국 외교 전략의 불편한 진실', 가람기획, 2013.

톰 홀렌드, 이종인(역), '도미니언-기독교는 어떻게 서양의 세계관을 지배하게 되었는가', 책과함께, 2020.

2. 영문 자료

'2022, 2023 and 2030 Estimates for Gross Domestic Product (GDP) in PPP', World Economics Research, London, 2023.

Amnesty international Briefing, 'Ukraine: Abuses and war crimes by the Aidar Volunteer Battalion in the north Luhansk region', 2014; 'Ukraine: Breaking Bodies: Torture and Summary Killings in Eastern Ukraine', 2015.

Bilefsky D., Nagourney E., 'The Roots of the Ukraine War: How the Crisis Developed' The New York Times, 24 March 30, 2022.

'CIA The World Factbook Country Comparison; Literacy'. Central Intelligence Agency. 2013.

Digital Journal, 2016.1.31.

Dobbins J., 'Extending Russia-Competing from Advantageous Ground', RAND corporation, 2019.

European Council on Foreign Relations, Annual Report, 2021.

FOX News, Tucker Carlson News show, 2022.10.27.

Frenkel W., 'Union of Soviet Socialist Republics: Law on Cooperatives', Cambridge University Press, 1989.

Galushka A., 'Cristal of Growth', Cristal book, 2021.

IMF WEO 2023, APR data base.

IMF, 'Geoeconomic Fragmentation and the Future of Multilateralism', 2023.1.15.

Jones A., Moskoff W., 'The Rebirth of Entrepreneurship in the Soviet Union', Indiana university press, 1991.

Mearsheimer J., 'The Great Delusion - Liberal Dreams and International Realities', Yale University Press, 2019.

New York Times, 1991.12.26, 2022.3.30, 2022.11.19 등 다수.

Newsweek, 2022. 7.11.

Office of the UN High Commissioner for Human Rights, 'Report on the human rights situation in Ukraine', 2016. AUG-NOV.

Paul Stoltz, 'Adversity quotient: Turning obstacles into opportunities', New York: Wiley, 1997.

'Seven ways Russia's war on Ukraine has changed the world', Chatham House, London, 2023.2.

Snyder, M., Tanke, E, Bersheid E., 'Social perception and interpersonal behavior; On the self-fulfilling nature of social stereotype', Journal of Personality and Social Psychology, 35th. 1977.

The Global wealth report, Credit Suisse, 2020.

TVC Documentary, 2015.10.27.

U.S. Department of State, FOIA 1995045676 National Security Archive Flashpoints Collection, 1990.

Ukraine Support Tracker, KIEL Institute, Germany, 2023.2 Date base

Washington Times, 'What is Bidens goal in Russia-Ukraine war', 2023.2.15(기사 삭제됨).

Zhores A. Mendev, 'The Legacy of Chernobyl', New York: W.W. Norton & Company, 1990.

3. 노어 자료

Popov. G. '고르바초프의 페레스트로이카 - 사회주의로부터의 탈출', MMY, 2011

Kolesnikov. V., '경제사범과 시장개혁에 대한 정치경제학적 고찰', СПБ, 1994.

Barsenkov A., '현대 러시아사 개관 1985-1991', Аспект, 2002

Bezborodov A., '페레스트로이카와 소련의 붕괴 1985-1993', СПБ, 2010

Yasin E., '러시아 경제 - 시장경제개혁 파노라마', ГУ ВШЭ, 2003

Sokolov A., '페레스트로이카: 진행사항, 결과 그리고 전망', Самиздат, 1998

Galkin A., '러시아 역사에서의 페레스트로이카의 의미', Альпина,2005

Soloviev A., '러시아 사회 구조 - 어제, 오늘, 내일', Кострома, 1994

Chernov V., '위대한 러시아 혁명 - 주도세력의 기억들', Центрополиграф, 2007

Zdorov A., '국가 주도의 자본주의화와 소련의 현대화', КомКнига, 2006

Illarionov A., '빚더미 위의 국가', Forbes, 2013. 5월

러시아 국회 보고서 No. 378-1, 1994.12.9

ВЦИОМ(러시아 사회여론 연구소), 여론조사 자료, 2022.05, 2023.07 등

The Russian Journal, 1991.12.26

Moscow Weekly News, No. 45, 1990

RBC(Russia Business Consulting), 2023.05.08 등 다수

RIA Rating, 2022

SPIEF(상트페테르부르크 경제포럼) 26th,공보자료, 2023.06

저자 약력

정연한 Ph.D.

러시아연방정부 재무대학 국제관계학 석사

러시아 과학아카데미 경제예측대학(RAS-IEF) 경제학 박사

삼성전자 러시아법인 재무관리팀장

한국인 최초의 러시아 공인세무사

북방경제협력위원회 청년 서포터즈 멘토

러시아 고등경제대학 정치경제 프로그램 강사

LG전자 러시아 사업기획팀장

정부장학생으로 러시아에서 석/박사 학위를 취득했다. 20년 이상 모스크바 현지의 기업과 대학에서 실무와 이론을 병행하면서 균형적인 현실감각을 유지해 왔다. 소련 붕괴 이후의 러시아 정치/경제/사회 상황을 현장 가장 가까이에서 체험하고 체계적으로 분석해온 경험을 바탕으로 러시아의 잠재력과 성장 가능성에 긍정적 전망을 내리고 있다.

상전이: 러시아가 재편하는 질서

초판발행 2023년 11월 24일
중판발행 2024년 1월 26일

지은이 정연한
펴낸이 안종만 · 안상준

편 집 장유나
기획/마케팅 최동인
표지디자인 BEN STORY
제 작 고철민 · 조영환

펴낸곳 (주) 박영사
서울특별시 금천구 가산디지털2로 53, 210호(가산동, 한라시그마밸리)
등록 1959.3.11. 제300-1959-1호(倫)
전 화 02)733-6771
f a x 02)736-4818
e-mail pys@pybook.co.kr
homepage www.pybook.co.kr
ISBN 979-11-303-1883-7 03340

정 가 19,000원